全国校本教研与校本课程数字出版平台
中国校本教研网 www.schooledu.com.cn
◎特别推荐◎

# 卓越教师经典研修成长策略

ZhuoYue JiaoShi JingDian YanXiu ChengZhang CeLue

总主编：刘永平　李秀伟
刘天宝　等著

江苏凤凰教育出版社
Phoenix Education Publishing, Ltd

**图书在版编目（CIP）数据**

卓越教师经典研修成长策略/刘天宝等著．—南京：江苏凤凰教育出版社，2015.10

ISBN 978-7-5499-5346-2

Ⅰ.①卓… Ⅱ.①刘… Ⅲ.①师资培养—研究 Ⅳ.①G451.2

中国版本图书馆 CIP 数据核字（2015）第 183998 号

**书　　名**　卓越教师经典研修成长策略
**作　　者**　刘天宝 等著
**责任编辑**　沈静明　雷利军　闫丽春
**出版发行**　凤凰出版传媒股份有限公司
　　　　　　江苏凤凰教育出版社（南京市湖南路 1 号 A 楼　邮编 210009）
**苏教网址**　http：//www.1088.com.cn
**照　　排**　润星之源文化有限公司
**印　　刷**　三河市九洲财鑫印刷有限公司
**厂　　址**　河北省三河市灵山大口
**开　　本**　787 毫米×1092 毫米　1/16
**印　　张**　15
**字　　数**　238 千字
**版　　次**　2015 年 10 月第 1 版　2015 年 10 月第 1 次印刷
**书　　号**　ISBN 978-7-5499-5346-2
**定　　价**　30.00 元
**网店地址**　http：//jsfhjycbs.tmall.com
**邮购电话**　025-85406265,85400774　短信　02585420909
E - mail　jsep@vip.163.com
**盗版举报**　025-83658579

# 前　言

## 真实，所以超越

当几本书稿摆上案头，在凌晨的台灯下，我轻轻地摩挲着每一个文字，这里记载了团队老师四年来在教育现场踩出的凹凸不平的足迹。我清楚地知道，这些饱含着教育情怀的文字皆出自老师们每一天在教育实践中的切己体察、虚心涵泳，这是在自己的土地生长出来的可以触摸的果实。

2010 年，当我的工作室在奎文区建立的时候，没有人告诉我们要做些什么，我们也不知道该做些什么。整整一年的摸索、探索，甚至我们自己都怀疑这样的一个工作室、二十几位老师聚在一起会有什么意义。然而，正是那些几乎荒废了的时光告诉了我们：高瞻远瞩、左顾右盼不是我们的发展之道，潜心课堂、内省自我才能够有明达与智慧的选择。

我们选择，在真实的教育现场做真实的教育研究。

我们定义自己所做乃小生产劳动者的事情，就像中国几千万中小学教师的平凡劳动一样，可是，这也是人之所依，墨子说：

“今人固于禽兽麋鹿飞鸟贞虫异者也。今之禽兽麋鹿飞鸟贞虫因其羽毛以为衣裘；因其蹄爪以为袴屦；因其水草以为饮食。……今人与此异者也，赖其力者生，不赖其力者不生。”

每一个人的努力劳作恰恰是最不平凡的事情。

我们忘不了：

一节课的研修，李蓓蓓、赵楠、王安存、裴志星……每人留下 5 万乃至 10 万字的记录；

凌晨五点李蕾老师发来的信息：李老师，你也一夜没有睡吗；

病床边姜美玲老师打来的电话：李老师，我把案例删去了 7000 字；

一年过去了，辛秀红老师开发的课程还没有名字，而学生已经深深受益；

每一次研究现场，刘素雁老师在精心呵护着每一位老师的发展与进步；

宋燕在读《艺术人类学》，林亚妮在读《尼各马克伦理学》，殷芝华在读《论自由》，李华强在读《知性改进论》……

这是教育的良知，“仁者爱之理，爱者仁之用”。把自己放进教育的最深处，渐渐地，一些简单却被忽视的道理浮现出来。

张志勇研究员多年来在山东省力行的远程研修，主张的教师第二课程，推进的教师读书计划，期待的卓越课堂改革在这里着陆。

在“校本研修”中，教师把自己放在舞台的最中央，历练出了教育的智慧，也发现了一个普遍可用的模型；

在“第二课程”开发中，教师把学生个性发展需要置于教育的终极目标上，构建起了一个完整开放的校本课程开发结构；

在“教育读写”中，老师们推己及人，用自己的笔墨人生解答一个学生可以持续发展的核心命题；

在“卓越课堂”构建中，老师们用自己的理论思维让课堂变得从此与众不同而价值无穷。

这四本书回答了教育理论与教育实践间最亲密的姻缘关系，是一个过程的记载，也是一段研究的陈述。

本书呈现的是自 2012 年开始的“教师第二课程建设项目”成果，最终以校本课程的形式转变了学校的教育行走方式。工作室的老师们和潍坊育华学校、潍坊市奎文区的部分学校在多年来校本课程研发的基础上，建立了一个基于“理解与改进”的校本课程建设范型，将课程产生、课程实施、课程评价、课程改进融为一体，赋予校本课程本身发展力。

这一范型的呈现只是就实践价值来观照的。回望，是为了更好地前行，而不是结束。

启明的星辰正在东方升起，我与我的朋友们，将继续同行！

**李秀伟**

**2013 年 1 月 6 日，泉城济南英雄山下**

# 目　录

## 第一章　与工作室共成长



## 第二章　打造读书共同体



## 第三章　研读教育经典

## 第四章　探索哲学人生



## 第五章　品读文学华章

## 第六章　对话教育名师



## 第七章　名师的书香历程

# 第一章

# 与工作室共成长

身为教育名师，李秀伟带领工作室成员高瞻远瞩、立志高远，抱着严谨的治学态度，注重点滴的积累，通过阅读、研究、习作等途径，实现自我的成长，他们简单、真实，却不平凡，在喧嚣的社会中，保有一方教育的净土。

# 历练从自我开始

北宋晏殊的《鹊踏枝》（又名《蝶恋花》）：槛菊愁烟兰泣露，罗幕轻寒，燕子双飞去。明月不谙离恨苦，斜光到晓穿朱户。昨夜西风凋碧树。独上高楼，望尽天涯路。欲寄彩笺兼尺素，山长水阔知何处?）此词原为怀人之作，国学大师王国维却将其化为人生之一境界。“昨夜西风凋碧树。独上高楼，望尽天涯路”一句意为：一夜秋风，吹尽了树叶，独自登上高楼，看到远方，看到天尽头，看到别人看不到的地方。此处指：一个人治学，首先要高瞻远瞩，立志高远。这一境界是立志、下决心，只有具备了这个基础才会有第二、第三个境界。

如果认真端视和研究李秀伟的个人成长和教育心路历程，可以发现其恰恰如斯。

## 一、初生牛犊不怕虎

初识李秀伟是在 1999 年 10 月的山东省创新教育教科研骨干会议上。当时，山东省课堂教学领军人物，时任临沂市教科所所长的齐健老师正率领麾下一批精兵强将路吉民、李健梅、姜怀顺、刘建宇、李秀伟、王立华、徐驿厚、刘相盈、杨永秋等人进行以“自主探究学案导学”“个性化创新教学”“情景化课堂教学研究”等课题的实验与研究的组团攻坚。其中，不足 30 岁的年龄最小的青年教师李秀伟就位列其中。

初识李秀伟，其标准的“小帅哥”形象给大家留下了很深刻的印象，更重要的是，其平和、质朴、谦逊、勤学、好思的品质为大家所公认。

从沂蒙山腹地的沂水县诸葛中学到临沂市城乡结合部的罗庄中心小学，

李秀伟教过中学语文、历史；教过小学语文、社会……从 1994 年参加工作直到 1999 年，6 年时间很快过去了。据他自己讲，“在这 6 年里，我没有讲过一节公开课，没有写过一篇文章”。课讲得有声有色，学生很喜欢，而且学生的成绩一直很好。“但究竟怎样是真正的好，怎样是不好？除了考试分数作证，我自己似乎也给不出更好的解释。平静之余，生命深处总是有莫名的空虚涌起，始终感觉教育或教学不应是这个样子。然而，应该是个什么样子呢？我一天天地寻觅……始终没有找到。”

那是一段漫长的“疵境”。

幸运的是，教学研究的机遇终于到来。1999 年 8 月，李秀伟第一次参加了在临沂市罗庄区举行的全省创新教育课堂教学研讨会，第一次听专家做报告，第一次参加校外教学研讨活动，虽懵懵懂懂却触动了他内心一直无解的问题，“创新教育，那扇进入教学研究殿堂的门在我内心深处悄然打开”。

“工作 6 年后，我才开始真正用研究的视角来关注教学，来思考学生的发展与需要。1999 年 11 月，在魏永真校长的鼓励下我选择以‘多维互动，自主探究’为主题进行教学研究。事实上，关于什么是‘多维互动，自主探究’，为什么选择‘多维互动，自主探究’，完全未经思考论证，我想，这只是任意选择的一个话题，借此研究罢了。可是，这样无意识的选择，以及由此而展开的行动有价值，有意义吗?”

确立研究课题后，他连夜奋笔疾书，写下了第一份课题研究方案，这也是李秀伟工作六年后第一次写与教学有关的文字，他认为“自我感觉良好”。但等到上交后，时任临沂市教科所的齐健所长的评价是：这是一篇不错的中学生作文。“即便这只是一篇‘不错的中学生作文’，恩师齐健老师也没有因此而放弃对我的关注。”那年寒假，李秀伟对照着山东省创新教育总课题研究方案，从“问题的提出”“课题内涵的界定”“课题研究的假设”“课题研究的理论基础”“变量分析”“研究内容”“研究方法”“研究过程”等方面，极尽模仿之能事。模仿也是苦差事，这其中，他督促自己研读了十几本书，浏览查阅了数十种研究著作：从学习论到教学论，从心理学到哲学，从陶行知到杜威，从康德到马克思……似懂非懂地一路读一路借鉴，最终“拼凑”成了那篇 2 万多字的研究方案。此方案在 2000 年 4 月的烟台市莱州会议以及 2001 年 8 月的济南会议交流中，被评价为“最成熟规范的研究方案”之一。

"书到用时方恨少!"由于"用",李秀伟才知道"少",在有关"多维互动"的教学研究方案的撰写过程中,那短短两个月的阅读量,一下子超过了他此前六年的量,一切皆因为"用"。那年寒假的那一次"拼凑","成了我最珍贵的成长记忆",真的应了一句话:人,都是逼出来的。

在探索和研究过程中,李秀伟开始对"多维互动"教学有了自己的认识。

多维互动是一种主体多元视角关注下的互动观。教师是教的主体,教师对于教材、教学目标、教学结果的认识都清晰地反映在教学过程中;学生是学的主体,学习过程中的一切因素都通过学生的学习而得到体现;一个学生是主体,一个学生群体也是"类主体",这就是多维互动的认识的支点。课堂互动包括师生之间的双向交流,更包含着师生、生生、教师与学生个体、教师与学习小组、学生个体与学习小组、学习小组与学习小组之间的多维互动交流,这是从外在形式上来看的。从课堂交往的内在本质上看,它也是多维互动的,即师生之间认知的互动交流、师生之间思想的互动交流或交换、师生之间价值观的互动交流、师生之间情感的互动交流等,而这些内在的互动形式,则是使课堂焕发出生机与活力的核心因素,也是课堂教学多维互动的独特价值。

更重要的是,在"多维互动,自主探究"的语文课上,学生有了主体地位,而且真切地感觉到了自己的存在,学生参与了语文,成了语文学习的"自主者"。学生自己研究、自己表达,实现师生、生生、师生与教学文本及环境之间的和谐互动,语文课发生了形态上的根本变化。

三年过去了,李秀伟的语文课逐渐焕发出了生命力。然而,对于"多维互动,自主探究"的研究,他却没有总结出有效的教学流程,更没有由此发现语文教学的内在规律。

他还需要新的选择、新的跋涉。

## 二、小荷才露尖尖角

语文的内在本质和规律是什么?如何实现语文课堂的重建?经历了三年的教学研究后,李秀伟开始思考更深层次的问题。于是,他尝试着从更全面的视角来观照自己的课堂,希望自己的学生能够在课堂上实现认知与情感的同步发展，于是，他思考、研究并实践着的课堂具有情境体验的特质。

进行“情境体验教学”的研究不久后，一位专家曾给予他一次直接的否定，该专家认为，“情境教学已经没有研究的必要，情境教学创始人李吉林等进行过系统和长期的研究，作为一名小学教师，李秀伟不可能超越，所以这一研究没有价值”。

刚刚燃起的满腔热忱和青春烈火被这种评判打击到了。在这样的压力下，从2002年开始，李秀伟埋头研读了十几本国内外有关情境教学和体验教学的著作，搜集了数百篇相关的文章，对理论进行梳理后，又有了到实践之中去研究与思考情境体验教学的底气与勇气。

他在不同教学内容、不同课型中反复实践并探索情境的作用，应用各种手段与方法，力争让课堂充满人文气息。然而，情境毕竟不能只是物化的，而应当是进入心灵的。

有一次，他让学生自由读书。学生一如往常地懒洋洋地读开了，在平时，如果要求学生自己读书，而且是读好几遍时，他们往往读完一遍就没了兴趣。这次也是，学生一开始就没精神，有的学生象征性地大声读了几句后，声音就低下来了，有的学生则干脆与朋友小声聊了起来。他想，“问题即课题”，显然，学生需要一种读书的情境，这种情境是需要教师参与的，于是他没有要求学生什么，而是亲自拿起书，一本正经地大声朗读起来。很多学生读完一遍后，习惯性地停了下来，此时，他读得仍然那么专注、沉稳，似乎一点都没有在意学生的表现。片刻停顿后，停下来的学生又开始朗读起来，这一次，学生不再懒洋洋了，声音反而越来越响，情绪越来越高昂……

《月光曲》中的美好意境是借助皮鞋匠的联想表达出来的。在教学这一片段时，他曾经采取过多种方式营造情境，试图让学生还原音乐的意境，包括让学生边听配乐朗诵录音，边看投影片（月下大海的三幅图），并让学生充分讨论，展示情感经历等，引导学生感受和欣赏美的意境，引发学生的联想，然而，丰富多彩的教学情境并没有产生理想的效果。他由此反思，语文教学情境并不能一味地激情与活跃，学生个体的静心冥想，思绪的独立和自由驰骋也很重要。

由此，他开始试图以全面的系统性的眼光来看待情境体验教学中的诸多问题。

情境作为课堂教学中富有感情色彩的场景和氛围，在完整意义上应分为人文情境与科学情境。无论哪一种情境都是一种特定的情感场。

人文情境是感性的、具体的、情感化的，它强调想象与迁移，审美与思辨；科学情境则是理性的、抽象的、简化的、实在的，强调的是理智与逻辑。让这两种情感场和谐自然地并存于课堂教学中是至关重要的，这也是情境体验教学的首要操作目标。

二者对课堂教学都具有积极的促进作用，如果人为地夸大某一方面，则会造成对课堂教学其他方面的抑制。课堂教学必须实现人文情境与科学情境的融合，这个观点，正是我们对情境体验教学的基本性认识，也是支持本课题操作体系的核心理念。作为一种新的理解与认识，我们将这种看待问题与分析问题的方式放置到研究与实践的全过程中，遇到问题通常会换一个角度去思考，多层面地看待课堂教学。

李秀伟说，他所认识的情境体验教学范式从构建良好的课堂教学情境入手，以学生的体验和反省、感悟为组织依据，实现师生之间生命与生命的交流和沟通，是一种动态发展着的教与学相统一的交互影响和交互活动的过程。这个过程，强化人与环境的交互影响，以产生教学共振，情感共鸣，以此达到提高学生参与兴趣，激发创新潜能，促进学习成果内化的目的。

他说，情境体验教学是这样的一种教学思想——

情境体验教学将情境作为一种教学手段。在一般的情境教学观念中，着力于情境创设方法的探讨，将如何设置教学情境和设置怎样的教学情境作为课堂教学的着力点，至于情境在具体教学中的功能则挖掘甚少。而体验性教学也在寻求实施的支撑点，情境体验教学将体验教学纳入情境的视野之中，具体化了情境的应有之义，可以说，情境与体验的联姻，使情境的教学功能得到了全面的体现，并使其最终生成为一种教学手段。

情境体验教学以情感作为教学起点，以学生的体验、反省和感悟为组织依据，是一种学生主动参与的学习行为，而其参与的前提是具有主动参与的意愿和情感。因此，情感因素是制约情境体验教学的首要因素，如果没有学生情感的涌动，没有学生积极的投入，情境体验教学是无法展开的。虽然情境本身即具有情感色彩的教学场景，但情感也非单一的，如问题情境、想象情境、迁移情境等，则需要从学生学习的情绪和动机上来寻求教学的起点。

情境体验教学注重对生命的关照。由于课堂教学在学校教育中的特殊地位，师生的交流活动更多地集中在课堂上，课堂经历成为师生经历中最为丰富、复杂的过程。他们是以全部的精力投入到课堂中去的，情境体验教学将学生在一定情境中的亲身体验纳入到教学视野中来，由于“在体验世界中，一切客体都是生命化的，都充满着生命的意蕴和情调”。因此，课堂教学的生命性便得到了关照和生成。

情境体验教学关注学生在课堂上的幸福度，注重让学生从自信走向成功，通过幸福美好的学习经历来认可人生幸福与美好的价值。只有这样，学生的学习才能够由乐趣到兴趣，再到志趣，让学习成为学生的一种内在需要，这样的教学才是具有持续价值的教学，这样的语文才是属于学生的语文。

为了实现语文教学的目标，针对情境教学的思想，李秀伟也尝试构建情境体验教学的阶段与过程，其操作流程大致包括四个大的阶段：①“创设情境”与“发现”；②“情感促进”与“感悟”；③“价值实践”与“生成”；④“精神审美”与“升华”。每个阶段，都包含了课堂教学的行为以及每一阶段的目的。由此，一种旨在唤醒情感的情境体验教学成为李秀伟及其工作室里教师的教学选择。

在情境体验教学的研究中，他感觉到也自信自己找到了语文教学应该有的规律，也构建起了一整套具体有效的实践策略。那本三十多万字的专著《唤醒情感——情境体验教学研究》，就是他与学生一起经历情境体验教学的真实写照。

然而，虽然每天与学生在一起，他却发现，许多的教学思想还仅仅是教学的思想，是为了教学而研究的并最终优化了教学，而对于学生的关注，教师往往做得很少，或者说流于一般。教学还需要更深刻地走进学生的世界。

由此，针对教学价值的整体发现的“生态课堂”随之产生了。

（三）柳暗花明又一村

在与学生一起学习《高大的皂荚树》时，他范读了课文的最后一个自然段，一个男生举手说：“老师，你读错了一个字！”显然他并不介意学生指出其错误，平时或许还会鼓励学生勇于指出教师的错误。李秀伟笑着问他：“哪儿错了？”“‘轻烟袅袅’应该读‘nao nao’，你读成了‘niao niao’……”说到这儿，学生哄堂大笑，很明显是这个学生指正错了。此时他并没有多想，只是很随意地甩下一句：“以后看拼音要仔细点。”就又开始了之前的教学过程。但他发现，在接下来的学习中，这个男孩一直涨红着脸，再也没有高高举起过手。“或许这只是我的一时疏忽，然而，对这个学生来说，现在的课堂教学环境因此而改变了色彩，他的周围已产生了浓浓的孤立氛围，精神环境的恶化与物质环境不佳同样会对学生产生不良的心理影响。这是对个体的影响，对于集体同样重要，学生之间的情绪或心理体验是敏感的，一旦学习的整体气氛受到压抑，课堂生态便已经开始恶化了。”

由此，更深刻的课题研究与反思开始生成——

如何让学生的认知与情感、智慧与道德同步生成，实现“教书”与“育人”的同一？从此，在对包含生命伦理的教学探索中，他悟出了“教学生态”。

生态教学要实现的是“人”与“境”的诉求——以教育的宽度来善待教学；以课程的高度来理解教学；以辩证的思维来实践教学。

课堂生态平衡是指课堂上的人与物质、人与精神、物质与精神之间的关系的相互稳定状态。广义上的课堂生态平衡还包括课堂与课外的有机结合，课堂上各教学活动的合理并存等。

山东省教育厅副厅长张志勇认为，生活是课堂教学生态的源泉，真实是课堂教学生态的生命，探究是课堂教学生态的真谛。

在此思想影响下，李秀伟认为，平衡是课堂教学生态的目的。学生需要一种平衡的发展，而教学则需要调动一切生态关系促进学生的整体与平衡发展，生态教学从对环境的综合关注入手并回归教学道德。

教学环境应当是一种文化环境，生态课堂是一种拥有着文化关注的课堂，因此，他尝试在教学中从以下几个方面切入，并着力。

1. 要让文化成为学生可感、可悟的实体。他将文化加工为学生可以感受的实际存在物，对学生产生自然的吸引力，让学生亲近它。能用故事表达的就用故事表达，能用活动呈现的就用活动来呈现，能借助多媒体手段就借助多媒体手段，以此实现文化的情感外延性扩展。

2. 要实现道德文化的创造性“复演”。人类文化是无法复制的，但这并不意味着后人不能对前人的成果实现再创造，正如朱光潜先生谈读诗，“读诗就是再作诗，一首诗的生命不是作者一个人所能维持住的，也要读者帮忙才行。读者的想象和情感是生生不息的，一首诗的生命也就是生生不息的，它并非是一成不变的”。李秀伟的教学文化环境，就是构建学生能够对文化进行再“复演”，再“创造”的环境。

3. 让文化成为学生的游戏选择。他将游戏作为一种载体，承载起文化的传承因子，让学生的文化环境具有游戏的特征，让学生的文化学习活动具有游戏的动感，实现游戏中的文化习得、游戏中的情感唤醒、游戏中的道德与身心发展。

4. 挖掘文化背景下感人至深的历史事实。一个成语、一首诗、一幅画、一个理论观点的诞生、一个文明成果的发现、一次成功的运算等，这些文化在其抽象、简单的外壳之下还蕴含着人性的光辉，是成功的喜悦？是失败的沮丧？是探索的艰辛？是血泪的凝聚？这都是其课堂文化环境的移情载体。

5. 让教学环境引导学生的传媒理性。计算机和互联网技术等新媒介的普及，让网络媒介成为当前影响学生最大的传媒方式，密不透风地编织着学生的信息网，日益成为他们获取知识和信息，形成价值判断的主要来源。面对纷繁复杂的传媒环境，李秀伟知道他已无力再夺回学生的情感，无法以控制来引领学生的情感，凡事“堵则废，疏则通”，因此，“我让教学干预，引领学生以积极的情感、以自我的姿态、以理性的智慧，来实现‘传媒成长’。我让学生迷恋文字阅读；我在个性欣赏中谨慎疏导；我还让学生知道电脑和网络是‘工作’的；我还让学生的作业中存在‘电视’；我还利用坚硬的政治战胜致命的温柔……”

6. 生态教学也包含一种人际生态。不同的人际交往氛围，对学生有着截然不同的影响力。那么，究其根本，学生需要一种什么样的人际交往文化呢？生态教学希望基于欣赏型的同伴关系构建出一种欣赏的文化。在一种欣赏的文化环境中，人与人之间的关怀将趋于和谐，相互之间能够实现优良品质的相互影响。然而，学生之间的关系还需要进一步的引领，因为欣赏自我才是人之天性，学生更希望展示自己善良、强硬的一面，而有意识地掩饰自己的缺陷，并且希望伙伴不如自己，这是无可厚非的。

因此，在生态课堂上，他和学生之间建构的是“发展共同体”，他们相互欣赏，一起成长。每一节课都如此，学生在健康积极的生态中主动地成长着。

教学研究开展了十年，仅课题名称就改了三遍，李秀伟说，他自己都在问，这是标新立异之举，还是自然发展之需呢？

子曰：“志于道，据于德，依于仁，游于艺。”这何尝不是教学的总则？

教学要经历一定的层次，从“志于道”到“游于艺”，是基于审美的境界来唤起教学之道，这是一种超越“自律”的“审美自觉”的境界。他说，“我深知，即使穷极一生的精力与追求，这个境界，我也很难达到”，但是，“我希望通过我的努力，让我的教学和我的学生能够进入自由自觉的‘大’状态。教学之大，应大在‘天人合一’的生命境界；教学之大，应大在‘实用理性’的教育职责。即使无言与无形，教学也是一种道德存在。”

十年的教学与教学研究，李秀伟说他走过的是“分析与概念化”——

教学是不能失去理性的，教学成长也是一种理性的成长，这就需要分析。他在学校里、课堂上也曾日复一日、年复一年地单调重复，是分析让他的教学过程成为他和学生共同构建生命成长场的过程。每一节课后，他都和学生同写反思性教学与学习心得，几年下来，学生学会了学习，学会了在自律中自由学习，他则从教学中收获了成长的必要因素。每年他都写出100多万字的教学笔记、反思案例，且皆由分析所引领，这是一种行为方式，也是成长的力量源泉。

“仅有分析就够了吗？还要概念化。”

教学研究是举一反三与举三反一的结合，需要演绎，更需要归纳，这就需要概念化。分析能够让我们“每天进步一点点”，而“概念化”则能够实现对自我的超越。虽然他在教学中不断分析、总结，一点点积累着经验的同时，却不能够清晰、整体地认识自己，于是，他试图用一个个“概念”来重构教学。这一概念化过程虽然没有创生出什么崭新的、意义深远的教学概念化成果，但却是他成长中一个一个的点，构成了他对自己的不断的“元认知”。

李秀伟谦逊地说：“写作不是我的专长，可在这个过程中，伴随着教学思考、分析与概念化，我提起了笔，而且欲罢不能。十年间写下了一千多万字的研究笔记，发表并出版了二百多万字的文章与著作，全国各地几百场的学术报告……我与教学一起在成长。”

著名教育学者、山东教育社总编陶继新先生在《山东教育》上发表了一篇长篇通讯《教育生态为改革注入生命活力——临沂市罗庄区罗庄办事处中心小学教育创新透视》，其中写的一位非常年轻的小学语文青年教师就是李秀伟。他是首届山东省教育厅64位齐鲁名师当中的一员，他对教育生态的研究远远超越了一般的老师，他可以和一些教育大家进行深层次的对话，他的心境达到了视名利如浮云的境界。第一次调李秀伟到区办公室当秘书，他不干，经人劝说，勉强去了几天，结果还是回到了自己钟情的课堂一线教学。后来被县委办公室调去当秘书，结果他说什么也不去，这次比较难拒绝，因为面对的是县委办公室调动，“你在农村小学你不来，你到底要干什么呢?”但他魂牵梦绕的仍然是课堂。他的校长魏永真说：“不要紧，你回来吧。出了问题我全程负责，即便把我开除了，我也支持你。”魏永真外在是一副农民的打扮，内心却有一种高尚的风格，所折射出的是他前瞻性的教育理念和执着的教育情怀，陶老师曾在《中国教育报》给他做过一个校长速写。“强将手下无弱兵。”李秀伟说，他的生命在课堂，他的志趣在教育研究。

熟知李秀伟的同行都知道，在他那些不到三十岁的夜晚，青灯黄卷，一个人坐在桌前，记录、思考自己日间的教学所得、教学遗憾、教学所思，常常不知不觉到天亮，周周、月月、年年乐此不疲。也就是在这段人生最宝贵的青春年华里，他从原先那从未生长过智慧的课堂里每年写出了 200 万字的纪实案例，有了“昨夜西风凋碧树。独上高楼，望尽天涯路”般志存高远的远大志向和扎扎实实的知识储备。虽从未奢望宏大教育思想的诞生，但是在每天接近 5000 字的反思中，他得到了真理的力量。为了写下那些文字，他甚至愿意凌晨两点起床。

1999 年的创新教育团队，至今仍然是山东各地许多教师心目中难忘的精神家园。在这个团队中，一批有着十多年教学研究成功经验的教育科研先行者们，带领着更大一批第一次步入教育科研领域的追随者开始了一段教育创新的凤凰涅槃般的辉煌历程。在这里，李秀伟开始内省自己的教学，学会了在每一天的教学中寻求宏大的教育思想和人生智慧；在这里，他开始整理自己的行动，以研究的目光、用探索的方式走上每一天的教学之路；在这里，他开始走近他所敬佩的师者，在一个个长者的关注下坚实起步；在这里，他开始学着一点点超越自我，升华自己的教育思想，生成自己的人生智慧。从最初写不出一份像样的课题研究方案到最后一部部著作的出版；从最初满足于执行一份份教学设计到关注学生的生命价值，与学生一起成长。自主学习、问题探究、学案导学、情境体验、科技活动实践，这些远远先于课程改革的教学实践和活动建构，演绎着那些领先于时代的思想体系，让李秀伟一步步实现着真正的自己。

# 厚重是自然之道

## ——与工作室的自我积累

北宋风流词人柳三变的《凤栖梧》（又名《蝶恋花》：伫倚危楼风细细。望极春愁，黯黯生天际。草色烟光残照里，无言谁会凭栏意？拟把疏狂图一醉。对酒当歌，强乐还无味。衣带渐宽终不悔，为伊消得人憔悴。）这原也是怀人之作，意指深情专注于意中人，为了她，骨瘦形销，衣带渐宽，绝不反悔。而踏上教育教学研究“不归路”的李秀伟殚精竭虑，孜孜以求，犹如热恋中的情人热切地、不惜一切地追求着自己的治学所思。“衣带渐宽终不悔，为伊消得人憔悴”这种执着的追求精神，对于痴情者固然需要，对“成大事业、大学问者”更是不可或缺。

大多名师、学者多喜幽嗜书，李秀伟也不例外。

### 一、经典的原始积累

他读苏霍姆林斯基《给教师的建议》时不是泛泛去读，而是保持着发自内心的所有景仰，逐字逐句去读、逐字逐句批注，逐个关键词地联系自己的教育实践进行批注，一本《给教师的建议》读完了，在整本书的空白处竟写下了 10 多万字的思考、感悟、批注。他说：“我相信，从我读完这本书开始，苏霍姆林斯基的智慧便永远与我在一起了。”有些书，读一本就够了，他读《学习论》也是如此，把一本书读进自己的灵魂深处，伴随其一生。

他说，年少时没有读过多少书，特别像他这样在古典著作领域先天几乎为零的积淀者，读经典意味着一种凤凰涅槃般的“恶补”。“除了背诵，别无他法。”可是这又谈何容易，“在潍坊教科院上班的时候，我常常步行走两个小时到单位，路上车少人稀、绿树成荫，正是我背诵经典的难得时光，背《老子》《孙子兵法》都是在那个时期。时间是会有的，关键在于我们是否相信，经典能与我们在一起，构成我们这个生命体的一部分。”

他这样给笔者谈自己的读书经历和体会——

一是读：日有所诵乃至一天（几天）读完的书，感受灵魂的力量，分享心灵的震撼，回归本真的诉求，挑灯夜读，对话生命，此中的滋味在掩卷后益发真切；周有所悟乃至一周（几周）读完的书，诵读人文，反思生命，寻找我们可以找得到的规律与意蕴，改变自我，可以相信生命因此会与众不同；月有所研乃至一月（几月）读完的书，与大师对话，与智者同步，走一条具有智慧与情感归属的研究之路，建构属于自己的思想与精神体系；年有所依乃至一年（几年）要读的书，耐得住寂寞，守得住底线，用大量的精神与体力投入破解思维、情感、行为的难题，成就自己的辉煌事业；生涯所属乃至一生要读的书，到伟大的心灵中荡涤灵魂，到不朽的事业中寻求永恒，人生境遇不同，因有书相伴而拥有、享受共同的财富。

二是写，不是为了写而写，是为了内化与重新建构而写。泛泛读与边记边读，希望能够实现与作者的重新对话，所得显然不同。梁启超先生认为，“先辈每教人不可轻言著述，因为未成熟的见解公布出来，会自误误人，这原是不错的，但青年学生‘斐然有述作之志’也是实际上鞭考学问的一种妙用。譬如同是读《文献通考》的《钱币考》和各史《食货志》中钱币项下各文，泛泛读去，没有什么所得，倘若你一面读一面便打主意做一篇中国货币沿革考，这篇考做的好不好另一问题，你所读的自然加几倍受用”。

对于经典的读写附会，是教师成长继而促进教师教学的应然选择，是成长也是教育价值实现的必然关系。

说起2003年的齐鲁名师团队，李秀伟在这里真正开始有了信念与坚守的生长。“用一种方式，让名师的成长有迹可循，让跨越学段、跨越学科的交互实现，这是困难的。”“山东省的齐鲁名师建设工程人选给了名师们这种可能，同时给予他们的是更为重要的信任与尊重、情感与价值。”“教师的工作本身就是一种研究”，“培养山东省自己的教育家”。

李秀伟说，这都是有着现实根基的教师成长的理性追求和现实状态，被尊重了的个体与被尊重了的创新由此而确立下来。的确如此，“在这个团队中显现出了一种影响深远的能量，那就是价值的力量。在这样一个名师团队里，创新意味着价值的再造，一切的创新与发展都包含着名师的价值理解，课程、教学、学生、未来被紧密结合在一起，常常在激烈的碰撞和深度的交流中达成了价值理解上的高度一致，这是一个创新团队最难能可贵的品质。”齐鲁名师建设工程从启动开始已跨越 10 年的时空，作为亲历者和受其影响者，李秀伟有资格赋予其更多的价值认同。

“全国教改看山东，山东教改看潍坊。”2005 年，李秀伟被调入潍坊市教育科学研究院，有了更大的放飞梦想的平台和空间。在潍坊，他有了自己的第一个“工作室”，今天，在山东省的六个著名的“工作室”中，李秀伟麾下的 100 多位教师组成了一个个新的“名师工作室”“个性工作室”“专家工作室”等几百人的创新共同体。

2010 年 3 月，潍坊市奎文区成立的“李秀伟专家工作室”是他成长中最重要的一个新的教研群体，从潍坊市奎文区到博兴县实验中学、齐河三中等，他有了更大一批志同道合的做教育教学研究的朋友，从此开始了更辉煌的跋涉。

当山东省的几十万名老师在暑期开始网上远程研修中经历“三次设计两轮打磨”的课例研修历练时，李秀伟厚积薄发地将这种方式变成了工作室成员的教研常规，他和工作室的老师们迁移创立了“校本研修模型”，一节课就留下了 10 万字的研修资料。没有老师叫苦叫累，他们常常在几个月的坚持中看不到结果在哪里，但是大家依然坚守着寂寞中的清苦、努力拼搏的本分和严谨治学的信仰。5 年过去了，他欣喜地发现，“在与教师一起探索、成长的过程中，真正蜕变的却是我自己。老师们的智慧和付出，让我从一位名师走向真正的研究者，又从研究者反身回到教学现场成为一位教师”。

2010 年，在潍坊市奎文区一整年的摸索中，他们工作室始终没有找到可以促进自身发展的切入点，于是他们 25 位教师第一年就从课题研究入手，每人承担一项潍坊市级课题，以现实的教学问题为课题。从课题论证、方案设计、课题实施，到课题鉴定、结题，一年的时间，他们走过了一条规范的专业课题研究之路，一年之后，他们成功地掌握了教育科研的一般方法，为走入科研之路奠定了良好的基础。李秀伟在和教师一起进行课题规划、设计、指导实施，并充当最后鉴定者的过程中，首次实现了跨越学科、跨越学段对于不同课题的深度介入，为他后来纵览整个基础教育阶段的学科教学奠定了基础。

李秀伟说，在这一段摸索、探究过程中，饱含着自我质疑，的确，名师工作室、工作坊在全国各地已经建立了很多，并且有着很多成熟的经验，但也存在着诸多的问题。是采取“拿来主义”还是创造自己的行走路径？这个问题困扰了他们整整一年，即便是在深入开展课题研究的全身心投入阶段，他们也一直是在探索和自我否定中。

没有拼搏的沉重，就不会有成功的轻松。课题研究很快取得了成效，这种成效体现在：教师慢慢享受着研究过程本身的快乐。即便是一个课题研究报告，他们也要求是自己的独立创造，并结合规范的格式一步一步呈现，遇到困难向两个途径寻求帮助：一是继续反思自己的教学实践，从实践中发现新的问题，找寻新的智慧；二是查阅资料，倒逼自己去读书。一年下来，老师们感觉自己已经能够在繁杂的工作之余静心思考、潜心研究了，这就是研究带来的思维境界，很幸运，老师们触摸到了。

至今，在他的电脑文档里还保留着 25 个课题，接近 50 万字的课题实施方案稿，60 多万字的各个课题研究报告终稿，每一个字、每一句话都经过他的细心揣摩。“过程艰辛，但收获却是如此之大。”对于中小学教师来说，完成一项课题研究并不是最重要的，最重要的是在“结网捕鱼”的过程中学会“结网”、学会“捕鱼”，即在研究中先成为一名研究者。比如，《“双整谐动”的课程开发研究》《小学语文本真教学研究》《小组合作学习中的小组文化建设实验研究》《初中单亲学生心理状态调查研究》《初中历史影视教学研究》《物理生活化教学研究》《英语快乐生活教学研究》等一项项课题研究在促成老师们走近研究的同时，也让他们有了第一次超越自我的发展与提升。

研究是一种经历，也代表一种过程，正如教育也是一个过程一样，他们在探索教育的过程中也在实现着对自我的教育，求得发展的唯一路径是坚持所选择的事情去做。

## 二、启动校本研修之路

2011 年，李秀伟带领他的工作室成员承担了山东省首批小学语文远程研修课例开发的任务，他和工作室成员李蓓蓓、孙云霄、李蕾、候忠彦、王安存、张婷娟等老师接受了“阅读教学的基本流程”的研修课程开发任务，也充分参与和领悟了山东省远程研修当时提出的“三轮备课两轮打磨”的研修理念，半年时间内，从没有讲过潍坊市级以上公开课的李蓓蓓老师，在这种理念的引领下，经历了多次备课、多次反思、多次打磨、多次授课的层层锻练，对语文和语文教学都有了自己的独特领悟，课越上越好，关键是最后还成为小学语文领域的专业名师。

老师们在成长，然而，远程研修启动后，来自基层学校教师的抱怨却深深触动了他，抱怨集中在“这样的一种网上研修方式过于复杂、工作量过大、操作过程非常辛苦”。是这样的吗？结合李蓓蓓老师的成长经验，他希望在工作室里和老师们一起迎难而上：大家暑假里研修一周就觉得痛苦不堪，如果将其变成常态会怎么样？

“问题即课题。”于是，就有了李秀伟和工作室老师们创生出来的“非制度性校本研修模型”，其四个要素是“建立学习组织—确立研修主题—实施课例研修—评价研修成果”，充分展现了在“个人设计→组织设计→改进设计→有效设计”四环节下：建立组织、多次设计、反复授课、同课异构、异课同构、分工观课、专业评课、有据反思、跟进测评、笔墨人生等十大研修要素，工作室的25位老师每人一个研修团队，每人一个研修主题，每人都开始了一段“艰苦卓绝”的研修之旅。只一节课的研修就留下了接近10万字的材料，两周时间，一些很少写论文、写案例的工作室成员大多都写下了接近3万字的教学反思，借助一课、研修一课、超越一课，最终超越自我，工作室的老师们感受到了研究的真正幸福。我曾不止一次地记起：李蕾老师凌晨五点发来信息，说她的研修材料发李秀伟邮箱里了，这是她一夜不睡自觉自愿的研修过程。

李秀伟说，校本研修的迁移应用促进了他人生的第二次重要的超越，让他认识到了“行动的智慧”，无论是人类的文明成果、精神财富，还是人类创造的一切文化资源，学习时却常常“视而不见、浅尝辄止”，这不怪我们默然，应当怨我们没有找到一种方式重新去经历一次，没有回到前人创造成果的过程中切己体察！这就是智慧复演！我们自己要首先来一次智慧复演！学生的学习自然也应有此意。

虽然只是一次研修经历，但是在这一年时间里，工作室的老师们白发渐生、夜不成寐，然而，却创造了一节课留下十万字，两次研修完成一部著作的壮举，重要的是：他们都乐此不疲、欲罢不能！

远程研修的抱怨被他们证实，那是因为自己没有真正投入，25位老师直至今天仍然走在这样一条研修之路上。李秀伟也从中收获了专业认知，他关于校本研修的学术论文发表于《教育研究》《中国教育学刊》上，同时被人大复印资料全文转载。

## 三、开发第二课程

2012 年，他们走进课程。教师第二课程开发者的领导者是张志勇，同时也期待中小学教师能参与进来，然而，查阅文献资料时却发现，还没有有关教师第二课程的概念与开发策略，更谈不上要开发什么。工作室进入第三个年头时，李秀伟深知，他们不能再单纯地进行研修了，研修需要一个有关于课程的支撑，那么，他们决定就从教师第二课程开发入手。

一开始，老师们问他："我开发童话课程可以吗？我开发诵读课程可以吗？我开发面塑课程可以吗？我开发论文写作课程可以吗？"等等。面对 25 位教师的求助，李秀伟说，不帮助是对他们最好的帮助。原因有二：一是，个人的认知水平和认知视野远远无法满足不同学段、不同学科老师们的全部需要；二是，老师们需要在自己的经历中对课程开发全过程实现智慧复演，继而探索成熟的带有个人烙印的课程研究成果。于是，老师们从 3 月份开始自选自己的第二课程主题，按照李秀伟的规划开始撰写个人的"课程纲要""课程标准"。这对老师们来说是一次前所未有的开拓性研究过程：没有人告诉他们课程是什么，他们只能从国家课程标准、学生发展需要、自身专业特长里寻找；没有人告诉他们这门课程的性质、目标、内容、实施、评价，他们需要自己去读书、思考；没有人告诉他们这门课程的内涵和外延，他们只有自己历练，力图成为这门学科领域内的"专家"。

半年下来，有些老师的第二课程名称还没有最终确定下来，但他们俨然已成了这门学科的专家：宋燕老师的《剪纸》课程本来很简单，然而，通过写"剪纸课程标准"，她几易其稿，遍查古今，总结各地剪纸艺术的特征，在与学生一起进行这门课程开发的过程中，他们一起成了"最明白剪纸是怎么回事的人"。徐文艳成为"童话专家"，孙晓燕成为"生活拓展专家"，谭伟成了"历史影视文化专家"……

第二课程，为学生的发展带来了新的选择空间，为老师们的成长带来了专属于自我的课程领地，在经历中发展着。李秀伟说："对我来说，收获同样大于老师们自身。教师第二课程的开发过程，是老师将自己的学科课程进行加工再造、拓展创新的过程，一个个鲜活的课程体系被老师和学生建构起来。”孙晓燕老师的“物理生活观察课程”将物理学习引入生活，实现了学生理科学习的智慧复演，孙云霄老师的“复调语文课程”将语文学习与古典、经典“复调”结合，实现了文科学习的智慧复演。而他在老师们的启发下，对学科课程领域内的智慧复演开始进行主动设计，贯穿课内外的学科教学因第二课程开发而具有真正的可能。

2012 年，他们做出来的《中小学校本研修的改进路向与模型建构》发表在《教育研究》第 7 期上，这是齐鲁学院 18 年来第一次以高水平的研究成果登上国家级学术刊物。当他和老师们一起在进行“第二课程”开发的时候，课程开发已经不再是一个时髦和具有吸引力的话题了，但他们仍然脚踏实地地一遍一遍地写着他们自己的“课程标准”，从目标到内容，从实施到评价，一点点写，一次次修改，没有人告诉他们这有什么用，但是他们就在自己与学生发展的交融中做着这样一件三年如一日的“小事”，他反复告诉工作室的老师们三句话，第一句话：你的责任就是你的方向，你的经历就是你的资本，你的性格就是你的命运。第二句话：复杂的事情简单做，你就是专家；简单的事情重复做，你就是行家；重复的事情用心做，你就是赢家。第三句话：美好是属于自信者的，机会是属于开拓者的，奇迹是属于执着者的！你若不想做，总会找到借口；你若想做，总会找到方法！在课程开发中与学生一起成长，老师们做到了。2014 年，他们研究出来的《中小学校本课程开发异变的若干问题与改进》发表在《教育研究》第 5 期上，在国家标准面前他们检验了自己的实践。

痴成才，迷入道。痴者专心致志，苦其心志，别无旁骛。入其里，究其实，悟其奥，故而学业有成。迷者执其念，笃信不移，劳其筋骨。纯其道，悟其理，达其观，故事业有成如人人。有位作家说过，“只有初恋般的热情和宗教般的意志，人才可能成就某种事业”。全美明星教师罗恩·克拉克说：“当教师拥有标新立异的创造力和自由时，奇迹就会发生。”

这一切，都从李秀伟和他的团队的艰辛跋涉和践行中得到了有力的佐证。

# 引领是责任之选

## ——带领工作室共同成长

南宋爱国词人辛弃疾的《青玉案》(东风夜放花千树，更吹落，星如雨。宝马雕车香满路。凤箫声动，玉壶光转，一夜鱼龙舞。蛾儿雪柳黄金缕，笑语盈盈暗香去。众里寻他千百度，蓦然回首，那人却在，灯火阑珊处。)在百千万人群中只寻找那个，却总是踪影皆无。正在没有什么希望之时，忽然，眼光一亮，在那一角残灯旁侧，分明看见了心仪已久的她！国学大师王国维在此比喻治学者经过多次周折，经过多次的磨炼之后，一朝顿悟，发前人未发之秘，辟前人未辟之境，犹如在灯如海、人如潮的灯节之夜，千追百寻终于找到了朝思暮想的心上人一样。这是功到事成，这是用汗水赢来的掌声，是用心血浇灌出来的鲜花。

李秀伟老师说，工作变更频繁非自己所愿，但毕竟时常在发生，然而，无论怎样变化，有一点从未改变，就是他从没有离开过教学现场，即便是在潍坊教科院最繁忙的时候，他也坚持每年听 100 多节课，每周上几节读书课。在诸城市枳沟小学、昌邑市奎聚小学，全国优秀教师吕映红老师和徐丽霞老师的班级里都有学生把他认作朋友。今天在大学里，他也在和他的学生(未来的教师)一起成长，一起超越自我。他说自己是幸运的，因为他能够始终和学生在一起享受教育。

作为知名课程专家和评价专家，李秀伟每年都应邀在山东各地及河北、河南、江苏、湖北、重庆等地做报告近 100 场，他的报告特别受一线教师的青睐和欢迎。之所以如此，是因为本由一线教师经历成长起来的李秀伟，既有小学、初中、高中的教学经历，又有潍坊教科院、山东省课程研究中心和齐鲁师范学院大学教师的专业理论基础，所以，无论是对宏观哲学理论的阐述，还是对微观课堂教学的实践体会；无论是对教育现象翔实数据的分析与讲解，还是对具体生动案例的讲述与剖析，他都能做到贴地行走，原生态、接地气，这很符合一线教师的教育教学实际。

在潍坊市奎文区、淄博市博兴实验中学、济南胜利大街小学、聊城市齐河三中、东营市龙口一中、德州市新湖南路小学、临沂市平邑赛博附小等地区或学校，李秀伟都有专属的“实验基地”，并拥有一百多位固定的、定期进行深度课程与教学以及自我成长交流的“工作室”团队。他说：“老师们的智慧和付出，让我从一位名师走向真正的研究者，又从研究者反身回到教学现场成为一位教师。在跨越学科、学段，跨越时空的交流中，我和老师们一起在成长。”

2014年，在厚积中开始薄发，工作室规模的扩大、老师们思想的成熟都标志着他们可以掌握对教学的发言权了，教学改革回到教师的自主与独立，回到教师的课程理解、学生理解、价值理解上去。一位位名师从工作室脱颖而出。

王冬梅老师的“智趣数学课”回归数学本质，与学生一起遨游于数学实践、数学探索中，体验数学的基本经验，领略数学的基本思想，获得了根本性的自我发展与超越。

孙晓燕老师的“物理生活观察课”将物理放置于广泛的生活空间下，通过观察生活中的事物来搭建书本、生活、学生之间的“引桥课程”，具有无限价值。

赵楠老师的“主题序列公共英语教学”以主题重新建构英语课程序列，以学生自主自为的“公共性活动”为教学方式，英语的“工具性和人文性”在这里得到彰显。

王安存老师的“双动诵读法”独辟蹊径，让学生的诵读动心又动情，在这样的理念指导下，系统构建了自己的语文教学诵读体系与模型，应用价值极高。

庄明华老师的“三自一导”英语课堂让学生激情、快乐地学习英语，在忘我的课堂上与教师一起神游语言空间，感受语言的魅力，消除了英语学习的畏难情绪。

孙云霄老师的“复调语文”借助陀思妥耶夫斯基、巴赫金的智慧，植根于中国古典传统文化，构建起了深度无限又灵活多元的语文课程与教学体系。

……

如今，李秀伟欣喜地看到，老师们的卓越课堂体系呈现出这样的一些特点。

一是课程与教学的结合，它始于三年前开始的第二课程开发研究，回归课堂之后，老师们自然而然地运用起了课程这一根本目标来系统指引教学研究。

二是课内与课外的结合，向生活寻求智慧，向实践寻求智慧，向学生的主动探究寻求智慧，这是老师们在学习、运用智慧复演理论的自然而然的选择。

三是研课与课研的结合，聚焦一节课但不仅是为了一节课，是为了通过研究教学来研究学生成长的路径和自我成长的路径，蕴藉内心，方成大气。

四是技术与道德的结合，热烈的人生投入与淡泊的思想境界在工作室逐步形成，大家在“只问耕耘，不问收获”，“只为做对事情”的道德研究中，超越课堂，超越自我。

非常认同李秀伟老师所说“教育要简简单单地归真”。教育的目的真的是简单得不能再简单，那就是人的教育，是教育人如何成为一个社会中人，教育人怎样成为一个正常人。所以李老师对教育有四问：一问“学生的发展是什么”，二问“学生的学习应怎样”，三问“学生已有和应有的是什么”，四问“教育的通途在何方”。反观这四问，其实就道出了教育的宗旨首先应立足于人的教育，任何一个教育者遵循的主旨都应从人的基本需要出发实施教育策略。

承载教育情怀的教育人生是笔墨人生。从李秀伟的成长之路可以看出，只有当自己想进步、需要进步、渴望进步时，才会焕发求知的热情，而让自己的日日夜夜都洒满辛勤的汗水。从 2004 年开始，他先后出版 10 余部专著：《新课程教学设计》（首都师范大学出版社）、《活动建构：创新教育的教学革新》（山东教育出版社）、《新课程课堂教学行为创新》（新华出版社）、《和谐之美：师德修养案例评析》（陕西师范大学出版社）、《小学教学典型课示例》（光明日报出版社）、《情境教学》（青岛出版社）、《唤醒情感：情境体验教学研究》（山东教育出版社）、《教师成长：寻求自我超越》（山东教育出版社）、《好教师教学的八大智慧》（陕西师范大学出版社）、《教育言无言》

（广西师范大学出版社）……

九年，十余部书稿，百十篇论文，作为齐鲁师范学院的教师，身兼繁重的教育科研工作，不勤奋无以成其名，不勤奋何以促其成？用李老师的话说，那就是想做，就做了，就这样简单！既然“教育要简简单单地归真”，做人也要发自本心，简简单单地做好自己想做的事。

其实细细想来，一个“归真”真的是又深奥到了极点！老子说“朴散则为器，圣人用之，则为官长，故大制不割”正是这个道理。归于自然、还于自然，让世界的本来面目清晰地呈现在学生面前，让求知的过程按部就班地呈现于学生面前，如何不能实现学生的自然成长？揠苗助长的结果是什么，本不必阐述。

成长本来就是自然的。需要阳光，给予阳光，需要水源，给予灌溉，需要养料，合理施用，即使遭遇天灾人祸，自然之道却并不会因之而稍有改观。谁见过只在贵人前才苍翠的树，又有谁见过因遇达官才盛开的花，在自然面前，人人都是匍匐者，为何不让教育简简单单地归真呢？

这就是那个“归真”的李秀伟。悄悄走近李秀伟，就能从其平和、自然的言谈中感受到他的真实，然而李秀伟是智慧的！智慧的李秀伟将人之境界分为四个层次：疵境—稳境—醇境—化境。他的真知灼见真实地再现了教师乃至每一个真实的人、每一个苛求发展的人的成长路线。李秀伟的智慧在于，他清醒地认识到，自己就是奔波于这条线路上的一个具备勇气和胆略的“人”，这个“人”的智慧在于他的智慧，这个“人”的韬略在于他的韬略，这个“人”的追求在于他的追求。唯有智慧的人才能拥有韬略，唯有具备大胸怀的人才会不停歇自己追求的脚步，而李秀伟的智慧就是这样定义的：只要做就是机会，就能成功！

很难说真实和智慧，究竟是哪一个成就了李秀伟的现在，还是真实的人必定智慧，或者只会带来真实？但我却从他引用的老子那句“复归于朴”中获悉，“朴，虽小，天下莫能臣”，李秀伟正是以自己质朴的真实和真实的智慧，铺就了一条艰辛跋涉却又辉煌的成长之路。

李秀伟说他很喜欢这样一句话，“在经历了若干年的教师工作之后，我得到了一个惶恐的结论：教育的成功和失败，我是决定性的因素。我个人采用的方法和每天的情绪，是造成学习气氛和情绪的主因。身为教师，我具有极大的力量——能够让孩子们活得愉快或悲惨”。（古诺特）

“拯救人类世界的力量不是别的，而是人们的心灵。”而人的灵魂是厚重的，没有人能轻轻地拔起，奋斗与成功是有为者的人生历程。跨越历史的时空，拂去记忆的尘埃，我们可以得知，成功不是偶然为之的结果，而是奋发向上厚积薄发的奋斗历程。

从小学教师到初中教师，再到高中教师，到如今的大学教授，在专业发展方面，李秀伟成为当今基础教育界的响当当的传奇人物，他筚路蓝缕艰辛跋涉的专业化成长经历，栉风沐雨锲而不舍的研究过程，锐意进取奋勇争先的拼搏精神，不禁让人感慨、感叹、感动，更是激人奋进。

李秀伟和他的工作室，真实、简单而又非凡的艰辛跋涉历程再次向人们昭示——天行健，君子以自强不息。

秋天的累累硕果不属于春天的赏花人，只属于春天的耕耘者。

# 第二章

# 打造读书共同体

读书是教师专业发展的基石，更是提升教师生命价值和精神追求的有效途径。阅读使人清醒，让人变得睿智，作为教师，更应该畅游于书籍的海洋中，不断汲取营养。学校教师应努力打造浓厚的读书氛围，通过读书努力提高个人素养。

# 师生读写促发展，翰墨书香沁校园

## ——潍坊市育华学校师生读写活动开展历程

读书是教师专业发展的基石，更是提升教师生命价值和精神追求的有效途径。只有在读书的同时进行实践、研究、思考，并及时撰写记录自己所思所感的随笔感悟，才能实现教师的专业化发展，并促进教师生涯的丰盈和生命的成长。

以读书为支撑，教师可以立足课堂，从从容容播种传道；以读书为信仰，教师可以积极、坦然而宁静，明朗地面对人生；以读书为生活，教师可以涵养自己丰富的感情、健全的理性、敏锐的判断和不竭的创造力，更好地服务于学生的发展；以读书为己任，可使教师的生命之树常青，无声地润泽学生，悄悄地葱茏自己。

潍坊市育华学校自建校之初，就把“让阅读成为习惯，让阅读成为生活，让每个育华人都成为爱书人”的阅读工程，作为三年发展规划中重点打造的特色项目之一。几年来，育华学校以构建学习型校园、促进教师专业化发展为宗旨，以专家工作室为引领，以校本培训和读书交流为基本形式，开展了丰富多彩的学校中层及师生读写活动。

### 一、落实读写活动制度，营造浓厚读书氛围

为保障师生读写活动的高效实施，学校每学期初都会制订周密详尽的读书计划，并与学校其他制度相结合，将读写活动落到实处。在教师层面，一是将教师读写活动纳入校本培训规划，充分发挥中层和教师自我学习、自我培训、自主提高的优势，并与学校的中层培训和课题研究活动结合起来，切

实提高每位教师的业务水平和理论修养。二是与学校开展的“阅读工程”结合起来，组织开展形式多样的读书活动，如读书交流会、读书沙龙等，引导教师进行深入的反思和提升。三是将读写活动与师德建设和课堂教学改革相结合，提高教师的职业使命感，切实提高课堂教学效益。在学生层面，学校出资订购了大量的图书，充实学校的图书馆和各班的小书橱，开辟了环境幽雅的走廊“读书角”，为学生提供了丰富的读书资源，并定期开展“书香班级”评选和学生读书演讲比赛及读书征文活动。学校处处萦绕着浓郁的读书氛围，孩子们在书的海洋中遨游，读书已渐渐成为一种习惯。

## 二、学校中层率先垂范，通过读写提高领导力

学校领导高度重视教师读写活动的开展，并将这一活动作为提升中层干部业务能力和领导水平的重要途径。学校成立了由全体中层干部组成的读书小组，率先垂范，开展了一系列扎实有效的读写活动。校长定期向中层干部推荐阅读书目，要求其结合自己的工作实际写出深刻的读书感悟，并在学校每周一的中层干部例会培训会上，针对工作中遇到的问题选取一个点交流读书体会。每学期开学以前，学校中层都要进行封闭培训，读书交流已成为培训的重要形式之一。张雪梅校长说：“读书可以净化人的心灵。多读书、读好书，希望学校中层干部抛开一切功名利欲，扎扎实实为学校发展和教师成长服务。教师的发展是我最大的幸福！”

本学期，学校在中层干部中开展了对《狼性中层》一书的读写活动。在校长的带领下，学校全体中层领导认真阅读、讨论、交流《狼性中层》一书，并积极撰写读书笔记，并写出了高质量的心得体会。

小学教导处孔鹏主任将《狼性中层》一书中的管理理念与自己的日常工作结合起来进行了深入反思。

狼，被公认为最成功的捕食者之一，这不仅仅因为它们的凶残，最关键的是其团队协作能力与韧性。“狼之所以伟大，就是因为它们的合作精神。”而坚忍不拔的毅力更是让它们的对手气馁甚至绝望的根本。

学校中层负责的各部门之间也应团结协作，要以学校和全体教职工的利益为前提，相互协调、“投桃报李”。部门及个人间的相互帮助既能融洽关系，又能提高工作效率，但前提是不要看低其他任何部门的重要性，要有相

互帮助的意愿。

工作要有韧性，要扎实，不能浮躁；任务要完成得彻底，把产生失误的风险降到最低；要耐得住寂寞，不能因为工作的枯燥产生不良情绪，使工作受到影响。

工作要分清主次，排好先后顺序。有时候会有大量工作同时布置下来，在人手不足的情况下就要先分清主次，然后排出处理问题的先后顺序。因为羊再多，狼群的目标始终只有一个，否则它们将一无所获。

督导室的田金芳主任则对“狼性文化”中的团队精神对于指导学校今后的发展提出了自己独到的看法。

既然要做狼性中层，那就离不开“狼性文化”，它是一种带有野性的拼搏精神。狼的性格：贪、残、野、暴，都应在团队文化中得以再现，那就是对工作、对事业要有“贪性”，永无止境地去拼搏、探索。狼性文化中的“残”用在工作中，便指对待工作中的困难要一个个地、毫不留情地把它们克服掉、消灭掉；狼性文化中的“野”，便指这种在工作中、事业开拓过程中不要命的拼搏精神；狼性文化中的“暴”则指在逆境中，要粗暴地对待一个又一个难关，不能对难关仁慈。一个团队要发展，没有这种贪、残、野、暴的精神是不行的。建校之初，我们群情激昂，大家都觉得，我们的学校多好啊，我们的工作都会像新学校一样日新月异。然而，三年多过去了，我们的周围建起了一座座新学校，我们的优势不存在了。如果我们不变革，势必会更深地影响我们的未来，学校的发展和每一个人息息相关。没有这种“贪、残、野、暴”，在学校竞争中就会被撞得头破血流。因此，我们应该推崇和提倡狼性文化，不只是中层，每一个教师都应具备狼性。也只有这种狼性团队文化，才能在未来的教育竞争中生存、发展，并立于不败之地。

关洪钢校长在听了大家对《狼性中层》一书的学习体会的交流发言后很受感动，并提出了自己的殷切希望。

“百战归来再读书”，这是我参加北京师范大学管理干部研修班结业交流时，北师大教育培训中心潘主任对学员的一点希望。对于我们教师群体来讲，抽时间读点管理方面的书籍，对提升教师个人的管理能力来说，是非常有帮助的。

学校领导班子还将《哈佛商业评论》杂志作为2014年学校中层领导的必读书日，力求通过学习和阅读，培养中层干部严谨的工作作风和缜密的思维方式，更好地为学校发展和自己的工作服务。

## 三、全体教师积极参与，通过读写实现自我快速成长

学校设立教师读书活动专项经费，把教师读写活动纳入教师继续教育整体规划，切实为读写活动提供保障，确保读写活动顺利开展。学校为每位教师订购了教育教学专著和相关学科的刊物，为每个办公室的书报架配备了各类教学图书与休闲杂志，为老师们的课余生活提供了丰富的精神食粮。

学校每学期向老师们推荐和发放优秀教育教学专著，采取多种形式、多种途径组织教师进行集中读书学习，使集体学习与教师自学相结合，促使全体教师养成爱读书、会读书的良好习惯。为保证读书效果，学校充分挖掘现有资源，积极搭建读写交流平台。利用学校网站，鼓励教师在博客上发表自己的读书感悟、读书札记等。定期开展读书经验交流会、读书演讲比赛等，激发教师读写的热情，进而实现教师专业的快速成长。近期，学校先后为老师们订阅了《给教师的建议》《第56号教室的奇迹》《窗边的小豆豆》《陶行知文集》《你能做最好的班主任》等书籍。老师们觉得，读书让他们更明慧，更多的教育智慧和心灵火花在读书中碰撞出来，在记录中反思着，在交流中升华着。

班主任是一所学校的核心力量，平日工作复杂而烦琐。如何提高自身管理班级的能力，做孩子们心中最好的班主任，是老师们常常思考的问题。学校德育处专门组织了班主任读书交流活动，陈宇老师的《你能做最好的班主任》一书为老师们指明了努力的方向。在送走放学队伍后，在午饭休息时，总能看到老师们手捧此书认真阅读的身影。为分享彼此的读书心得，班主任们利用课余时间开展了读书交流活动，活动中，他们把自己的读书经历和收获毫不保留地与大家进行分享。激情洋溢的讲述、冷静睿智的思考、精彩深刻的感悟，博得了台下观众的阵阵掌声。赵楠老师在《做一名幸福的班主任》一文中深情地写出了自己的真实体会。

陈宇老师说，做班主任的感觉，不去亲历，是永远无法说清楚的。的确如此，担任班主任以前，我已教过8年英语，那时下课走人，与学生的情感交流少之又少，甚至产生了些许职业倦怠。当上班主任才渐渐明白，之前的8年只能算是教学，而不是教育，也越来越感受到：原来，做一名教师，也

可以如此精彩，也可以如此动心，也可以如此满足。这种幸福感是没当过班主任的教师无法体会的。

孩子们的顽劣有时也会使我烦恼，有时也会对他们严声厉色，但我拥有44个孩子美好的情感，这种满足感是无法用言语传达的。虽然还达不到陈宇老师的学生说的“我就是被你骂死了，你也永远是我最亲爱的老班”的境界，但从孩子们跟我说笑时、被我说教时那专注的眼神中，我读出了理解、信任和爱。

## 四、夯实“阅读工程”，为学生一生的幸福奠基

走进育华，我们会感受处处书香沁校园。不论是教室里的小书橱，抑或走廊上的小书架，校园处处有图书，学生时时能读书。“让阅读成为习惯，让阅读成为生活，让每个育华人都成为爱书人”的“阅读工程”和读写活动的开展，确实让每个学生都受益匪浅。

各班主任鼓励学生丰富教室小书橱资源，提倡学生把家中的书带到学校，还有些老师也把自己的藏书带到班级小书橱。各班学生自发成立了图书管理小组，开展借阅管理活动，举行了好书交换活动。同学们畅游书海，各班都洋溢着浓浓的读书气氛。

近年来，学校为进一步打造“书香校园”，开展了一系列学生读书交流及读写活动。学校少先队每学期组织“我爱读书”主题班队会，由学生交流读书心得，讲读书故事，进行课本剧表演等，并根据学生在读书月中的表现，评选、推荐“书香少年”和“读书进步之星”，大大激励了学生的读书热情。学校特别重视“书香班级”的建设，各班根据本班实际确定了班级文化主题，使得班班有特色。每学期举行“书香班级”的评选活动，极大地调动了学生的读书积极性。每年五月的“校园读书节”会举办大型“诵读经典，诗文素养展示”活动，《论语》《长恨歌》《桃花源记》，那些历经千年、代代传颂的名篇佳作，在孩子们的吟诵中慢慢释放出浓醇的芬芳。此外，学校还经常举行“我与父母同读一本书”读书征文比赛及“读书漂流”和读书演讲比赛等活动。

读书，让每一个育华学子看到了莺飞草长、春花秋月。读书，让每一个孩子眼明心亮，齿颊留香。

## 五、借助专家工作室，提升教师读书层次

学校除了推荐给老师与自己专业领域紧密相关的必读书目之外，还鼓励他们在李秀伟专家工作室的引领下，提升读书的品位和层次，读一些与自己专业领域相距较远的古典著作和哲学书籍，进一步提升自己的文化品位和文学修养。2012年，李秀伟工作室启动了精品读书工程，专家倡导我们多读一些"不太有用"的哲学书。教师在深读《尼各马可伦理学》《社会契约论》《人类知识原理》《人性论》《人类的知识》《艺术人类学》《论自由》《马克思精神生产与社会生产笔记》《爱弥儿》《西方哲学史》《西方教育思想史》《探求真理的指导方法》《谈谈方法》《对人类自由的本质及其相关对象的哲学研究》等哲学著作的同时，还结合智慧复演理论进行了读书摘记和读书交流活动。2012年12月，李秀伟专家为老师们做了《一个教育读写命题》的精彩报告。李老师认为，读书时，思想定位要高，应"取法乎上""求其上""学其上"，鼓励老师们通过读书，"感受灵魂的力量，分享心灵的震撼，回归本真的诉求"，通过读书"与大师对话，与智者同步，走一条具有智慧与情感归属的研究之路，建构属于自己的思想与精神体系"。李老师在报告中指出，要读，还要写，"研究因写而生成"，"课堂因写而改变"，更要"边读边思考"，像左拉一样写出经典，像巴尔扎克一样写出血泪，像契诃夫一样写出真实。听了李老师的报告，老师们受益匪浅，原本晦涩难懂的哲学书和心理书在一遍遍读懂、读透之后，竟也写出了直透人心的深刻反思和感悟。

宋燕老师将自己所读《艺术人类学》一书中"艺术风格"的阐释与自己的美术教学结合起来思考，总结出了卓有成效的课堂教学方法。

风格是指艺术品形式上的特征。一种风格的表现取决于所描绘的主题，还有从这些主题中抽象出的元素——规则的形状，以及组织构图的方式。严格地说，风格与作品的元素或者整个作品无关，而是关系到肖像画法或视觉法则的主题，一种风格可以在很多一般的层次上加以鉴别——艺术家个人的层次、特殊的派别等，用更容易理解的语言讲，是写实风格与抽象风格不同。

艺术风格可分为艺术家风格和艺术作品风格两种。由于艺术家的世界观、生活经历、性格气质、文化教养、艺术才能、审美情趣的不同，因而有

着各不相同的艺术特色和创作个性，形成各不相同的艺术风格。艺术作品风格是作品在内容与形式的和谐统一中所展现出的总的思想倾向和艺术特色，集中体现在主题的提炼、题材的选择、形象的塑造、体裁的驾驭、艺术语言和艺术手法的运用等方面。它有时指某一艺术作品的风格，有时指一系列艺术作品所表现出来的总的格调。艺术家风格和艺术作品风格有着不可分割的密切关系。艺术家风格并非抽象、空洞的存在，而要具体落实到艺术作品上；艺术作品的风格也不是无源之水，无本之木，它直接根源于艺术家的风格。在引导学生们欣赏艺术家的美术作品时，对那些写实风格的作品，学生们很容易能看懂，都能把作品的内容、画种、表现手法等，用自己的语言描绘出来；而当遇到欣赏抽象风格的作品时，便不能理解。这时如果是靠老师强加于学生知识，相信学生上完课后立马就忘了，根本没有任何印象。于是，在上这类欣赏课时，我会先让孩子们自己上网查阅有关这名画家的介绍，了解画家是在什么样的情况下完成这幅作品的，也就是当时的创作背景，然后再让孩子们查阅此画的介绍，最后在课堂上让孩子们一起分组交流、全班交流，找出各自的疑问，小组间相互解答，如解答不了的再交给老师一起解释、讲解，相信这样一节欣赏课下来，比孩子们单纯听老师讲，学习效果要好得多。学生们自己查阅资料的过程就是一个很好的学习过程，全班交流又加深并巩固了知识，最后，老师一点拨、点评，相信学生对艺术作品的理解更会学有所获，受益匪浅。

笔者通过阅读《谈谈方法》一书学习了笛卡尔的方法论及做事的原则与行为守则，并把作者的观点与智慧复演理论和新课程改革结合起来思考，得到了专家的肯定。

笛卡尔一直坚信，对于知识的获取，自由探索比一味灌输重要得多。他说："如果在幼年的时候，人家就把我多年来没法加以证明的那些真理全部交给了我，学得一点都不费力，大概我是决不会知道什么别的真理的，最低限度在寻求新的真理的时候决不会总是那样熟练、那样得心应手的。"教育部原副部长吕福源也曾经指出，我国教育是一种"掐头去尾"的教育。就是说，我国教育长期以来既不重视知识从哪里来的，也不重视知识在现实的生活中有什么用处。为了改变这种状况，新课程改革提出了"过程与方法"的目标。这就要求我们不仅要重视知识的传授，更要让学生经历解决问题的过程，参与、体验、感悟解决问题的方方面面，展开对学生的思维训练和方法论教育，在实践和探索的过程中培养学生的创新性思维能力。

李秀伟专家工作室继续开展着精品读书工程，引领育华学校的老师们阅读古今中外的经典名著，结合创新教育的基本理论，及时写出读书摘记和感悟，努力提高自己的理论修养，向专家型教师快步前进。

“腹有诗书气自华。”读书，能够使教师不断地增长职业智慧，使自己的教学闪耀睿智的光彩；读书，能使教师充满生命的激情和智慧的言语，以最简洁的线条，拉动最丰富的信息；读书，能使教师经常思考人生，思考教学，把教学变成一种过程、一种动态、一种求索；读书，是教师可贵的生活品质，一种诗意美好的人生境界。潍坊市育华学校将继续围绕“读写结合、创建书香校园”这一学校特色建设主题，在校园播撒读书的种子，营造阅读的氛围，让师生在飘着淡淡墨香的书山之路上攀登进取。“教师读写”必将作为一项传承活动继续开展下去。让书籍点亮人生，让书香沁满校园，必将成为潍坊市育华学校全体师生坚定的信念和永恒的追求。

（潍坊市育华学校　赵楠）

# 最是书香能致远

## ——孙家小学书香校园建设侧记

走进一所学校，你首先感受到的是什么？是这所学校的气味——是树木生长的气味，是花草芬芳的气味，是爱的气味，是健康的气味。奎文区孙家小学就是这样一所有气味的学校，走进校园，扑面而来的除了草木的清香，更多的是师生浓浓的书卷气和弥漫在校园里的书香气息。

为丰富学校教育内涵，提高师生素养，构建学习型校园，十年来，孙家小学一直致力于书香校园建设，致力于凝聚校园书香气、教师书卷气、学生书生气。为此，学校建立了读书长效管理机制，使读书贯穿于学校教育教学的各个方面，涵盖了教师、学生、家长等不同的群体，倡导师生快乐读书、健康成长，“让书的厚度提升人生的高度”，为师生架起了通往成功的桥梁，为家校和谐共进找到了契合点。

### 一、以读书课题为指导，引领师生科学阅读

为了提高师生读书质量，引领师生科学阅读，学校借助省级课题《中小学生课外阅读规律的调查与研究》，在全市典型的农村和城市中小学生中进行了广泛的读书问卷与调查，以期对不同年龄阶段学生的阅读规律进行探讨，在此基础上，请专家论证，合理规划，确定了明确的阅读方向。自2004年底起，学校每年对师生进行一次读书调研，包括读书数量、读书兴趣、读书方法、读书习惯等各个方面，并将结果加以对比分析，总结规律、指导实践。在研究、实践、再研究、再实践中，读书质量有了保障，读书效果不断改善，书籍真正成为师生成长的营养品。另外，辅之以每年评选书香班级、

书香家庭、书香教师、读书大王等活动，并进行大力表彰，使教师、学生、家长获得了持久的读书动力。

## 二、以经典诵读为主线，丰厚师生人文底蕴

经典诵读是学校坚持了十年的内涵工程。学校将经典诵读纳入学校的整体规划，通过咨询语文教育专家、潍坊市知名校长、优秀教师，根据学生的年龄特点和教师的业务水平，对学校的“6—50 经典校园文化”进行了调整，制订了“孙家小学学生六年读书计划”，对各年级的读书活动进行了详细规划。各年级的读书内容包括国学经典背诵、儿歌（1～3 年级）、古诗、美文、必读名著和选读名著六大板块。在六大板块之下，各年级的阅读要求各有特色，做到了由易到难、从简入繁，所读内容决不重复，既注意了阶梯式提升，又注意了螺旋式增进，并通过日检查、周展示、月汇总将其落到了实处，使师生在经典的滋润中，打下了人生最亮丽的底色。

学校还制订了与“六年读书计划”相匹配的读书达标手册，以记录学生的阅读足迹。学生自己将阅读情况记录在手册上，经家长认可后签字（可每天签也可以一周签一次），每周由小组长把关。每月在班内展示达标手册，对阅读内容进行自选形式的展示，组长和教师分别给予评价。最后，由教师填写“教师寄语”，鼓励学生更好地阅读。

学校要求语文老师和学生同步阅读国学经典，引导学生充分感受中国文化的博大精深和光辉璀璨，了解传统的美德，中国人的灵魂、气质和精神，使学生的心灵受到震撼，思想受到启迪，意志得到鼓舞，增强学生的爱国情感和为建设祖国而奋发读书的责任感。

## 三、以系列活动为载体，增加师生阅读深度

为给师生搭建展示读书效果的平台，唤起师生阅读的原动力，学校还开展了丰富多彩的读书活动，除每年元旦举行师生读书报告会、每月举行师生读书沙龙等常规活动外，学校已连续十年举办每年自 6 月 1 日至 9 月 10 日，跨越儿童节和教师节，历时 100 天的读书节。其中包括学生读书、教师读书、亲子读书、社区读书四大板块。通过各种丰富的活动，激发了学生、教师、家长、社区读书的热情。每年元旦举行新年读书报告会，重在总结与展

望；每月分别举行一期教师、学生的读书沙龙，重在交流与碰撞。加之读书演讲、读书笔记、读书手抄报等常规活动，让师生每天与书籍同行，为师生营造浓厚的读书氛围，让师生快快乐乐地读书，从书中汲取丰富的营养。

## 四、以“一室一行”为载体，丰富学校图书资源

十年来，学校大力加强图书室建设，每学期都有计划地投入一定的资金增订图书，图书室现有图书三万多册，人均40余册，每班每周可以定期借阅，保证了学生的阅读资源。每班每周设两节阅读课，把课堂搬到图书室，让学生诵读古诗文、阅读中外名著，走进经典，体会经典，厚实底蕴。学校还把图书室的图书分配到班级，每班建立“让好书不再寂寞”为主旨的班级流动“图书银行”，将学校图书室的书与学生家中的藏书集中在班级里，方便学生借阅。定期为教师发放购书卡，让教师积极购书，时刻行走在教育教学理论的前沿。购书卡的发放、图书银行的建立不仅让图书真正流动了起来，使师生拥有了源源不断的精神食粮，还培养了师生的珍惜、博爱、宽容等优秀品质，可谓一举多得。

## 五、以课程、课时为保障，扩大师生读书外延

除每天要求师生课外阅读不少于半小时外，学校将每周一下午定为全校大阅读的时间，全体师生走进书的海洋，与经典对话，与大师交流。坚持课内与课外相结合，通过每周两节校本课程“快乐阅读，奠基人生”，品好书、赏经典、巧积累，低年级借助写话练习，中高年级借助课前三分钟演讲等形式将社会热点引入课堂，使经典阅读与热点解读相结合，将回望历史与关注现实相结合，提高学生的人文素养，并通过课外“小小作家”与“小小演讲家”两个学生社团，以读促说，以读促写，实现了读书的多重价值。

十年磨一剑。孙家小学十年读书活动的开展，使学校形成了浓厚的读书氛围，书籍已成为师生须臾不离的精神食粮。全体师生沐浴在书香中，立德、励志、修身、养气，并从书中获得人生的经验、灵动的智慧、前进的勇气和奋斗不息的力量。学校连续三年获得潍坊市朝阳读书“十佳”学校，书香馥郁的校园已成为师生精神的憩息地和成才的摇篮，先后有1000多人次的学生获得区级以上（含区级）各种奖励，200多名学生参与了《齐鲁晚报》

小记者和潍坊电视台小主播培训活动，学校被《齐鲁晚报》授牌为“小记者实习基地”，多名学生被评为“十佳小记者”、“优秀小记者”，500多名同学的作文在各级比赛中获奖并在各级刊物上发表，读书的后劲日益彰显，孙家小学全体师生对未来充满了信心，在读书的道路上正阔步前进。

附：

博学善思畅学海　欢歌劲舞庆“六一”

——孙家小学第十届读书节暨第十八届艺术节活动方案

一、指导思想

为了能更好地创建书香校园，营造人人读好书，好书人人读的浓郁氛围，通过丰富多彩的读书活动，在学校、家庭、社区掀起读书热潮。通过师生同读书，共同创造书香化校园，同时组织家长参与，营造学习化家庭氛围。特自2014年6月1日至9月10日举行为期100天的读书节。同时，借读书节开幕式之机展示学校素质教育的成果，举行第十八届艺术节。

二、组织领导小组

为了深入细致地落实读书节活动，增强各项工作的力度，特设工作领导小组。同时进行工作分工，做到分工明确、团结协作，保证整个活动的严密与完整。

工作领导小组成员：

组长：刘涛

副组长：吴洪霞　陈效泽　庄明华

组员：张国秀　李桂丽　王静　穆会卿　庄兆良　李娜　崔吉成　王蒙　王玉金

具体分工：

刘涛：总体策划、总体协调，提供资金支持。

吴洪霞：各项活动的策划、指导、协调。

陈效泽：做好物资保障工作。

庄明华：做好校园文化及宣传。

张国秀：演讲比赛、好书推荐、读书方法讲座。

穆会卿：征文比赛、读书集锦、上好开学第一课。

王静：读书合作小组、亲子共读书、读书调查。

李桂丽：社区读书活动，舞台布置、材料装订、做好各种物资的准备。

王蒙：手抄小报、少儿书签制作、给母校留言。

三、时间安排一览表

本读书节自开幕至结束历时100天。

准备阶段：5月8日至5月29日

启动阶段：5月30日举行第十届读书节开幕式暨第十八届艺术节

初始阶段：6月2日至7月5日

延伸阶段：7月6日至8月31日

评比阶段：9月1日至9月9日

表彰阶段：9月10日读书节闭幕式暨庆祝教师节

各阶段具体安排如下表：

<table>
<tr><th>阶段</th><th colspan="2">具体安排</th><th>负责人</th><th>检查时间</th></tr>
<tr><td rowspan="10">准备阶段<br>5.8—5.29</td><td colspan="2">1. 制订方案</td><td>吴洪霞　庄明华</td><td>5月20日</td></tr>
<tr><td colspan="2">2. 设计、制作节徽</td><td>吴洪霞　庄明华</td><td>5月25日</td></tr>
<tr><td colspan="2">3. 营造氛围（条幅、橱窗、黑板报、刊板布置）</td><td>陈效泽　庄兆良</td><td>5月25日</td></tr>
<tr><td colspan="2">4. 发放新一轮笔记</td><td>张国秀</td><td>5月27日</td></tr>
<tr><td colspan="2">5. 确定与会人员，发送请柬</td><td>庄兆良</td><td>5月29日</td></tr>
<tr><td colspan="2">6. 更换读书导航标和展室台</td><td>张国秀</td><td>5月29日</td></tr>
<tr><td rowspan="4">7. 布置展室及展室解说</td><td>课题资料展室（六一教室）</td><td>张国秀</td><td>5月27日</td></tr>
<tr><td>读书集锦展室（六二教室）</td><td>王蒙</td><td>5月27日</td></tr>
<tr><td>手抄报展室（五一教室）</td><td>王静</td><td>5月27日</td></tr>
<tr><td>书法、书签展室（五二教室）</td><td>穆会卿</td><td>5月27日</td></tr>
<tr><td rowspan="7">启动阶段<br>5月30日</td><td colspan="2">1. 会场布置（背景、音响、舞台）</td><td>王玉金</td><td>5月29日</td></tr>
<tr><td colspan="2">2. 家长、学生安排，学生安全</td><td>崔吉成</td><td>5月29日</td></tr>
<tr><td colspan="2">3. 文艺节目单、读书资料发放</td><td>李桂丽</td><td>5月29日</td></tr>
<tr><td colspan="2">4. 来宾接待</td><td>陈效泽　庄兆良</td><td>5月29日</td></tr>
<tr><td colspan="2">5. 摄像、照相</td><td>李娜</td><td>5月29日</td></tr>
<tr><td colspan="2">6. 舞台服务</td><td rowspan="2">张国秀　李桂丽</td><td rowspan="2">5月30日</td></tr>
<tr><td colspan="2">7. 活动解说</td></tr>
</table>

（续表）

| 阶段 | 具体安排 | 负责人 | 检查时间 |
|---|---|---|---|
| 初始阶段<br>6.2—7.5 | 1. 学生明确活动方案、开始落实 | 各负责人落实自己的活动 | 7月3日 |
| | 2. 教师指导学生落实各项活动 | | |
| | 3. 与部分家长交流活动意见 | | |
| 延伸阶段<br>7.6—8.31 | 学生按照方案开展自己的读书活动 | | 8月28日 |
| 评比阶段<br>9.1—9.9 | 1. 各项活动按照方案进行总结 | 各负责人 | 9月7日 |
| | 2. 资料汇总、整理 | 各负责人 | 9月7日 |
| 表彰闭幕<br>9.10 | 1. 总结表彰 | 各负责人 | 9月7日 |
| | 2. 举行总结表彰大会 | 各负责人 | 9月7日 |

四、活动安排

第一部分：学生读书

（一）常规活动

1. 读书笔记和笔记评展。

“不动笔墨非读书。”学生在读书时应坚持写笔记。读书笔记要写上读书的时间、书名、体裁、字数。把自己在读书过程中认为优美的词句、精彩的片段和印象最深的部分摘抄下来，也可在文后写出自己的感受或心得。

2. 读书征文和演讲。

充分发挥班级图书架和阅览室的作用，引导学生广泛读书，通过读书促进学生写、诵水平的提高，达到“读、写、诵”结合，相得益彰，开展“我最喜欢的书”（3～6年级）读书征文活动和“我的读书故事”演讲比赛。

读书征文：每班择优推荐5篇参与校级评选，由语文老师当评委，评出不同的奖励等次。

演讲比赛：在全班参赛的基础上（人人都写演讲稿），每班推荐1名参与演讲。

要求：

①各班推荐一名优秀选手，朗诵时间控制在3分钟以内。

②评分标准：着装、仪态；普通话水平；情感丰富；配乐朗诵。（诗文、伴读带自选。）

③专门组织评委当场打分。

④各班于 5 月 28 日前将参赛名单、朗诵题目报办公室。

学校组织学生评委和教师评委同时评选，评选出不同的奖励等次。

按照班级的演讲稿的质量、数量和获奖情况评选读书演讲优秀班级 3 个。

3. 手抄小报。

学生根据读书情况，绘制具有特色的读书小报。学生自编自辑，内容自选，可以有读书信息、书刊简介、读书心得、名人名言等。

把各班的手抄报以年级为单位组织师生进行评选，获得不同的奖励等次。

4. 发挥读书导航标、读书展示台的作用。

各班根据自己的读书情况，更换新读书导航标、读书展示台的读书导航标、读书展示台内容，引导学生读书。

（二）创新活动

1. 读书合作小组。

以班级为单位，根据家庭住址的远近和喜欢读书的学生，以 4～6 人组成“读书节合作小组”，使其走入图书馆、走进书店、走入家庭，共同阅读相关书籍。

班级做好合作小组的登记，每个小组起一个具有特色的小组名字，每次活动都做好活动记录，留下阅读资料。

2. 少儿书签创作设计活动。

由学生创作设计书签的版面、图案、读书格言，可独立完成，也可与家长合作完成。每班保证人人参与，择 5 名优秀者参加学校的评比。

3. “好书推荐”活动。

充分发挥班级图书架、学校阅览室和家庭藏书的作用，开展“好书大家享”活动。学校、家庭和参与者互相推荐各自读过的好书，写出自己推荐的理由即文章推荐书，让观众评价。1～5 年级读书节期间每人至少推荐 1 篇，写出文章推荐书。

4. 给母校留言，给“学弟学妹”以启示。

组织六年级的学生为母校留下一段自己最想说的话，作为自己对本届读书节的祝福，也作为自己在小学的最后一个儿童节给母校的礼物，以激励自己的师弟师妹们。人人参与，用信纸书写。

5. 上好开学第一课。

对于新招的一年级学生，发挥家长学校的作用，在开学初就对家长进行培养学生读书、学习习惯方面的指导教育，让孩子在入学后迅速适应学校的读书活动。

6. 开展读书调查活动。

各班开展小课题研究，利用课余时间开展学生读书情况调查，通过调查问卷、分析答卷，初步探讨不同年级学生的阅读兴趣、阅读能力、阅读持续性和阅读能力的发展规律等。

7. 读书方法讲座。

(1) 每班推荐 1 名优秀学生把自己认为好的读书方法讲给大家。

(2) 请名人对学生进行读书方法专题讲座。

第二部分：和学生同提高——“三好”教师读书活动

1. 奖好书。每个教师为学校捐献 3 本业余书籍，学校奖励每个教师 1 本专业书籍作为业务提升的基础。

2. 赏好书。每位教师利用课余时间加大阅读量，要求教师在读书节期间除必读教育专著——《给教师的建议》外，自选其他业务书籍，同时要做好读书心得的积累（40 岁以下教师打印）。100 天读书节期间不少于 10 篇。

3. 荐好书。为教师、学生各推荐一本好书（40 岁以下教师打印）。

打印要求：a. 标题为加粗 3 号宋体字；b. 姓名为 4 号楷体；c. 正文为四号宋体，小标题加粗。

第三部分：“爱孩子，就陪他一起读书”——“七个一”亲子读书活动

1. 给家长上一堂读书指导课。

2. 与家长签一份读书协议。

3. 和孩子去一次图书馆（或书店）。

4. 给孩子买一本好书。

5. 和孩子共读一本书活动。

6. 召开一次家长和孩子同读书交流会。

7. 写一篇亲子读书体会。

第四部分：“爱我社区，提我素养”——“三个一”社区读书活动

1. 一个读书家庭影响一个邻居。

2. 在社区进行一次读书宣传活动。

3. 请教社区里的一个读书名人。

五、活动评比及成果展示

（一）活动评比

1. 活动评比时间

2014 年 8 月 30 日至 2014 年 9 月 9 日

2. 学校综合评奖情况

a. 各个活动都评选单项奖（评选一览表如下）。

b. 根据各班获奖情况评选读书节活动期间书香班级 4 个。

c. 评选读书节活动优秀学生 80 个，授予其“读书小博士”称号。

d. 评选读书节活动书香家庭 60 个、学习型家长 60 个。

（二）成果展示

第一类：读书积累（全员参与）

（1）优秀读书笔记展

（2）手抄小报展

（3）读书活动记录

（4）文章推荐书

（5）学生读书情况调查问卷及规律趋向

第二类：现场操作（择优参与）

（1）即兴作文

（2）名篇朗诵

（3）文艺演出

分类评优一览表

1. 读书笔记展评

“优秀小读者”15 名：读书笔记书写认真规范，符合学生的年龄特点。

“阅读之星”15 名：读书笔记规范，图文并茂，既符合阅读要求，又能体现自己的个性。

“读书英才将”10 名：读书笔记实用性较强，能记录自己读书的过程，对自己爱好的阅读能起到促进作用。

2. 优秀征文比赛

评选出优秀征文 15 篇：能把自己读书的感受或收获写出来，语句通顺，事情较具体，错别字较少。

佳作美文15篇：能在写出自己读书感受的同时做到中心突出，事情典型，语句通顺，无错别字。

名著之作10篇：文章选材独到，新颖，以独特的视角来反映自己的读书过程，语言流畅、优美。

按照班级征文的整体质量、数量和获奖情况评选读书征文优秀班级3个。

3. 读书演讲比赛

“小小演讲员”4名：演讲时声音洪亮，语言流利，不卡壳，着装大方。稿件符合演讲要求。

“演讲之星”3名：稿件中心明确，符合演讲要求，演讲时落落大方，声音洪亮，表情丰富，能借助体态语言增强感染力。

“金声演讲家”1名：稿件水平高，具有一定的号召力，演讲时能做到抑扬顿挫，肢体语言运用恰当。

4. 手抄小报

优秀手抄报15份：手抄报图文并茂，内容丰富，书写认真。

精美手抄报10份：手抄报版面设计有特色，内容丰富，能反映读书的收获，插图有特色。

精华手抄报5份：版面设计别具风格，体现学生的审美观点，所选内容对其他同学能有一定的促进作用，图文呼应。

5. 少儿书签制作

优秀书签15份：少儿书签图文并茂，内容丰富，书写认真。

精美少儿书签10份：版面设计有特色，内容丰富，能反映读书的收获，插图有特色。

精华少儿书签5份：版面设计别具风格，体现学生的审美观点，所选内容对其他同学能有一定的促进作用，图文呼应。

6. 好书推荐

“慧眼荐书员”10名：所荐书籍适合学生阅读，书写认真规范，所写内容语言通顺，内容有意义。

“最佳荐书员”10名：所荐书籍适合学生阅读，对学生的成长具有指导作用，得到了同学们的认可，书写认真规范，所写内容精炼、吸引人。

7. 书香之家、学习型家长、优秀课题在班级内评奖后，每项推荐 5 个到学校参评。

附：读书集锦封面

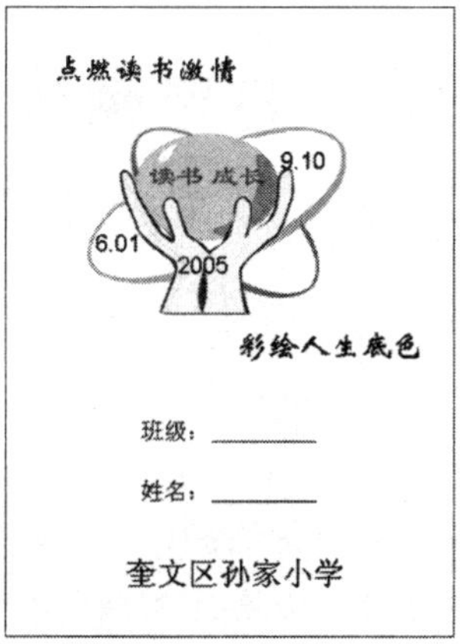


（孙家小学　庄明华）

# 以阅读开启智慧，打造师生成长共同体
## ——潍坊市奎文区早春园小学阅读纪实

苏州大学博士生导师朱永新曾论述到：

尽管我们的技术在不断发展，社会在不断前行，但同时我们人类的前途也不断受到挑战，挑战的一个重要原因就是人类精神发育的迟缓。可以说，一个人的精神发育史实质上就是一个人的阅读史；一个民族的精神境界，在很大程度上取决于全民族的阅读水平……我们一直认为阅读问题是中华民族面临的最严重的问题之一。如果再不重视阅读，再不建书香校园，进而推动书香社会，我们这个民族的前途和命运就是值得担忧的。中央教科所原所长朱小蔓说：希望从我们教育工作者开始，学会渴求知识，共同用读书支撑我们的生命。

这是从大的层面阐述阅读的重要性。

如果立足于基础，从教师的角度来看，教师不仅是知识的传授者，更是智慧的启迪者，情操的陶冶者。一个人不可能把自己没有的东西奉献给别人，一个没有健康的职业态度、专业精神和教育智慧的人，是无法将学生送达幸福的彼岸的。不让一个学生掉队的前提是不让一个教师掉队，对教师的继续教育和职业关怀应成为学校最重要的一门课程。

教师的文化素养是难以“培训”和“灌输”的，它靠的是日积月累的“浸润”和“孕育”。苏霍姆林斯基在《谈谈教师的教育素养》中如是说：“关于学校教学大纲的知识，对于教师来说，应当只是他的知识视野中的起码常识。只有当教师的知识视野比学校的教学大纲宽广得无可比拟的时候，教师才能成为教育过程的真正能手、艺术家和诗人”。所以，提升教师的文化素养，最重要的是要帮助教师养成良好的阅读习惯，系统地阅读、批判性地阅读。张大千先生说：“作画如欲脱俗气、洗浮气、除匠气，第一是读书，第二是多读书，第三是有系统、有选择地读书。”读书对于画家尚且如此重要，何况对于教师。所以在今天这个喧嚣、浮躁的现代社会中，教师更应以一种古典的心情，以一份纯净而又向上的心态，从容地、沉静地对待读书、对待学习。惟其如此，我们所期望的教育智慧才有可能因了这肥沃土壤的滋润，而真正地从我们心底萌发、生长，我们才有可能真正成为即使默默无语，也能让身旁的人感受到博大与深厚的师者。

从学生的层面，苏霍姆林斯基也曾说：

学生到了中年级和高年级能不能顺利地学习，首先就取决于他会不会有理解地阅读：在阅读的同时能够思考，在思考的同时能够阅读。因此，小学教师应当仔细地研究，每一个学生的这种能力是怎样发展的……学生的智力发展取决于良好的阅读能力。一个能够在阅读的同时进行思考的学生，比起不掌握这种乍看起来很简单的迅速阅读能力的学生，就显得能够更迅速、更顺利地应付任何作业。在他的脑力劳动中就没有死记硬背。他阅读教科书或别的书籍时，比起那种不会同时阅读和思考的学生来，情形就完全不同。

“通过阅读而激发起来的思维，好比是整理得很好的土地，只要把知识的种子撒上去，就会发芽成长，取得收成。由于能对书籍进行思考，学生就更容易掌握大纲规定的教材。学生对书籍的思考越多，他的内心中由于书籍而激发的喜爱感越强烈，他学习起来就越容易。

“能够在阅读的同时进行思考和在思考的同时进行阅读的学生，就不会在学业上落后，而没有学业落后的现象，教师的工作就容易了。”

他还提出了“阅读跟学习紧密联系”的主张，认为阅读给学习创造了“智力背景”。他还认为，课外阅读“既是思考的大船借以航行的帆，也是鼓帆前进的风”，教师要把握和实施“学习”和“课外阅读”两套教学大纲。

所以，阅读的重要性，人尽皆知。

那么，如何开展阅读？如何促进阅读？以下是早春园小学几年来的探索历程。

## 一、教师：多层次阅读，打通教师上升通道

学生真正的课本是教师，教师的情感、态度、价值观对学生的人格修

养、生命状态和人生旅程起着引领、熏陶、矫正和指导定向的作用，并会沉淀到孩子的成长过程之中。没有深刻意义上的教师继续教育，就谈不上学校的持续发展，而历史的经验也一再证明，直奔课堂抓课堂，囿于课堂论课堂是不可能成功的，教师在课堂内的表现，需要有课外的学习做保证。为此，早春园小学力图构建“梯级”阅读体系，开辟教师专业修养提升之路。

1. 要求教师每学期阅读一本教育人物成长自传。从这些教育大家的成长轨迹中，明晰发展路径，打破教育家之所以成为教育家的神秘感，破除教师成长的畏难心理，提高教师专业发展的自信心。我们清醒地知道，不可能每一位教师都能成长为教育家，但相信遵循教育家成长的路径，我们的教师一定会有不同于一般的收获。为此，我们在图书室中添加了中国青年教育家丛书：如《书生校长》程红兵的故事，《幸福在心》中高峰的成长，《路在脚下延伸》程翔的奋斗……教育家成长丛书：如于永正与五重教学、李镇西与语文民主教育、魏书生与民主教育、窦桂梅与主题教学、李吉林与情境教育……这些作者都是我国教育界的杰出人物。这套丛书既凝聚了他们多年的心血，又反映了他们的成功实践；既体现了他们的智慧和在业务上的精益求精，更体现了他们对教育事业的全身心投入和对学生的热诚关爱。阅读他们的教育人生，对我们的教师起的是润物细无声的作用。此外，我们还购置了《大夏书系·（教育随笔）》，如吴非的《致青年教师》《不跪着教书》等书籍。于漪、于永正、李镇西、魏书生、窦桂梅……众多教育名家，将指引我们的教师一路成长。

2. 要求教师每学期阅读一种教育杂志。我们正处于一个飞速发展的时代，新的教育政策、新的教育理念随时都在更新。如何紧跟时代的步伐，在教育探索中始终与时代同步，不走或少走弯路，是我们一直关注的问题。为此，学校订阅了各种教育类期刊，如《教育研究》《中国教育学刊》《基础教育课程》《中国教师》《人民教育》及《小学语文教学》等专业学科类期刊，以备教师选择。

3. 要求教师每学期阅读一本专业理论书籍。专业理论书籍是教师继续教育追求的最高殿堂。一个优秀教师，要想突破课堂发展的“瓶颈”，打破专业发展过程中的“高原效应”，就必须走理论阅读之路，以站在高山之巅的姿态，审视自己的教育人生。虽然，以学校现有教师的观念与水平，他们也许不喜欢阅读这类书籍，也可能读不进去。但学校要做的工作是引领，只要他们知道有这样的一条路径，只要他们去翻阅这样的书籍，学校期待他们有一个从抵触到怀疑再到接纳的过程，不苛求短期的阅读效果。为此，学校专门订阅了《常青藤：一本书读懂世界教育家（套装共6册）》，包括《和优秀教师一起导读蒙台梭利》《和优秀教师一起读杜威》《和优秀教师一起读福禄培尔》《和优秀教师一起读马卡连柯》《和优秀教师一起读苏霍姆林斯基》《和优秀教师一起读卢梭》等书籍。

需要说明的是，学校在确定了三类阅读项目后，对于教师应该阅读哪本书籍，并不做硬性规定，完全由教师自主选择。学校要做的是提供展示平台，将教师的读书收获及时展示出来，持续刺激他们的读书热情，并促使其将阅读与思考结合起来，及时用新的理念审视与改正自己的教学。每学期，学校都会举行两次教师读书论坛，让每一名一线教师站在“舞台的中央”。

附：

早春园小学青年教师演讲比赛方案

一、活动目的

为了促进青年教师的阅读，加强青年教师的职业修养，全面提高青年教师的综合素质，帮助青年教师审视和规划自己的职业生涯，提供青年教师展示自我的平台，塑造良好的青年教师形象，学校根据发展规划及青年教师培养计划，结合青年教师的发展需求，特制订本青年教师演讲比赛方案。

二、参赛内容

以“我与读书”为主题，回顾自己的阅读及教育历程，品味自己的感悟与得失，展望自己的教育发展前景，以具体生动的故事，真情实意的感想，畅谈自己的教育生涯。

三、参赛对象：30岁以下（包含30岁）青年教师。

四、比赛形式

1. 比赛采用脱稿形式进行。

2. 比赛前现场抽签决定上场顺序。

3. 演讲时间每人控制在10分钟左右。

4. 比赛采用10分制。

五、比赛时间：下周五下午4：00开始。

六、比赛地点：综合教室。

七、主持人：殷芝华。

八、评委

罗校长　王校长　杨校长　吴主席　伦丽美　李长霞

张　一　范艳丽　谭　静　李迎春　董桂香　张敏媛

九、评分细则

采用10分制，去掉一个最高分，一个最低分。

| 形象风度（2分） | 语言表达（3分） | 思想内容（4分） | 综合印象（1分） |
|---|---|---|---|
| 衣着整洁<br>仪表大方<br>举止得体 | 普通话标准<br>表达流畅<br>激情昂扬 | 紧扣主题<br>富有号召力<br>富有教育意义 | 基本功扎实<br>发挥出色<br>振奋人心 |

十、工作人员

王同恩老师负责全程录像、照相，陈晓玲、高艳蕾老师负责核算分数。

十一、奖项设置

本次比赛现场打分，现场公布分数，现场发奖，设一等奖2名，二等奖2名，三等奖2名。

教导处

2012年12月17日

（后附参赛教师名单：李云霞　韩克华　刘丛丛　夏亮亮　王　旭　谭永丽）

## 二、学生：多举措并行，开辟学生阅读之路

我国传统的语文教学认为，博览、诵读、精思、背诵是学生接受丰富的文化滋养，积累语言、培养感悟，形成较扎实的语文功底的有效方法。依据《义务教育语文课程标准（2011年版）》（以下简称“新课标”）有关阅读教学的新理念和各学段的阅读目标。第一学段（1～2年级）：阅读浅近的童话、寓言、故事，向往美好的情境，关心自然和生命，对感兴趣的人物和事件有自己的感受和想法，并乐于与人交流；诵读儿歌、儿童诗和浅近的古诗，展开想象，获得初步的情感体验，感受语言的优美；积累自己喜欢的成语和格言警句。背诵优秀诗文50篇（段）。课外阅读总量不少于5万字。第二学段（3～4年级）：积累课文中的优美词语、精彩句段，以及在课外阅读和生活中

获得的语言材料。背诵优秀诗文50篇（段）；养成读书看报的习惯，收藏图书资料，乐于与同学交流。课外阅读总量不少于40万字。第三学段（5～6年级）：诵读优秀诗文，注意通过语调、韵律、节奏等体味作品的内容和情感。背诵优秀诗文60篇（段）。利用图书馆、网络等信息渠道尝试进行探究性阅读。扩展自己的阅读面，课外阅读总量不少于100万字。

整个小学阶段背诵优秀诗文160篇，课外阅读总量145万字。

依据以上标准，我们一直持续不断地推行大阅读教学。阅读，一直是早春园小学的立校之本。从学校层面，我们发动全校之力，将阅读细化到日常教学。同时，每一学年，我们还要开展两次大型的学校读书节，如“相约五月”读书节、“拥抱冬阳”读书节等，持续调动学生的读书热情。

附：学校全年的读书指导方案

“早春园小学读书计划”实施方案

一、指导思想

把读书提高到培养学生的综合素养，提高语文阅读、理解、习作能力的高度来认识，把读书提高到丰富人生、健康身心、增长智慧、提高成绩的高度来认识。语文老师更要充分认识到，没有阅读就没有语文，没有阅读就没有语文能力，没有语文就没有语文成绩真正意义上的提高。一学期只靠一本书，八节作文课是教不好语文的。

1. 进一步培养学生的读书热情，扩大阅读面，使其广泛接触百科知识，提高学生的综合素养。

2. 营造读书氛围，创设“好书伴我快乐成长”“我读书，我成长”“书为我友、读之为乐”的校园文化，让学生的身心、品格在读书活动中陶冶、升华，让学生健康成长。

3. 将读书与写作结为一体，为学生的读书活动找一个扎实的注脚，达到提高学生写作水平的目的。

二、活动领导小组

组长：罗玉英

副组长：王丹

成员：王丽、殷芝华、伦丽美

全体班主任及语文老师

三、活动计划与实施

1. 继续完善学校图书室、班级图书角的建设

学校图书角的建设采取学校购买与学生捐献相结合的办法，达到规定的册数。

班级图书角的组建仍然采用固定图书角与流动图书角相结合的办法。固定图书角主要是学生捐献图书，设立在班级内，流动图书角是将学生可读书目整理记录成册，摆放在固定图书角。

班级设立图书管理员，负责流动图书角记录册的保管，负责图书角图书的借还登记、卫生整理等方面的工作。

图书管理员一定要严格负责，平日或阅读课之前就要记录将图书发放给了哪些同学，然后准时收回，不能一窝蜂抢阅，要保证班级图书阅读效率和秩序。

学期结束，学校将检查班级图书借阅记录，以了解每班读书的真实情况。

2. 营造读书氛围，创建校园文化

校园文化的主题是“书为我友、读之为乐”。

创建方法：

（1）发挥学校宣传橱窗的文化阵地作用。

（2）发挥班级黑板报的宣传作用。

（3）利用班会宣讲读书的好处。

（4）定期和不定期举办班级、学校读书报告会。

（5）对日记、读书笔记进行全校性展评。

（6）举办三至六年级作文大赛。

（7）举办专题手抄报活动。

（8）以班级为单位，创办个性化读书班和读书报。

（9）评选和表彰学校读书活动优秀个人、班级、辅导教师。

## 三、上好阅读课、管理好两个“册子”

在阅读课上，教师要组织学生认真读书，要保证读书效益。一般阅读课教师要完成的任务有以下几方面：传授阅读方法、推荐图书、读书笔记、日记评讲、手抄报展评、读书报告会等，切忌放手不管，任由学生漫无目的地

读书，追求兴趣而忽视效益与功用。

在阅读课上，每学期要利用一套教师统一指导的书，起到强化阅读的作用。所以，跟教材配套的阅读材料，教师要积极发动购买，也可以想出其他的办法，保证课堂需要。

在阅读课上，读书和语文实践活动要间周进行，通过丰富多彩的活动促进学生乐学、乐读、乐写、乐做。

学生的读书笔记和日记，教师一周批阅一次，学校一月一查，并将检查情况及时进行反馈。

学校组织不定期听阅读课，与教师一起帮助学生提高阅读效率。

## 四、抓好作文教学，给读书活动找一个扎实的注脚

在读书活动中，我们应该有一个目标：大量读书，以读促写，读写结合；平时注意用好习作笔记和课堂作文本。具体应该从以下几个方面来做：一要认真备好作文课，理清思路，抓住重点：二要上好作文指导课，帮助学生开阔思维，激起写作欲望，激起“我想说、我要写”的激情，并培养写作的个性；三要及时、认真批阅（批阅要求参见学校常规管理办法）；四要积极开展语文综合实践活动，走出去，参观、访问、交流，丰富生活，获取创作源泉；五要边读边写，读什么，写什么，积累素材；六要开展作文大赛，以赛促读，以赛促写，发挥特长，发现人才。

## 五、讲求实效，各显特色

读书要讲求实效。语文教师要根据自己本身的特长和所教年级的特点，创建出自己的班级特色，如朗读特色、识字特色、写作特色、演讲特色、编书办报特色等。

## 六、积极评价，促进读书

学生评价，不要强求一致，但要通过有效的评价措施鼓励学生多读书，勤练笔。好的学生要鼓励他多读多写，差一些的学生至少要达到学校规定的最低标准。

班级读书评价要通过一系列的活动成果来展示。本学期，学校拟开展一

次作文大赛，三至六年级学生全体参加，选出优胜者，将其作文利用看板展出，并对个人进行表彰。三月底，学校进行作业展评，重点展评学生的读书笔记和日记。儿童节期间，以班级为单位，学校举办“朝阳读书”活动看板展。学期末，学校对各班图书角借阅情况进行检查，召开语文教师“朝阳读书”经验交流会，评选先进班级、读书之星、优秀辅导教师，促进读书活动的深入开展。

具体活动安排如下。

三月：

（1）制订2008学年读书活动实施方案。

（2）总结寒假读书活动，表彰先进个人及先进集体。

（3）参加《潍坊晚报》灯谜竞猜活动。

（4）调整课程计划，安排阅读课时。

（5）继续完善学校图书配置。

（6）继续建设好班级固定、流动图书角。

四月：

（1）开展古今优秀诗文选篇背诵活动。

（2）举办低年级、高年级作文大赛。

五月：

（1）优秀读书手抄报展评。

（2）图书角建设评选。

六月：

总结学期读书活动。

七～八月：开展学生假日读书、读报活动。

九月：

（1）总结暑假读书情况，表彰先进。

（2）学校对班级阅读课进行听课、评课。

十月：

（1）开展“祖国在我心中”师生读书报告会。

（2）进行主题为“昨天、今天、明天”的图片展。

十一月：

（1）中、高年级“秋季作文大赛”。

（2）阅读知识竞赛。

十二月

（1）检查各班图书角活动开展情况。

（2）各班上交“读书活动”总结。

（3）学校全面总结。

早春园小学

2008 年 3 月 1 日

附：读书节的重点促进方案

“相约五月”读书节活动实施方案

——早春园小学 2010 学年度

一、活动主题

为贯彻上级教育部门的精神及要求，进一步深化《经典阅读》《半亩方塘》校本教材的推行，弘扬传统文化，促进对国家通用语言文字与民族优秀传统文化的学习，提高普通话水平，全面提高学生的语文素养，为学生打下扎实和厚重的文学功底，特推出此次读书节活动，共分集体项和个人项：

集体项：《半亩方塘》班级诵背比赛。

个人项：

1. 低年级讲故事比赛。

2. 中年级亲子朗诵比赛。

3. 高年级演讲比赛。

4. 规范字比赛。

5. 诗词歌赋创作比赛。

二、活动具体安排

集体项：

《半亩方塘》班级诵背比赛

1. 比赛时间：2010 年 5 月 20、21 日上午 7：50 始（周四、周五）。

2. 比赛地点：各班教室。

3. 比赛内容：《半亩方塘》要求背诵的内容。

4. 比赛范围：根据预定目标要求背诵达到的篇目。

5. 比赛形式：

在要求背诵范围内抽查篇目、以集体背诵的形式，各评委小组到教室检测。

6. 评委成员：

共分三个评委小组：

一组负责一、二年级，人员组成：殷芝华　张雪莲　张会玲　学生2名。

二组负责三、四年级，人员组成：伦丽美　王　青　孙　霞　学生2名。

三组负责五、六年级，人员组成：王校长　孙东方　姜俊红　学生2名。

7. 班级诵背比赛评分表

| 班级 | 整齐（4分） | 正确、流利、无失误（3分） | 抑扬顿挫有感情（2分） | 声音响亮（1分） | 总分 |
|---|---|---|---|---|---|
| | | | | | |

个人项：

（一）低年级讲故事比赛

1. 比赛时间：2010年5月24日下午2：30（周一）。

2. 比赛地点：综合教室。

3. 比赛形式：

一、二年级每班择优推荐3名学生参加比赛。

**附上报学生名单格式**

| 班级 | 姓名 | 故事题目 |
|---|---|---|
| | | |

4. 比赛内容

学生从《经典阅读》或《半亩方塘》及其他著作中选择要讲的故事内容。

5. 时间限定：每人限定十分钟，超时明显会相应扣分。

6. 评分标准：（满分10分）

**讲故事比赛评分表**

| 班级 | 脱稿（4分） | 正确、流利、无失误（3分） | 抑扬顿挫有感情（2分） | 诵背有创意（1分） | 总分 |
|---|---|---|---|---|---|
| | | | | | |
| | | | | | |

7. 主持人：六年级学生。

8. 评委

董桂香、张会玲、韩会昌、孙东方、殷芝华、两名学生评委。

9. 评选标准

去掉一个最高分和最低分，取平均值。

10. 奖励（学校颁发证书、奖品，升旗仪式进行表彰）

一等奖：参赛学生的 30 %。

二等奖：参赛学生的 30 %。

三等奖：参赛学生的 40 %。

（二）中年级亲子朗诵比赛

1. 比赛时间：2010 年 5 月 25 日下午 2：30（周二）。

2. 比赛地点：综合教室。

3. 比赛形式：

三、四年级每班择优推荐 2 名学生与家长共同参加比赛。

**附上报学生名单格式**

| 班级 | 姓名 | 朗诵题目 |
|---|---|---|
| | | |

4. 比赛内容

学生从《经典阅读》或《半亩方塘》或其他著作中选择要朗诵的内容，形式不做限定。

5. 时间限定：每人限定十分钟，超时明显会相应扣分。

6. 评分标准：（满分 10 分）

**朗诵比赛评分表**

| 班级 | 正确、流利、无失误（4 分） | 抑扬顿挫有感情（3 分） | 阳光、自信、精神面貌佳（2 分） | 诵背有创意（1 分） | 总分 |
|---|---|---|---|---|---|
| | | | | | |
| | | | | | |

7. 主持人：六年级学生

8. 评委

张敏媛、张雪莲、王海燕、张美华、殷芝华、两名学生评委。

9. 评选标准

去掉一个最高分和最低分，取平均值。

10. 奖励（学校颁发证书、奖品，升旗仪式时进行表彰）

一等奖：参赛学生的30%。

二等奖：参赛学生的30%。

三等奖：参赛学生的40%。

（三）高年级演讲比赛

1. 比赛时间：2010年5月26日下午2：30（周三）。

2. 比赛地点：综合教室。

3. 比赛形式：

五、六年级每班择优推荐2名学生参加比赛。

4. 比赛内容

学生由《经典阅读》或《半亩方塘》所读、所背中的收获和感想。

5. 时间限定：每人限定十分钟，超时明显会相应扣分。

6. 比赛形式：

（1）各班初选。

（2）每班推选2名同学参赛。（名单报教导处殷芝华）

**附上报学生名单格式**

| 班级 | 姓名 | 演讲题目 |
|---|---|---|
| | | |

7. 评分标准：（满分10分）

**演讲评分表**

| 班级 | 正确、流利、无失误（4分） | 抑扬顿挫有感情（3分） | 阳光、自信、精神面貌佳（2分） | 演讲有激情（1分） | 总分 |
|---|---|---|---|---|---|
| | | | | | |
| | | | | | |

8. 评委

姜俊红、沈谨、王青、邱萍、殷芝华、两名学生评委。

9. 评选标准：

去掉一个最高分和最低分，取平均值。

10. 奖励（学校颁发证书、奖品）：

一等奖：参赛学生的30%。

二等奖：参赛学生的30%。

三等奖：参赛学生的40%。

（四）规范字比赛

1. 比赛时间：2010年5月17日前（周一）

2. 比赛方式

按不同组别中的不同书体类别进行比赛 {小学一组（1～3年级）<br>小学二组（4～6年级）}

3. 比赛内容

分3种书体6种类别。

参赛作品可以以软笔或硬笔书写，分楷书、隶书、行书3种书体，分软笔楷书、软笔隶书、软笔行书、硬笔楷书、硬笔隶书、硬笔行书共6种。

软笔作品使用毛笔书写；硬笔作品使用钢笔书写，小学一组可使用铅笔。

4. 参赛要求

（1）作品规格：软笔，使用不超过四尺整张的宣纸（或其他书法用纸）、墨汁书写，以防止在托裱过程中跑墨；硬笔，使用A4或A3纸规格，可自制线格，可以单页或多页。

（2）作品内容：须选自中华经典诗词歌赋等传统文学作品，可从所学语文课本中选取。

（3）每位选手可兼报不同书体类别作品。

（4）参赛作品须以规范汉字书写，不得使用繁体字、异体字、“二简”字，不得出现自造字和错别字。

5. 人员分配：每班限报3人。

6. 评委

季双林、陈晓玲、高艳蕾、殷芝华。

7. 奖励（学校颁发证书、奖品）

一等奖：参赛学生的30%。

二等奖：参赛学生的30%。

三等奖：参赛学生的40%。

从一等奖中再选拔特等奖作品上报区教育局，参与上级部门的评选。

（五）诗词歌赋创作比赛

1. 比赛时间：2010 年 5 月 17 日前（周一）。

2. 比赛内容

古体诗（含词、曲、赋等）、现代诗、散文、儿童诗等。

3. 比赛要求

（1）篇幅要求：诗、词原则上不超过 50 句，赋、散文原则上不超过 1500 字。

（2）内容要求：深入挖掘中华传统文化的精髓、各地的文化特色、传统节日的历史底蕴，弘扬传统经典文化。

（3）创作要求：作品必须是自己创作的，不得抄袭。

（4）报送要求：作品在专用纸上手写或打印，并录入电子稿。

4. 人员分配：每班限报 3 人。

5. 评委：王文婷、肖宝臻、武洪青、郑素云、殷芝华。

6. 奖励（学校颁发证书、奖品）：

一等奖：参赛学生的 30％。

二等奖：参赛学生的 30％。

三等奖：参赛学生的 40％。

从一等奖中再选拔特等奖作品上报区教育局，参与上级部门的评选。

总活动照相、摄像：王同恩

信息报送：殷芝华

备注：

对所有参赛学生的成绩进行公示。

对获一等奖的学生所对应的语文教师，学校将同时给予奖励。

教导处

2010 年 5 月 10 日

作为学校，一切的努力最终都要落实到教师和学生的发展上。教师成长了，学生也就成长了，而持续保持全校师生饱满的阅读热情，一直是我们工作的重点所在。

苏霍姆林斯基说：教育者的个性、思想信念及其精神生活的财富，是一种能激发每个受教育者检点自己、反省自己和控制自己的力量。

福禄贝尔认为，教育不仅仅关乎个人，它也是整个人类的事情。作为一个人，他没有也不能独自存在；作为一个人，他不仅是他的家庭、社区、国家和现代人中的一员，而且是整个人类的一员。

所以，让我们一起读书吧。

（早春园小学　殷芝华）

# 第三章

# 研读教育经典

阅读经典书籍能给每个人带来不同的收获，哲学的、艺术的、人文的，经典书籍题材丰富，内容广泛，可读性强，教师应学会从经典书籍中获取智慧和启迪，认识自我、认识学生，认识教育教学的真谛。

# 我们是否需要探寻教师职业生涯中的生命自觉？
## ——浅论教师的价值

在《教育研究》2014 年第二期《2013 中国教育研究前沿与热点问题年度报告》中提到："教师发展的价值，在于教师的生命发展，生命发展所诉求的绝不是狭窄的专业发展，它更多要求的是教师的生命自觉。""教师要从对教育生活的反思、对话、研究方面促进自我成长与丰富、自我更新教育生活，积极担当建设社会生活的责任，用自己的行动和品格影响和示范社会。"换句话说，就是教师"应当具有文化自觉，推进立德树人，担当时代使命"。

为什么这样说？

我们都知道，教育是对一定社会政治经济结构的反映。随着高科技的发展与信息化时代的到来，西方发达国家都将教育提升到关系国家兴亡的高度来审视，这一点，也促使我国教育观念发生了根本变革：中国基础教育应如何进行新文化建构并履行其神圣的历史使命？如何培养具有 21 世纪精神气质的"中国现代人"，帮助中国早日实现社会主义现代化梦想？如何深刻认识"素质教育"理念，以保证中国基础教育改革的不断推进？在《中国基础教育改革的文化使命》一文中提到：这些疑问已急迫地摆在每一个关注中国基础教育改革走向的人面前。

是的，为人师者，应当担当起这一时代使命，但我们的老师确实从心底里理解、接受并真正地身体力行了吗？

《教育研究》2014 年第二期《教师专业心态的当下特征及政策启示——基于上海的调查研究》一文得出如下结论：教师的工作很难仅仅用时间的投入来计算工作成效。调研发现，教师普遍反映工作压力大，一方面，在于时间投入多，专业工作内外的界限不清晰；另一方面，还在于教师的专业岗位职责不明确。因此，在实践中出现的情况是，教师在看起来并不算很重的教学工作量之外，承担着大量被随意安排或者临时指派的工作，比如新课程改革之后各种冠以改革名义的活动，教师专业发展热潮中的各类研讨交流，以及为应对检查或行政指令而产生的五花八门的项目、计划、方案、总结、会议等。在有形的繁重、烦琐、繁复的各项工作之外，再加之无形的考试压力、社会及家长的高要求和高期待，汇集起来成为当前教师工作的压力之源，从而造成教师精神生活质量不高、专业心态不佳……

深有同感！

我们的老师每天陷入琐碎的日常事务，顾不得静心，顾不得思考，顾不得回顾，顾不得检视自己走过的路，每天只是机械地劳作，却感觉不到劳作的意义。我们只是一只单纯的工蚁，因着日复一日的重复而成为没有了激情和感觉的工作机器。

自顾不暇的老师们，可有时间想一想自己肩负的历史使命？

虽然有人说“人类一思考，上帝就发笑”，但没有了思考，人就如同没有了灵魂。我们的老师们，你是否在忙碌中问过自己：

每天都在忙忙碌碌，我忙碌的意义是什么？

每天都在奔波，我最终要奔波到哪里去？

我要成为一名什么样的教师？我想要达到怎样的教育教学境界？

我如何才能让自己的生命之旅变得从容而淡定？

即便是路边的一棵野草，即便是空气中的一粒微尘，我能不能做到不随波逐流而傲然独立？

虽然调研说的是上海教师的生存现状，但“一叶落而知天下秋”，这难道不是我们每一位身处教职的教师的大致生存现状吗？

那么，面对这样的生存现状，我们应该如何自处？

往往，教师会选择两条路：

第一条路，正如我在李秀伟老师的博客中谈到的：对于教师的专业发展，正如李老师在文中所说，我们的学习组织不可谓不严密，既有年级教研组，又有校级组织，还有共同体（几校联合）组织，更有上级教育主管组织；上级教育部门不可谓不重视，每次的督导内容都含有专项，内容也颇多；学校的领导不可谓不重视，每个月的政治笔记、业务笔记、教学反思、听课记录，每周的学校教学研究活动、中间穿插的共同体（几校联合）研究活动、上级教育部门的培训活动，选派外出的观摩学习活动……

按理说，在如此周密的组织帮助下，我们的老师们该如雨后春笋般一个个脱颖而出才是，为什么冒出来的还是凤毛麟角？而且，越来越感觉，教师越来越没有了参与的热情和激情。（当然，我的感觉也有可能是错误的。）“我来了，但我只来了人，却并没有把心带来。”这是不是我们现在的写照呢？

我们不能改变现实，但我们可以通过自己的消极抵抗来“反抗压迫”。这是我们的一种选择。

还有另一条路，迎困难而上，通过自身的提升，化被动为主动。

怎么迎困难而上？

苏霍姆林斯基在《给教师的建议》中提出了解决办法，他说，如果“一个教师没有学会分析事实和创造教育现象，那么对于那些年年重复的事情，他就会觉得枯燥乏味，从而失去对自己工作的兴趣，得过且过，因循守旧”。相反，教育研究则可以帮助教师预防许多困难和挫折，避免教育工作中那些令人伤脑筋的、经常发生的意外事件，能从根本上改变教师对自己劳动的看法，使教师不再把教育工作看作对同一些事情的单调乏味的重复，看作每天在各个年级千篇一律的讲课和复习，而看作是永远常新的、独一无二的创造性活动。教师在教育研究中的探索和发现，“犹如星星之火，能够驱散教师心中对工作的冷漠态度和惰性，点燃起创造精神的火花”。

为什么教育研究才是我们摆脱当下生存现状的解决之道？

在《教育研究》2014年第三期《价值教育的存在论基础》中提到：所有的教育都是面向“人”、为了“人”的教育。按照马克思的观点，人的存在不仅意味着对生命锁链的挣脱，更意味着人对自身生命活动的自觉认可、扬弃和超越……与传统的教化不同，现代社会的价值教育珍视人的自然天性，通过唤醒主体自身的意义自觉与价值追求，使其在随顺生命“自然”的同时，向着有自然之根的“应然”做一种超越……这意味着，人的存在不是一个现成的固定的“什么”，而是一个永远向着未来更多更好的生活的“过程”。人无时无刻不为超越自身存在的局限所驱使，从而形成来自于人的存在的特有的超越本性。

追求知识、探寻真理是人的天性，而使人的天性得到自由自在的发展，使人的需要和欲求得到满足，使人的兴趣能够得到保持和发扬，则是健全人格养成的基本前提。

2013 年，教师的专业发展成为教师教育研究的重点课题。今天，教师专业化已经成为教师成长或发展的共识。教师专业发展具有终身性，是一个不断完善的、连续的、螺旋上升的专业学习和发展过程。教师的专业发展程度越高，教师的使命也越重大；反过来，教师使命感越强，就越具有专业发展的动力。

在《教育研究》2014 年第二期《论学术自由的人本价值》中谈到：人之为人，不仅在于人有不同于动物的生理结构，而更重要的体现在人具有独特的创造能力及对自身价值和意义的不懈追求。人不满足于仅仅解决温饱问题，满足口舌之快和本能欲望，更追求高品质的精神生活和自我价值的实现，在具体的实践活动中超越现实，追逐自己的人生理想。在物质生活得到基本满足的情况下，人对精神生活的渴望和追求更为迫切。而且，在人对精神生活的追求中，自我起着决定性作用，它内在的要求自主与自觉，要求服从于自身的特殊喜好，满足独特的精神需求。

费希特将“止于至善”作为人的使命，他指出，“人既是理性的生物，又是有限的生物，既是感性的生物，又是自由的生物。如果把完全的自相一致成为最高意义上的完善，就像人们能够理所当然的称呼的那样，那么完善就是不能达到的最高目标；但无限完善是人的使命。”追求自我实现是人的自觉的存在状态，是生命的最高境界，是作为社会主体的人主体性高扬的集中体现。

所以，追求进步，提升自我，追寻职业生涯中生命的价值，本就是我们教师生命发展中的自觉追求。

可是，为什么我们的热情却成了风中摇曳的烛火？

答案，我们其实都知道。

（早春园小学　殷芝华）

# 自由，像生命一样

## ——我读《爱弥尔》

《伊索寓言》中有这样一个关于自由的故事：田鼠和家鼠相遇了，田鼠听家鼠说起自己衣食无忧的生活，羡慕不已，家鼠便邀请田鼠到家中做客。热情的家鼠带田鼠溜进主人的厨房，大快朵颐，品尝了在野外从未吃过的美食，可正当它们沉浸在美味的享受中时，主人来了，家鼠赶紧带着田鼠躲进了洞里。看到这些，田鼠提起行李便离开了，临走时，对家鼠说：比起这些，我更喜欢自由！

一只小小的老鼠尚且如此，更何况我们——有思想、有个性、有需求的活生生的人。

《爱弥尔》便是卢梭为自由而撰写的经典巨著！拿起这本书，沉甸甸的文字里面浸满了爱弥尔对自由的呐喊和膜拜。

人的自由问题是卢梭关注和追求的核心，同时也是他的教育的最高目的。尽管卢梭是启蒙运动时代的产儿，但相对于其他的启蒙思想家，他更加强调自由，他把自由拔高到无以复加的程度，将其看成人的本质力量，甚至发出了“不自由，毋宁死”的呐喊，认为放弃自己的自由，就是放弃自己做人的资格，就是放弃人类的权利，甚至就是放弃自己的义务，取消了自己意志的一切自由，取消了自己行为的一切道德性。

书中提到，刚出生的孩子由于在母体内身体弯曲的时间太久，需要活动伸展四肢。没错，他的四肢伸展开了，不过，大人却不允许他们自由活动，甚至，连脑袋都要用头巾包起来，难免让人觉得他们害怕孩子原本的样子，活生生的样子。这样一来，促进身体发育的内在动力，在寻求必要的活动时，便遇见了无法克服的障碍。孩子在徒劳的挣扎中耗尽了体力，或许就此延缓了成长。在子宫里，他还比出生后自由，没这么多的束缚，出生对他着实是没有好处的。

看到这段文字，我们国人应该深深反思自己的育儿经。从母亲口里得知，我和我的姊妹的婴儿期便接受了这样的禁锢，后来去给满月的小孩儿剪头发庆满月时，也依然看到那被捆绑得严严实实，只露出一张小脸的婴儿，父母美其名曰，是为了让孩子的身板长得更直。单不说愚昧无知，就从这件事，就能看得出父母的专制，打着爱的名义，给孩子的却是痛苦。好在，随着社会的发展和西方文化的流入，如今，越来越多的父母开始科学育儿，但是这股科学的影响还没有根深蒂固，还不够泛化，边远山区还有这种现象存在着。我们应该像卢梭书中写的那样：当婴儿开始第一次呼吸的时候，不要把他仅仅地裹在包裹里。不要帽子，不要带子，也不要襁褓，给他穿肥大的衣服，让他的四肢自由活动，而衣服不至于重到有碍行动，也用不着太暖和，让他感觉不到空气。等他变得强壮些的时候，就让他在屋里爬来爬去，让他的四肢得到发育扩展，你将看到他一天天的强壮起来！

卢梭说过，自教育同生命一起开始之时，出生的孩子就已然是学生了，不是老师的学生，而是大自然的学生。老师只是在大自然的安排之下研究，留心不让他人阻碍自然的顺序，他要看守这个婴孩，观察他，期待从孩子的心智之中散发出来的第一道微弱的光芒。

好一句“不是老师的学生，而是大自然的学生”，但是，这句话同时也戳中了教育的硬伤。我是一名教师，同时也是一位二年级孩子的妈妈，令我惭愧的是，我却剥夺了他们是大自然的学生的权利，但我是无奈的，特别是对于学生。现如今的教育真的可以用“残酷”来形容，当听闻某所学校一年级的小朋友晚上写作业到十点时；听闻某所学校从来没有搞过一次春游时；看到某位教师无视窗外春光烂漫的景色，和学生在教室里一遍遍咀嚼着“春暖花开”的含义时，我的感受和卢梭一样：当我看见这些可怜的“受难者”置身于忍无可忍的束缚之中，像判处了苦役的囚犯一样面对无穷无尽的跋涉，却一点也不确定用这样的办法，能够得到什么好处时，怎么能不感觉气愤？

自由，多么诱人的一个字眼，我想不只是卢梭，这是所有人所追求的最高的境界。谁愿被束缚，谁愿被禁锢？人和动物都渴望自由自在的生活。但是，如今的教育形式，如今的社会形态，我们又能给学生多少自由呢？一年级的小朋友本具有天真烂漫的性格，本就应该奔跑、唱跳、快乐地享受每一天的生活，而走进校园，却要被一些烦琐的常规困住手脚，这样的教育体制又怎能培养出自由的人呢?

卢梭主张，道德教育要注重道德实践，主张让儿童通过自己的活动去养成美德，强调“要以行动而不以言辞去教育青年”。

我非常同意卢梭的这个观点，正所谓实践出真知，换位思考、移情感受都不如自己亲身去实践、去体验来得真实。

一年级的时候，为了将孩子们培养成一个个有爱心的小使者，我们在班里举行了“我爱老师”“我爱爸爸妈妈”“我爱小动物”“我爱大自然”等一系列主题活动，孩子们通过自制小礼物送给老师、为爸爸妈妈做一件事、喂养一只小动物和亲近大自然的方式，用实际行动表达了自己的爱心。我相信，这些活动，比我的千言万语更有实际的效果。

我们提到的智慧复演，也与卢梭的这个观点不谋而合，即让学生在接受知识时，改变以往的单纯说教和单项输入，变为让学生自己去体验知识产生的过程，这样的学习效果非常有效。

书中还提到，人们只想到怎样保护他们的孩子，这是不够的。应该教育孩子成人后怎样自我保护，教育他要经受住命运的打击，教育他蔑视豪华和贫困，教育他在必要时，能够在冰天雪地里或者炎热的沙漠中生活。我们劳心费力防止他死去，但他终归是要死的，因此问题不在于防止他死去，而在于教他如何生活。

在我看来，这几句话无外乎还是教育我们，要注重培养孩子的能力，包括生活的能力、战胜挫折的能力、吃苦耐劳的能力以及乐观生活的能力。其实，我们的智慧复演不就是在培养学生的能力吗?在学生参与学习、获取知识的过程中，他们要调动自己所有的感官来参与活动，要会听、会写、会观察、会合作，且随时可能面临失败。这样的体验不仅能够让学生更直观、更形象地获取知识，更重要的是能够培养学生健全的人格。所以，我们所要做的也正是卢梭所提到的，也就是“授之以渔”了吧!

关于能力，卢梭的观点是这样的。孩子感觉他自己的生命足以使他周围的一切都活跃起来，至于他做什么或不做什么，都无关紧要，只要他能改变事物的现状就够了，所有的改变都体现了他的行动和力量。如果说他破坏的倾向较多，其原因也不在于他本质邪恶，而是因为建设性活动总是迟缓，而破坏活动则比较迅速，因而也更适合于他此时生命活力的状态。如果他摔倒了，磕了脑袋，鼻子出血了，抑或是手指划破了，我不会惊慌失措，大惊小怪，反而会安详地站在那里，至少会挨些时候才走过去。伤痛既已发生，他就必须承受；我急忙惊慌的样子，反而使他更加害怕，更觉疼痛。他正该在这样的年龄开始学习勇敢的精神，学习无所畏惧地面对轻微的痛苦，并渐渐学会忍受更大的痛苦。

看到这段文字，使我有了深深的自责感。面对一年级这些活蹦乱跳的孩子，有时也许就是为了一个小小的爬墙的行为，我就会严厉地批评他们，有时为了一个微不足道的打架事件而小题大做，殊不知，这其实是孩子迸发生命活力的一种外在的表现。特别是天性活泼好动的男孩子，他们的行为并无恶意，更谈不上邪恶的本质，而我却在不经意间流露出了对这些“顽童”的无奈和愤恨，想想看，这真的是教育中的大忌啊！

家有小女，白净可爱，是全家的宠儿，正因如此，我们容不得她受一点伤害。所以，每当她意外受伤时，我们全家总是一副如临大敌的样子，我没有对着镜子看自己当时的眼神，但一定是惊慌失措的。所以，女儿爱哭，我一直把她的爱哭归结为天性，现在看来，是我错了，她的这种不坚强其实就是我们这些守护者助她养成的。从现在开始，我要借用卢梭的方法，在她经历小小的伤痛的时候，保持淡然、镇定。

卢梭在书中对宽容做了很好的诠释，他写到：不要对你的学生进行任何种类的口头教训，应当让他们从经验中去取得教训；也不要对他们施加任何种类的惩罚，因为他们还不知道他们的错究竟是在什么地方；也不要叫他们请求你的宽恕，因为他们还不知道他们冒犯了你。由于他们的行为中没有任何善恶的观念，所以他们也就不可能做出从道德上看来是一件很坏的，而且是值得惩罚和斥责的事情。

我是不是可以这样理解：孩子们在队伍中推推挤挤，是不是想显示一下自己的力量有多么的强大，或者只是向前后的同学表示一下友好？课间跑跑跳跳、肆意追逐，是不是在散发着浑身使不完的精气神儿？和同学玩耍时把别人打哭了，是不是真的只是一种与人沟通的行为？如果这些答案都是肯定的，那孩子们何错之有呢？我们如果把这些称之为错误，按卢梭的观点来看，其实就是限制了孩子的自由啊！

西班牙著名小说家塞万提斯曾给自由下过这样的定义：自由是上帝赐给

人类的最大的幸福之一，这句话的真谛与卢梭的教育观点不谋而合。是啊，没有一个人的身心愿意被禁锢在囚笼里，更何况我们天天面对的是天真无邪的孩子。让我们努力地为学生打造一个幸福而自由的童年吧！

（奎文区德润国际学校　张廷娟）

# 巧借云霓织锦衣

## ——对教学方法的一点思考

近期拜读了张华老师主编的《课程与教学论》，这是一本系统阐述相关教育观念和教育管理的基础知识、教学设计的策略，以及教学、课程的科学性知识的书，内容丰富精奥，其深邃的思想，不断冲击着我的教育观念。

### 一、学习改变认识

2012 年，我参加了李秀伟老师的工作室。在参加李老师的工作室之前，我参加过多次有关课程改革的理论培训，知道课程标准是指导教学的纲领性文件，我也是依据课本和课程标准来实施教学的。参与了李老师工作室的活动后，我才发现自己的教育理念已经陈旧了，在教学过程中，我虽然有调整教材的意识，但是依然没有打破教材的禁锢，与学生一样，仍然是站在教材的角度看教学。在工作室中，老师指导我拜读了泰勒的《课程论》、施良方的《课程》、张华的《课程与教学论》等专著，我逐渐走进了大师们的思想世界，也有了自己的一些教学思考。

#### （一）改变了我对课程的认识

1. 教师开发的第二课程不是独立割裂出来的，是在国家现有课程标准的指导下，根据教师自身的特长和教学改革的需要开发出来的，它可以作为现有课程的有益补充，也可以作为一门专有课程出现。

2. 教学使用的教材是实现课标的一种载体，但不是唯一的，它是丰富、多元的，完成课标的要求的方式方法很多，载体也很多。

3. 教师和学生都是课程的开发者。原来我只是站在教材本身看待教材，现在我可以打破这种壁垒，不仅可以通研全科教材，而且可以改变教材，只要是对学生学习有效的素材我都可以拿来使用，在教与学的过程中，教师和学生都是课程的开发者和建设者。

4. 看待老师和学生的角度。以前我认为，学生学习的就是教材，老师就是学生学习教材的指导者；现在我才知道，学生学习的是掌握知识的方法，学生学的不是死知识，而是活方法，教师是学生学习方法的引导者。

### （二）建立了大教学观

1. 建立开放的课堂教学观念。把学生局限在教科书里和教室中的做法只会扼杀学生的创造力。教师要立足课堂和教学内容，放眼广阔的社会生活，着眼于学生创造力的培养，使每一堂课都成为培养其创新实践能力链条上不可或缺的环节。在课堂教学中，引导学生将社会生活的体验融入课堂学习，不仅能使学生意识到学科学习的方法和途径，而且不同对象的不同体验本身就能引起学生的思维碰撞，激发学生的创造性思维。

2. 跨学科合理、有效地整合教学内容。信息技术学科从技术手段上来说仅属于形式范畴，要让学生掌握技术后形成的作品具有灵魂，必须要有与之相辅的内容做保障。这就要求，在信息技术课堂上，教学不能只局限于学科的知识层面，还必须整合其他学科的知识，必须和日常实际生活相联系，让学生尝到技术为生活、学习服务的甜头。当下社会，信息技术与各行各业紧密联系的事实是这一要求的最好佐证。在跨学科整合的问题上，我一直在尝试，不断在探索。在近几年的全国中学生电脑制作活动中，我尝试着把电脑制作和学生的日常学习生活联系起来，和其他学科知识相结合，设计中学生喜欢和爱学的内容；同时让学生在制作作品的过程中，不要局限于信息技术学科知识，一定要把自己所学的知识融合起来。例如，七年级创作的电子报刊《背影》，就是学生在语文课中学习了朱自清先生的散文《背影》后制作的相关亲情主题报；《自然之韵》是学生把信息技术、语文、美术等学科知识相结合，制作出的荷花专题电子报刊；《多彩的青春》是以学生中学成长经历为主要题材制作的报刊；《运动发电器》是创造发明类的动漫作品。这些作品，来自于学生身边，内容丰富，有血有肉，且打动人心，这些作品在制作比赛中也获得了全国和省级的奖励。

## 二、认识改变实践

常听前辈们教导，要成为一个出色的教师，就必须要有自己的教学特色。高明的教师，其教学方法的构成是丰富多彩、千变万化的，而且总是饱含着体现其个性特色的独创性因素。

读完《课程与教学论》中第四章《课程内容与教学方法的选择》后，我对教学方法的基本类型有了更为具体的了解，对教学方法的合理选择也有了新的认识。印象比较深刻的教学法有提示型教学方法、共同解决问题型教学方法、自主型教学方法。

提示型教学方法：它能够让人在短时间内理解并接受大量的文化知识，能够充分体现教师的主体性和主导作用。以前常认为，提示型教学方法等同于机械学习，殊不知这样的接受学习与机械学习并非同义。在许多场合，对于历史上与现实中的重大事件、伟人的形象与艺术品的描绘等，教师有条不紊的讲述要比其他方法来得有效。当教师通过富有感染力的语言表达其对特定教学内容的独特理解和真情实感时，学生会产生难以忘怀的感受。

提示型教学方法也可以充分调动学生理智与情感的主动性和积极性。正如书上所言，只要教师所讲解的知识与学习者已有的认知结构建立起实质性和非人为的联系，学生就完全可以进行意义学习。而发现学习如果流于形式，不能与学生的认知结构结合起来，同样可能导致机械性学习，当然，其局限性限制了人的发现和探究能力的发展，也忽视了学生动手操作的能力。

共同解决问题型教学方法。它是通过师生的民主对话与讨论来共同思考、探究和解决问题，并由此获得知识技能、发展能力和人格的教学方法。这种教学方法的基本特点是教师和学生民主地参与教学过程，教学过程能够发挥教师和学生这两类主体的积极性。

自主型教学方法。它可以让学生主动发展，在教学中充分调动学生的主动性、积极性和创造性，对学生实施自主创新型的教育，使学生的记忆、思维、想象、动机、情感意志、性格得到主动的发挥，实现课堂的教学效果。教师起到的是引导的作用，而不是传统的传道、授业、解惑的作用。

三种学习方法，对于我们的教学都有重要的作用。三者之间，相互渗透，彼此作用，相互促进。作为教师，要取三者之长，相互补充，形成有自己独特个性的教学风格。同时，在选择了教学方法之后，应根据课程与教学目标的要求、课程内容的特点以及具体教育情境的需要进行优化组合，形成一个可以产生合力的有机结构，以最大限度地发挥不同方法的作用。

以信息技术课堂教学为例，现阶段主要以任务驱动法教学为主，所谓“任务驱动”，就是在学习信息技术的过程中，学生在教师的帮助下，紧紧围绕一个共同的任务活动中心，在强烈的问题动机的驱动下，通过对学习资源的积极主动的应用，进行自主探索和互动协作的学习，并在完成既定任务的同时，引导学生产生一种学习实践活动。“任务驱动”是一种建立在建构主义教学理论基础上的教学法，该方法隶属于自主型教学方法的范畴。

初中信息技术教育主要以学生为中心，它以任务为主线，培养学生的兴趣，发挥学生的主动性、创造性，把教学内容巧妙地隐含在每个具体的任务之中，让学生自己提出问题，并经过自己的思考和教师的启发，自己解决问题。在完成任务的同时，培养学生的创新意识以及自主学习、主动探究的习惯。具体实施过程如下。

### （一）结合学生特点，提出学习任务

任务是课堂教学的“导火线”，是问题提出的表现。设计任务是教师在课前备课的重头戏，它要求教师综观整个课程，统筹安排教学内容。针对学生的特点，每节课的任务不能太大，任务中的新知识、难点不能太多。通常情况下，任务的形式可以分成三种，一种是任务的要求非常明确，有统一的样板，要求学生完全按照教师给出的样板做，这种形式比较适合于每个知识模块的初始教学，我认为，学习的最初阶段需要这种任务形式；第二种形式即任务的一部分内容是教师明确要求的，另一部分则允许学生自由发挥；任务的第三种形式是教师只给出一些原则上的要求，大部分内容由学生自由发挥。这种形式比较适合于每个模块的电子作品设计的教学。

如在 PowerPoint 教学中，我便采用了第三种任务形式。教师先演示一个非常精美的“圣诞快乐”的课件，把学生的学习积极性调动起来，此时，适时指导学生幻灯片的制作技巧，如文字的输入可以参照 Word 中文本框的应用，在幻灯片中可以插入图片、声音，还可以制作一些动画效果，使作品更加生动、完美。然后我布置任务——用 PowerPoint 制作圣诞幻灯片，同学们都目标明确，兴趣高涨，积极主动地探索这一软件的应用技巧。

（二）引导学生分析任务，提出问题

给出任务之后，教师不要急于讲解。可以让学生讨论、分析任务，提出完成任务需要做哪些事情，即提出问题，这个时候应该是课堂气氛最活跃的时候。在提出的问题中，一些是学生以前学习过的，这些问题学生自己就会给出解决方案；另一些是没有学习过的，即隐含在任务中的新知识点，这也正是这个任务所要解决的问题。这些问题最好都由学生提出，当然，在最初的教学过程中，在学生还没有适应教师的教学方法时，教师可以给予适当的提示。根据实际情况，提出问题时，要采用先粗后细，逐步求精的方法，对于某些任务，在这一步不可能把所有的问题一次都提出来，对于一些任务中存在的问题，学生只有亲自做到那一步才有可能提出问题。这种情况下，就可以在完成任务的过程中再提出并解决相应的问题。

（三）循循善诱，引导学生寻求解决问题的方案

问题提出之后，就需要开始寻求解决问题的方法了。这一过程是教师和学生共同探讨的过程。对于旧问题一定要由学生自己提出解决方案，而新问题，可以由学生相互讨论或师生共同探索。教师可以向学生提供解决该问题的有关线索，比如，从哪里获取相关的资料或寻找相关的帮助等。

（四）学生完成任务

在任务完成阶段教师只是一个帮助者和指导者，应多给学生以鼓励，让每个学生都能自由地、大胆地去完成任务。教师要走进学生之中，及时地为学生提供帮助，还要主动去观察学生，及时发现学生出现的问题，尤其是共性的问题，教师要给予适时的指导，而学生可以自主探索完成，也可以在协作学习中完成任务。

1. 自主探索。学生独立完成任务，进行自主探索性学习，在学习过程中充分发挥主动性，体现出首创精神。学生自己通过在计算机上操作，体验成功与失败，正确评价自己的认知活动，从而正确理解知识，探求问题的最终解决方案。学生在遇到困难时，可以向老师、同学、书本、软件中的“帮助”或网上求助，以培养获取信息、鉴别信息、处理信息的能力。对于比较单一的任务可以采用这种学习方式。

2. 协作学习。学生可以按座位或通过计算机网络按兴趣和能力等分成小

组，共同完成任务。建构主义学习理论认为：每个学习者都有自己的经验世界，不同的学习者都可以对某种问题形成不同的假设和推论，可以通过合作解决问题、小组讨论、意见交流、辩论等形式，促进学生的沟通。学生要学会表达自己的见解，学会聆听他人的意见，理解他人的想法，学会评判、接纳和反思。通过这种协作和沟通，学生可以看到问题的不同侧面和解决途径，从而开阔思路，对知识产生新的见解。对于综合性的任务可以采用这种学习方式，比如，让学生完成设计制作一份小报的任务，先把学生分成几个小组，同组学生一起讨论，确定小报的主题，然后把任务分成各个子任务，小组内的同学再分工，有的负责文字，有的负责图片等资料的收集整理，有的负责录入，有的负责版面设计等，在协作过程中，小组同学要进行讨论、沟通，达成较统一的认识，然后制作出一份精美的小报。

教师要鼓励学生大胆地创新，寻求不同的方法、不同的内容、不同的设计。在学生初步理解了所学知识之后，教师还要进一步深化学生对知识的理解，使之更加深刻，更加灵活。

#### （五）总结与评价

为了检验和督促学生是否达到了预期的目标，发现教学中的问题，要对学生的学习效果进行评价。评价不仅有助于设计成果的进一步优化，而且有助于学习者能力的进一步提高。评价的内容包括：是否完成了对新知识的理解、掌握和熟练应用；学生自主学习的能力；同学间相互协作的能力；创新的能力。评价方法可以是观察法和作品评价法。观察法即通过观察学生在讨论、完成任务活动中的发言、技能、协作、创新等作出评价。作品评价法是对学生完成任务所形成的作品进行评价，评价学生对知识的掌握程度、应用水平及作品中所包含的创意，可以分为学生自我评价、同学间相互评价、教师评价。但在每堂课后，教师必须整理好全班同学的评价结果，每位学生必须记录下自己当堂课的评价结果，这样，教师对学生的学习情况一目了然，学生对自己的学习情况也做到了心中有底，这对提高信息技术课堂教学效益大有好处，同时也有利于以后的教与学。

### 三、实践促进学习

对《课程与教学论》的学习，不仅促进了我自身教学思想的改变，更在落实这些教育理念的过程中，改变了学生的学习。在信息技术课堂教学中，在我的电脑制作第二课程中，又该如何灵活合理地运用这些教学方法？经过思考和日常的教学实践，我认为可从以下几方面进行。

（一）采用多种方法，打造探究、创新型的学习课堂

1. 创设良好的教学环境，给学生以充分的探究学习和进行创新学习的空间，培养学生敢于动手、敢于探索、敢于创新的精神，从而激发学生的创造性思维。

2. 改变陈旧的评价方法，建立新的评价观念。评价是多元化的，例如，在我的电脑制作第二课程教学过程中，评价是贯穿整个教学过程的，它可以针对制作过程中的一个独立环节，也可以是整个作品。比如，在教授完“电子报刊的版块设计”相关内容后，就可以组织学生进行个性板块设计，通过观察学生作品，对不同的板块设计提出意见和建议，或者在完成一组整体作品之后，进行整体性的作品评价。评价内容不仅涉及学生知识、技能等水平，还可以评价学生的学习态度、习惯、兴趣、意志、品德及个性等情感表现，让学生从一定程度上认识到自己对学习投入的兴趣和积极性。评价形式也不只局限于教师评，可以同时结合学生互评、学生自评等多种形式的评价，为学生了解自己的学习提供更直接的反馈意见，促进学生更加合理化、人性化地接受评价意见。

（二）打破常规，激发学生创新学习的欲望

信息技术课的特点是教学实践设计目标较明确，但课堂训练和操作是开放的、多元化的，没有也不需要有固定答案，这种训练和创作是在课堂中培养学生创造能力的重要途径。鼓励学生围绕同一个问题，从同一点出发，沿着各种不同的方法去思考，集中、融合、聚敛不同的思维去创作，让学生寻求角度迥异的途径来表达自己、展现自己，从而有效地促进学生的创新能力的发展。

培养学生的创新能力，提升学生的信息素养是我们的学科目标，实现目标的前提就是要踏实、创新地上好每一节课。读书改变我的思想，提高了我的认识，更改变了我的课堂。我将在李老师的指导下，继续与大师对话，与同伴交流，在学习中研究，在研究中进步。

（潍坊市育华学校　方　刚）

# 在过程教育中行走

## ——我读《过程教育研究在中国》

教育重在过程而非结果，作为教育者，只有把工作的重心放在教育过程中，才会有所发现，有所突破。教育的过程也是师生共同成长的过程，教师应合理地把握教育过程中的契机，体现过程教育的特点，通过过程教育形成教学特色。读了《过程教育研究在中国》一书，我深受启发。

一、“我们应该充分认识到，学校仅仅是整个教育大环境中的一个组成部分，但同时对于现代社会的发展又起着极为重要的作用。我们需要不断地进行思考，去探索学校应当如何建构以及教师应该怎样形成和学生沟通的途径。没有任何一种教育模式是放之四海而皆准的，因为对学校教育能产生重要影响的因素很多，如文化背景，教师的个性，学生的具体实际情况等等。对于面临的很多问题，大家都在努力地寻求答案，而过程理论的作用并非是为每一个问题提供具体的解决方法。”①

感悟：学校教育应该立足于实际，深入研究学校自身所处的环境优势，根据教师的情况和学生的具体情况来开展教育活动，过程教育在于引导我们整体看待问题，把学生当成主体，在其生活的社会中得到成长。我们也意识到，孩子常常喜欢在自然界中学习，如《窗边的小豆豆》一书就通过孩子的视角，透视我们的教育问题。我们的孩子应该有一个怎样的学校环境，接受怎样的学校教育，确实是值得我们深思的问题。

二、“欲培养创造性头脑，教育须让好奇心游刃有余。好奇之旅可在教师的指导下启程，既热爱自己所教学科又能促进学科发展的教师能胜任此

① 约翰·科布．过程教育［J］．马晓梅译．湛江师范学院学报．2011，32（2）．

职；但这些旅程必须是学生自己感兴趣的。研究课题的推进及评价须综合考虑学生的好奇心与首创精神及教师的智慧与创意。在这个好奇、发现、探险的旅程中，教师是合作者和参与者，形式包括个人的、小团队的或大团队的。学生须体验这三种方式，因为每种方式在增长知识的大量发现中各有其用。

"将研究贯之于教育诚如播种。若不在春夏播种，待到秋来则无以丰收。如不及早并持之以恒地在学生身上播种研究精神，培养研究习惯与直觉，教育亦不会收获新的发明发现。教育欲解放、培育、开发学生的创造力，须在学生生命的春天播下研究的种子并随其成长反复播种，让他们感受好奇之旅带来的发现的乐趣与惊险。"①

感悟：儿童对事物的好奇心是与生俱来的，作为教师，如何保护和激发学生的好奇心及创造欲是教师的智慧。对于美术教学，新课程理念已明确了教师的任务，做孩子的合作者、参与者，和孩子一起探究、经历、总结，给孩子较大的成长空间。美术教育不再是单纯的绘画技能的教学和模仿，我们的任务是培养具有探究和创新精神的学生，这不是一蹴而就的，需要教师具有整体的课程意识，循序渐进地开展美术研究活动，激发学生探寻艺术魅力，创新艺术作品，在传承与创新中发现美、感受美、创造美。

三、有机教育。所谓"有机教育"，就是把教育看作一个自然的有机的过程。建设后现代哲学的奠基人、大教育家怀特海是倡导有机教育的先驱之一。在怀特海看来，"因为宇宙是有节奏的，所以教育是有节奏的"。教育，一如"植树"，就是通过展示大自然如何诱导万物生长，而使教育本身成为一种享受和创造的过程，它是一种"自然的渴望"，"节奏性的渴望"或者"儿童内在的生命的呼唤"。这其实就是孔子所憧憬的令人"不亦乐乎"的学习。因此，怀特海很少强调外在的驱动与刺激。因为在他那里，学生被看作享受他的力量的行使，被看作有足够的内在动力达到他智力的目标。这并非意味着怀特海那里不要纪律，而是在他看来，"纪律是我们自我纪律，因为进步的原则来自内部，发现是我们自己的发现，果实是我们自己创新的结果"。②

---

① 费劳德．论创造性综合教育［J］．刘晓玲译，湛江师范学院学报．2011，32（2）．

② 李方，温恒福．过程教育研究在中国［M］．福州：福建教育出版社，2012：49.

感悟：教育的内在含义是促进人的成长，我国多少年来的“填鸭式”教育制约了国人的创新思维，面对“钱学森的提问”我们无法回答时，作为一个教育工作者，我很惭愧，中国的高考确实是成就了一批人，但也使我们陷入尴尬的境地。应试教育割裂了学校和社会、认识和实践的关系。那些集体打吊瓶应考的考生们，让我们心灵震撼。我们培养了大批会考试的学生，却缺少创造性的人才。只有考试方式发生变革，人才的培养才会多样化。

四、要根除各科目之间那种致命的分离状态，因为它扼杀了现代课程的生命力。教育只有一个主题，那就是五彩缤纷的生活。但是现代教育通常没有向学生展现生活这个独特的统一体，而只是教他们代数、几何、科学、历史，却毫无结果。怀特海还强调，“生活与所有智力或情感认知能力的某种基本特点之间存在着关系，如果你不能展现这种关系，你将无法将生活融入任何普通教育计划中”。这是一句难理解的话，但他有他的道理。我不知道如何使它更容易理解。（李方，温恒福《过程教育研究在中国》）

感悟：新课程改革已逐步由培养单一片面的知识性人才转变为培养个性和谐全面发展的人才。调查研究表明，现今有60%的学生综合素质不高，缺乏创新精神和实践能力。“钱学森之问”使中国的教育者们陷入了深深的思考，我们的教育问题到底出在哪里，在各类国际数、理、化比赛中，我国学生的成绩是骄人的，而代表国际最高学术荣誉的诺贝尔奖却把13亿中国人拒之门外，我们不得不重新审视我们的教育。随着社会的发展，人才的需求越来越多样化，“学好数、理、化，走遍天下都不怕”的时代已离我们越来越远了。提高学生的综合素质是教育的终极目标。此时，综合实践课程以其先进的课程模式和极高的育人功能深得教育者们的喜爱。

综合实践活动课程没有固定的教材，它给予学校、教师和学生极大的发展空间。在当今的小学教育中，各类课程较繁杂，以四年级为例，各类课程共13门，而70%的任课教师一人兼任5门以上的课程，教师的学科专业性不强，很难做到样样精通，繁重的课程任务为教师的教学带来极大的困难。通过问卷调查发现，在现行的课程中，有许多重复性的课程内容，造成了教学时间和师资的浪费。如何有效地整合国家、地方、校本课程，解决目前教育过程中的困惑，形成具有育人合力的课程，综合课程有着不可替代的作用。

五、从过程哲学视角看博雅教育。博雅教育，在古希腊最初提出时本意为“文科教育”或“普通教育”，古希腊的有识之士倡导博雅教育的目的在于培养具有广博知识和优雅气质的人，让学生摆脱庸俗，唤醒卓越，成为全面发展的人。博雅教育应当是终身教育、创新型教育、自由式教育和爱心教育，且应当十分重视对学生进行美学教育。第一，博雅教育要以培养学生树立终生学习的理念为目标。第二，博雅教育应当是创新型教育。第三，博雅教育应当是自由式教育。第四，博雅教育应当是爱心教育。（李方，温恒福《过程教育研究在中国》）

感悟：社会的进步，经济的发展，给人们带来方便与快捷。追求物质体验的人们，在改善生活的同时，无暇顾及人文精神。小学生也在家长的影响下，变得“功利”了。学习的目的不端正，对学习的热情和兴趣慢慢衰退。“为什么要上学?”当我问一个五年级的孩子的时候，他眨着他那双大眼睛，不假思索地回答：“考个好中学。”“那为什么要上好中学?”“考好高中，上个好大学!”“那为什么上大学?”“找个好工作，赚钱买房子，买车!”“那为什么一定要买房子买车呢?”我再次问道。他看着我回答不上来，看着他茫然的表情，我也不禁茫然了，因为这样的回答不在少数。

我随机调查了 25 名同学，并做了个简单的统计。

| 调查对象 | 问题 | 学生答案 | 统计 | 分析 |
|---|---|---|---|---|
| 9～13 岁学生 | 为什么上学 | 为了找好的工作，将来有好的生活 | 14 人 | 在 25 人中，为了将来找工作占据了 56%，为了自身发展占 8%，为父母争光占 12%，从这些数据，我们看出了我们的教育问题出在了哪里，孩子们不知道为了什么而学习。 |
| | | 为了自己的知识面更广阔，为了自己的发展 | 2 人 | |
| | | 为了国家，报效祖国 | 5 人 | |
| | | 没想过这个问题 | 1 人 | |
| | | 为父母争光 | 3 人 | |
| | | 学会知识，帮助需要帮助的人 | 1 人 | |

今天的孩子们究竟为什么学习呢？这不仅是孩子们感到茫然的问题。家长、教师、周围的人总是在强调这样一种声音——学习是为了有出息，顺着推理，很多人便把学习和金钱联系在了一起。小学教育的现状存在三种现象：一是教育目的的功利化；二是教育存在区域差异性，学生发展不均衡；三是学生修养有待进一步提高。我们需要冷静思考的是，教育要培养什么样

的人才。博雅教育的现代意义在于，它让我们明确要把孩子培养为知识广博、道德高尚、身心愉悦的自由的人的教育。我们学校拥有现代化的教育设施，洁白的墙壁，宽敞的走廊，一切都令人身心愉悦，充满现代化的气息，但在我们的学校里，学生依然缺乏个人修养，坐、立、行都缺少高雅的气质。有甚者会在走廊里大声喧哗、就地打滚，虽然这种现象得到了改善，但我们需要博雅教育。我们的孩子需要一种生活情境，引导他们走向未来，成为具有博雅气质的人。我们初步提出了以下策略：① 耳濡目染，文化熏陶，腹有诗书气自华，营造和谐的校园读书环境；② 结合主题，结合课程，渗透在日常生活之中。笔者在近一年的时间内，采用每月活动主题化、每日生活课程化、课堂中渗透心育内容等方法将博雅教育思想在学校中实施，与学校课程进行有机结合，取得了一些成效。

六、教育是一种专门培养人和传承创新社会文化的活动过程，在这个过程中，教育者主要是引导受教育者学习、创新，取得多方面发展，使受教育者身心健康、生活幸福，服务社会、善待自然，促进人类的创造性发展。过程教育还应包括创造性教育、综合教育、生命教育、教育主题、教育目的、教育节奏、学习环境。（李方，温恒福《过程教育研究在中国》）

七、学习环境论。科布在《过程教育》中系统论述了学生主体与五种学习环境的关系。这五种学习环境是：① 教科书和课堂。② 感官和身体状况。“学生通过感官获得了体会和经验，这是最直接的学习环境。”一定的书本知识和直接经验，以及身体条件是学生自主学习的基础。③ 学习共同体。要让学生认识到自己是同学共同体中的一员，因而应互相爱护、互相支持。④ 学校与社会环境，是校内教育者和社会上各种人和事所形成的对学生产生教育影响的更大范围的学习环境。这种环境提倡归宿感和责任感，使学生学会包容他人，乐于为社区、为国家乃至世界上的其他人担负起责任。⑤ 自然环境。使学生学会处理周边物质世界中的各种事情，对现实中的各种现象进行仔细观察，接触活生生的动植物，培养生态的理解和兴趣，以及对自然世界的归属感，使学生能够自觉保护自然生态环境。（李方，温恒福《过程教育研究在中国》）

感悟：学习环境的创设，是学生学习的根基，把学生放在适宜的环境中，在不知不觉中进行学习，会取得事半功倍的效果。在学校的非遗文化学习中，我们把学生带到民间工艺作坊，亲身体会民间工艺的魅力。在不知不觉中受到文化的熏陶，起到潜移默化的作用。在科学课堂上，让学生走进火山口，亲自感受石头的风化与沧桑，体验大自然的力量。把学生带到社区中，打扫卫生，宣传交通法规等，通过一系列的实际活动，在过程中体验学习的乐趣。通过这本书，我真正了解了过程教育的真谛。

（潍坊市育华学校　田金芳）

# 聆听大师的声音

## ——读朱永新的《中国古代教育思想史》

“我走近教育大师的身边，聆听他们智慧的声音……我渴望：古老的教育思想能够不断发展、历久弥新。”这是朱永新教授的《中国古代教育思想史》一书卷首语中的句子，把她作为自己读此书后的第一种感想，融入了作为一名小学语文教师的我的不少感慨。

古人说“学史明智”。当下的小学教师们，有多少人是对我国古代教育思想和教育方法了如指掌的？恐怕为数不多。读完此书，也跟着作者朱永新教授一起把我国古代的教育思想、教育方法梳理了一遍，这一梳理竟然让自己吃了一惊：这么多的教育思想自己竟然不甚了解；这么多的教育智慧就定格在不同的历史时代；这么多好的读书方法就在眼前。而自己作为一名小学教师竟然只是星星点点知道一点，这些本该装在自己的脑海中，根据学生学习的需要随时调出运用或是创新再运用的，而自己却知之甚少，怀着一种愧疚和对作者朱永新教授的敬佩，再次细读了此书。

中国古代文化瑰宝辉煌灿烂，这与教育的文化传承作用是分不开的。作为有史以来十分重视教育的一个民族，中国古代教育思想历史悠久、内涵丰厚。此书梳理了中国古代教育思想的起源和发展轨迹，阐述了中国古代教育思想的主要特质和理论基础，介绍了中国古代的德育观、教学论、教师功能、为师之道、读书法及书院和蒙学等，从多个侧面展现了中国古代教育思想的沿革及对后世的深远影响，从而客观地呈现出了中国古代教育思想史的全貌。

朱永新作为新教育改革的发起人，其对中国教育现状的深刻思索以及对教育理想不懈追求的激情，感动着每个读者。

读此书就会发现，现在我们所倡导的一些教育理念大都能在这里找到类似的做法。如我们要求老师备课时一定要先备学生，就是要根据学生已有的学习基础设计学习内容，既不可过难，又不可过易，过易或过难，对学生的学习来说都是一种浪费。朱熹早就提出过“小学之事，知之浅而行之小者也；大学之道，知之深而行之大者也”。也就是说，根据学生的年龄特点，小学以行为训练为主，大学以理论教学为主，如果不这样就会事倍功半。再如，《吕氏春秋》中写到：“达师之教也，使弟子安焉、乐焉、休焉、游焉、肃焉，严焉。此六者得于学，则邪辟之道塞矣，理义之术胜矣。……人之情，不会乐其所不能安，不能得于其所不乐。”① 这段话很值得分析。首先，它指人对不可能安心的事情也不会感到快乐，而去做不感到快乐的事情是不会有收获的。教学活动也是如此，所以，高明的老师在教学活动中要求学生安、乐、休、游，对学习活动有浓厚的兴趣和快乐的情感，这样的学习才会卓有成效。这与我们现在提倡的快乐教学法其实是同样的道理。在教学中，我们提倡从激发孩子的学习兴趣人手，有了兴趣，也就有了学习的动力，兴趣是成功学习的开始。其次，要为孩子们营造快乐的学习环境，如情境的设置、导入的方式、课件的运用等，都是为了营造良好的学习氛围，在整个的学习活动中都要以活动、游戏的方式进行学习，让学生在快乐的环境中快乐地学习，让学生觉得学习是一件快乐的事情。

读此书就会发现，书中所提到的我国古代教育家的许多好的教学方法很值得我们今天做教师的学习和借鉴。这两年，我正带领着本班的学生读经典作品，在读的过程中也总结出了比较高效的五步诵读法，效果不错，孩子们很喜欢读，读得又深刻。但总觉得，不管读什么样的经典作品都用这五步法未免有点单调。读不同的作品，应该有不同的方法，内心虽有这样的想法，但在实际教学中，自己还没找到其他好的读书方法，读了此书终于让自己茅塞顿开。此书中提到的几位大师的读书法令我耳目一新，如唐代教育家韩愈的“提要钩玄法”，在他的《近学解》中明确提出：“……口不绝吟于六艺之文，手不停披于百家之编；记事者必提其要，纂言者必钩其玄；贪多务得，细大不捐；焚烧、膏油以继，恒兀兀以穷年。”② 意思是说，读书应先将书进

① 朱永新．中国古代教育思想史［M］．北京：中国人民大学出版社，2011：193.
② 朱永新．中国古代教育思想史［M］．北京：中国人民大学出版社，2011：255.

行分类，然后根据不同的性质、不同的类别采用不同的方法。读记事的书要用提纲挈领法；读纂言性质的书就要探寻其观点，此种读书法要抓重点，汲取精华。再如，清代学者李光地提出的“精熟一书法”。他强调“读书要有记性；记性难强，某谓要练记性，须用精熟一部书之法，不拘大书小书，能将这部烂熟，字字解得，道理透明，诸家说俱能辨其是非高下。此一部便是根，可以触悟他书。”李光地认为，精读一部书的方法不仅有利于锻炼记忆力，也是领会其他书籍的基础，对于精读的这部书，一定要选好，必须是能有利于打好基础、触类旁通的书。当看到这个读书法时，自己感到特别兴奋，因为自己从这里找到了这几年领着学生精读经典作品的理念支撑。

这几年，增大学生的阅读量是大家公认的提高学生语文能力的有效做法，而自己却领着学生花了不少的时间精读一部经典，虽然读的效果不错，但却苦于对自己的做法一直找不到理论根据。看到学生读得很深入，在自豪的同时却有些不踏实，但从这里找到了有力的支撑，对此书有相见恨晚之感。再如，清代学者王筠提出的“圈抹读书法”，这和自己的五步诵读法中的第二步“注”又是不谋而合。王筠说：“即读经书，一有所见，即写之书眉，以便他日涂改。若所读书，都是干干净净，绝无一字，可知是不用心也。”① 他要求读书要做标记、写眉批，做批注。而且对学生读书的评价也是如出一辙：如果学生所读的书是干干净净的，那么他对这部书读得肯定不是很深入，可知读书时不够用心。而自己在平时引领学生诵读经典作品并对学生进行评价时也运用这种评价方式，以让学生能够深入地诵读经典作品。没想到再次在此书中找到了有力的支撑。

读此书，更明确了为师之道的内涵。“道”是中国古代哲学的一个基本概念，最早出现在春秋时代，子产提出“天道远，人道迩，非所及也”，这里的“天道”指天体运行的规律，“人道”则是指做人的准则。后世儒家逐渐把“道”确定为封建的伦理纲常。如西汉董仲舒提出，“道之大原出于天，天不变，道亦不变。”因此，“传道”就是传授政治伦理道德，这是中国古代教育的首要功能，也是教师的首要任务。②

最先提出为师之道的是孔子。这便是我们常说的“学而不厌”“诲人不

① 朱永新．中国古代教育思想史［M］．北京：中国人民大学出版社，2011：262.

② 朱永新．中国古代教育思想史［M］．北京：中国人民大学出版社，2011：215.

倦”。孔子本身就是“学而不厌”的典范，直到晚年他仍然坚持学习。“加我数年，五十以学《易》，可以无大过矣。”他更是“诲人不倦”的典范，不管境况多么艰难，他都坚持教学。例如，在宋国被围困时，他仍然“与弟子习礼大树下”；在陈绝粮时，他仍然“讲诵弦歌不衰”。读到这里，不禁掩卷沉思，我想，今天的每一个教育工作者都要好好地思考——我们应该怎样做老师！这不仅仅是教育方法、教育规律等的问题，孔子诲人不倦的为师之道值得我们学习，更值得我们反思。当然，当下，能很好地践行为师之道的教育工作者也感动着每个人。前几天，读了《第 56 号教室的奇迹》一书，这位美国教师——雷夫，也在时时感动着自己。他的为师之道，没有多么轰轰烈烈的事迹，但是，正是他坚持践行教育的本质，正是他与学生间点点滴滴的小事情，却在感动着我们。想想，我们做不到吗？能，真的能！为了一个个生命的健康成长，教师之道便是学习、付出，便是为孩子们的成长提供好的学习环境，提供可行和科学的学习内容，营造诲人不倦的氛围。

我国古代对老师提出了为师之道的同时，也曾把教师的地位提到空前绝后的高度。荀子较早就明确地提出了教师的作用关系到国家的兴衰、法制的存废和人心的善恶这一思想，“国将兴，必贵师而重傅，贵师而重傅，则法度存。”① 他认为，只有尊重教师，社会制度和法律才能健全起来并得以遵守。迄至元代，中国教师的地位一落千丈，几乎降到了社会最底层。郑板桥就有一首诗描写过教师寄人篱下的生活，“教官原来是下流，傍人门户度春秋。半饥半饱清闲客，无锁无枷自在囚。”② 封建社会，人们往往把教师这种职业当作知识分子的末路，有种说法是“家有两斗粮，不当孩子王”。尽管教师的社会地位在中国古代历经变迁，从高峰跌入低谷，但教育家、教育思想家以及尊重教师的传统却依然以文化的形式传承下来。

我们把人类的教育教学过程，看作是人类原始创新活动过程的智慧复演的过程，看作是借助知识学习促进学生智慧水平不断提高的过程。教育的任务就是要催生学生内心沉睡着的智慧之花。中国古代教育不仅是辉煌灿烂的古代文化的有机组成部分，也是古代文化赖以生存和发展的基础和条件。正是由于教育特有的传承功能，古代文化才得以数千年来保持一脉相承，历久

---

① 朱永新．中国古代教育思想史［M］．北京：中国人民大学出版社，2011：210.

② 朱永新．中国古代教育思想史［M］．北京：中国人民大学出版社，2011：214.

弥新。作为一名教育工作者，只有了解了古代教育思想史，才能在了解教育历史发展的基础上正确把握教育发展的现在和未来，才能消化和吸收历史上伟大教育思想家的教育思想，取其精华，为我所用，也才能减少自己盲目探索的错误，有效地促进自己教育教学水平的提高，才能让智慧复演，实现教育的育人功能。

（潍坊市奎文区幸福街小学　王安存）

# 科学教育启示
## ——赫尔巴特《普通教育学》读书笔记

约翰·弗里德里希·赫尔巴特，德国近代著名的教育家、心理学家。在近代教育史上，没有任何一位教育家可与之比肩，他的教育思想对当时乃至之后百年来的学校教育实践和教育理论的发展都产生了非常巨大、广泛而又深远的影响。在西方教育史上，他被誉为“科学教育学的奠基人”，而反映其教育思想的代表作《普通教育学》则被公认为是第一部具有科学体系的教育学著作。在这本著作中，赫尔巴特提出了作为独立的一门科学的教育学的理论体系。

一、“只有能够引起兴趣的教学内容，才能使儿童保持意识的警觉状态，从而更好地接受教材。”

解读：智慧复演论指出，学生学习知识的作用，一方面，是可以继承人类社会优秀的文明成果，另一方面，是要借助优秀的文明成果，创设文明成果产生发展的“类似情境”，演绎创造者的思维过程，学习创造者的思维方法，感受人类智慧创造的伟大与神奇，培养科学兴趣。试想，如果学生对这些文明成果不感兴趣，又怎么会去继承，更谈不上借助这些成果及其思维方法去创新了。

在当前的课堂教学中，很多学生无法停留在“静止的专心”状态。究其原因，除了教学方法不当外，也与教师对教学内容的选择有很大关系。很多教师只会照本宣科，不考虑学生的生活实际和学习兴趣，也不考虑学生需要什么。所以，教师应该对教材进行有效的整合，精心地选择教学内容，真正做到以学生为中心。

二、“课程的安排应当使儿童能够不断地从熟悉的材料逐渐过渡到密切相关但还不熟悉的材料。

“新的观念和知识总是在原有的理智背景中形成的，它是以原有观念和认识为基础产生的。”

解读：根据赫尔巴特的四段教学法，课程的安排应该遵循循序渐进的原则。智慧复演理论把人类的教育教学过程看作人类原始创新活动过程和智慧复演的过程，看作借助知识学习促进学生智慧水平不断提高的过程。并及时运用这种智慧去解决类似的问题，通过这种类似的智慧运用的复演过程，去探索人类智慧的奥秘，培养学生的创新素质。活动建构教学的实施过程实质上就是人的创新活动的智慧复演过程，是学生“经历”“体验”和“感受”的过程，它让知识与智慧同步生成。

三、“方法”是通过重复推广应用，进一步验证原来假想的关系。

解读：赫尔巴特讲的“方法”即“应用”（或练习），比如，作业、写作与改错。让学生在类似的情境中获得对新知识的理解、提升、抽象，“因为这里可以表明学生是否正确地把握了主要思想，能否应用它们”。学生的心理状态是学生对观念体系的进一步深思，它表现为一种动态的思考活动。学生会产生把系统知识应用于实际的需求，其外显特征是行动。教师可以采用练习法，指导学生通过练习、作业等方式将所领会的教材内容应用于实际，并发展逻辑思维。

小学生往往是通过自身的活动去认识世界、体验生活、学习本领的。小学生的好奇心强，模仿能力也强，“爱动”是他们的天性。教学应顺应孩子的成长规律和学习特点，以教促长，激发学生的学习兴趣，让学生在动中学，学中乐，使学生能充满乐趣地学习。学习内容也要注意循序渐进，引导学生自己去经历、感受和体验，生成知识和智慧。

四、“教育者的第一门科学——虽然远非其科学的全部——也许就是心理学。”

解读：赫尔巴特提出了“心理学是教育学的基础学科，也是作为教育者必须学习和掌握的一门学科”。的确是这样，不懂得孩子的心理，就难以成为一名学生喜欢的好老师。所谓“亲其师，信其道”，当孩子们在心理上接纳和认可老师时，这位老师的教育才是有效的，教学才是成功的。希望被关注、被尊重、被认可是学生的普遍心理需求，老师有意无意地摸摸孩子的头，拍拍他的肩膀，开个善意的玩笑，诸如此类细小的事情都会让学生感觉到老师对他的喜欢，从而产生愉悦的心理，学生会觉得学校是个让人愉快的地方，学习是件快乐的事情，在良好的心理状态下，学生在学校教育中就会获得更多的益处。

明确的目标会让人心中充满激情，保持积极向上的心理状态，针对这一特点，教师应经常与学生沟通，让其懂得做人的道理，树立自信，乐于助人，让学生有抱负、有目标，他们就会自觉遵守纪律，积极表现自己。反之，如果教师忽视学生的心理需求，一味地说教，一味地指责，就会引起学生的逆反，导致教育教学事倍功半。

在教学过程中，只是懂得学生的心理状态还远远不够，家庭是学校教育的上游，教师还需懂得家长的心理需求，才能和家长合力搞好教育，特别是年轻教师，一定不要忽视了和家长的沟通，要耐心与其沟通教育方法，对于家长看似过分的要求要争取"以理服人"，同时注意以自己认真的工作态度赢得家长的信任等，这些事情做好了，教育教学会顺利得多。

五、"满足于管理本身而不顾及教育，这种管理乃是对心灵的压迫，而不注意儿童不守秩序行为的教育，连儿童也不认为它是教育。

"这种管理并非要在儿童心灵中达到任何目的，而仅仅是要创造一种秩序。"

解读：赫尔巴特认为，对儿童的管理是教育者的一部分教育工作和责任，对儿童的管理是进行正常教育教学工作的前提和必要准备。赫尔巴特强调，在进行教学之前，必须首先对儿童进行管理，为顺利进行教育教学创造前提条件。

"没有规矩不成方圆"，如果没有一定的秩序，课堂教学根本就无法进行，对我们现在的教育来说，保证课堂纪律是教育教学质量的先决条件。

课堂上，教师要把学生的注意力吸引到各种活动中去，同时，用评价引领学生在课堂上对各个环节的注意，形成简单明了的课堂常规管理机制，保证学科教学的有效进行。

在班级管理方面，要建立起比较全面的评价制度，包括学习、纪律、卫生、品德等。学习方面包括课堂上积极动脑思考、发言，按时完成作业，书写认真，作业本要保持干净整洁，保持较高质量等。

管理是一种约束，应该让孩子明白这些"规矩"为我们大家会带来哪些好处，让孩子们自觉自愿地去遵守规矩，同时让守规矩成为一种良好的习惯。

六、“用一个火花燃起另一个火花。”

解读：好的教育是不着痕迹的。赫尔巴特提出的训育方法有陶冶，教师的人格感染、赞许和责备。

赫尔巴特认为，道德教育不仅直接影响儿童的心灵，还能指导他们的感情、愿望和行为，形成他们的性格。道德教育的方法应该依靠学生已有的美德，教师要善于发现学生的长处，找到学生的善良的特征，甚至学坏了的学生的善良特征，用一个火花燃起另一个火花。每一个“火花”都是一个充满了正能量的观点，这些善良的观点引导着孩子们善良的行动。

在班级管理中采用名言警句来指导学生的实践，引领学生成长，让学生在反复的诵读中理解，在理解中品味，在品味中实践，在实践中逐步形成良好的行为习惯，这种教育方式，主要有以下几个步骤。

1. 收集整理，用名言警句的魔力吸引学生。

每天七点四十分固定请一名学生给大家读名人名言，其余的学生把每天的名言警句记录到准备好的日记本上。一段时间以后，我又对学生提出了新的要求，在记录名言的同时，要注意每一页纸的版面设计的美观，可以画上自己喜欢的图案，也可以剪贴……总之，既要有实用性，又要美观大方。其实，这样的要求不是每一个学生都能做到并且做好的，对待做不好的学生要用一些特殊的方法，比如，可以利用课余时间帮助他收集名言警句，并教他怎么设计版面，或者帮助他完成一次版面设计，等到每周的讲评时，着重表扬他们的进步，让他们感受到老师和同学的关心，这样他们就会逐步赶上其他学生的步伐。对于能力强的学生则应提出更高的要求，让他们轮流主持一次“每日一语”等类似的活动。

2. 理解感悟，让名言警句在学生心中扎根。

背诵，作为最古老的积累语言的方式，有其独特的魅力和作用。名言警句应要求学生要熟读成诵，虽然在理解基础上的背诵效果最佳，但有些让学生“死记硬背”也未尝不可。名言警句对于学生来说比较生硬和枯燥，仅靠学生自己不能完全理解其中的哲理，靠老师单纯的讲解，又容易和课堂教学雷同，势必会加重学生的负担，这项活动也就无法开展下去了。可以让学生每次在收集和整理名人名言时，注意收集背后的小故事，如李白的“只要功夫深，铁杵磨成针”；韩愈的“业精于勤，荒于嬉；行成于思，毁于随”；徐悲鸿的“人不可有傲气，但不可无傲骨”；凯勒的“一本新书像一艘船，带领我们从狭隘的地方，驰向无限广阔的生活的海洋”，等等，学生在收集整理这些名言警句背后故事的同时，也会对名言警句产生一种初步的认识。

教师还应想方设法设计一些场景，让学生在实践中把名言警句的力量发挥到极致。好的名言就是一个个明亮的火花，能点燃孩子心中善良的种子。

七、“满足于管理本身而不顾及教育，这种管理乃是对心灵的压迫，而不注意儿童不守秩序行为的教育，连儿童也不认为它是教育。此外，如果不紧紧而灵巧地抓住管理的缰绳，那么任何课都是无法进行的。”

解读：赫尔巴特强调，在进行教学之前，必须首先对儿童进行管理，如果不首先通过管理将儿童天生的粗野倔强的性格压下去，无论是教学还是教育都无法进行。但他坚决反对将对儿童进行管理的思想推向极端，“只管不教”则是对儿童心灵的压迫，“只教不管”则会劳而无功。因此，对我们现在的教育来说，课堂纪律是教育教学质量的先决条件，但是真正的教育不仅要靠管理，更应该注意如何吸引学生去听课，真正让学生能够学到知识。

学生不爱听课，很多时候可以归咎为老师上课不够吸引学生的注意力。有时我们通过严厉的措施达到让学生听课的目的，但学生难免是被动学习，上好一节课除了要充分备课外，控制好课堂纪律也是重要的前提条件，如果课堂纪律乱糟糟的，备课备得再充分，教学效果也不尽如人意。搞好课堂纪律，提高教学水平、激发学生学习兴趣也至关重要。因此，在我们的课堂上，在培养学生良好课堂纪律的前提下，还需要通过多种手段，提高课堂自身的吸引力，让学生喜欢上课，让自己的课充满魅力，让精彩的课堂艺术可以吸引每个学生的注意力。

根据课改精神，在平时的教学过程中，我们的课堂必须注重师生互动和生生互动。在我们的小组互助合作学习过程中，课堂纪律可能会出现放了就收不回来的现象。针对这种情况，平时可以培养学生尊重他人的意识和习惯，如严格要求学生遵守发言纪律，有秩序地发言，不随意插嘴或打断别人的发言，让学生从小培养举手发言的习惯。而学生一旦形成了这样的习惯，课堂纪律就有了保证。

八、“各种素质的基础是身体的健康，有病的人觉得自己是依靠别人的；强健的人敢于作出选择。关心健康是培养性格的一个重要组成部分。”

解读：赫尔巴特认为，人的素质是各不相同的，人的身心健康与否直接影响道德性格的形成。身体健康则是其基础，只有健康的身体才有健康的心性和健康的意志。在苏霍姆林斯基《给教师的建议》中提到的，“关心儿童的健康，是教育者最重要的工作。儿童的精神生活、世界观、智力发展、知识的巩固性、对自己力量的信心，都取决于他生命的活力和精力充沛的程度”，足见其对身体健康的重视。

在日常的课堂中，我们往往对学生的健康不够关心。比如，课上有孩子要去上厕所，如果这个孩子比较调皮的话，我们有时会第一时间怀疑孩子的动机，猜测他是不是要出去玩耍。有时会认为上课才没多久，怎么就要上厕所，或者担心孩子出去上课会影响别的孩子的听课效率而冷冰冰地回答一句“不准去”。这样既打击了孩子的自尊心，也可能会因为孩子真的想去上厕所而导致其不适。正如赫尔巴特所说，人的素质是各不相同的，面对学生的问题，首先应该关爱学生的身体健康。

记得有一次，市教研员上学校来听一位教师的课，课前，老师带着学生做了一系列“I say you do”的热身活动。但是天气比较干燥，教室里面灰尘较多，全班同学活动起来后教室的空气中就弥漫着厚厚的灰尘。课后教研员评课时首先就说，课上得好坏先不说，教室的环境就对学生的发展不利，这么厚的灰尘被学生吸到肺里，会严重影响孩子的健康。正如赫尔巴特所说，身体健康是学习的基础。在今后的教学工作中，教师应该努力为孩子营造良好的学习环境。

九、四段教学法：明了—联系—系统—方法

解读：赫尔巴特在“四段教学法”中最后提到的方法，指的就是将所学的知识应用到实践中去，以便更加扎实地掌握所学的知识。只有将理论与实践相结合，才能达到更好的学习效果，在教学中，教师要注意将所教的基础知识与学生的生活和现实社会联系起来。现在，多数教师只关注对学生传授理论知识，忽略了实践对于学生学习的重要性。教师教学时应该将理论与实践结合起来，让学生在实践中去体会运用知识后的成就感，从而进一步推动学生实践的积极性，培养学生的实践能力，多开展与理论知识相结合的实践活动，使学生能够更好地掌握理论知识，实现真正的理论与实践的结合。

为了促进学生的发展，教师在教学过程中要给学生足够的自主学习的时间和空间，通过各种教学手段，展示新的教学材料，让学生充分感知新知识，师生共同创设有效的问题情境，引发学生的认知冲突，激发学生的探究兴趣，从而发现、提炼、归纳出有思维价值的问题，要让学生经历解决问题的过程，参与、体验、感悟解决问题的方方面面，在这样的教与学的过程中，让学生将已有知识与新知识联系起来，获取新知识的意义。学习者对原有认知结构、材料、框架建构与完成的新知识加以调整、整合或者重组，然后将其纳入已有知识结构。

教师通过这样的“复演”过程，借助学生已有的知识结构，创设出了能促进其进一步发展的“类似情境”，从而激活了学生的学习欲望和学习兴趣，让学习者通过思维活动去探索新知，感受人类智慧创造出的伟大与神奇，为学生的学习与发展打下良好的基础。

（奎文区孙家小学　庄明华）

# 第四章

# 探索哲学人生

哲学探讨人的本质和社会的本质。能帮助我们认识世界和理解世界，哲学能够改变人们的思维方式，让人们更理智地去思考。教师是人类灵魂的工程师，对于哲学的学习和探讨会让教师在教学中多一份力量，多一种智慧。

# 《艺术人类学》读书心得

《艺术人类学》的作者是罗伯特·莱顿，一位在国际人类学界颇为活跃的人类学家。他是英国达勒姆大学人类学系教授、教学研究组主席，主要研究兴趣在社会变迁与社会发展、本土人的权利和非西方艺术方面，主要在法国农村及许多澳大利亚土著社区从事田野工作。

《艺术人类学》是莱顿教授于 20 世纪 70 年代在伦敦大学人类学系所授课程教案的基础上完成的。全书主要论述了在小型社会中艺术与社会生活、艺术与视觉传达、艺术的风格特征、艺术家的创造力等诸多问题。

莱顿为读者介绍了非西方社会艺术形式的丰富性和多样性，强调了跨文化的审美赏析问题，讨论了多样化地使用艺术的种种形式，进而提出一个基本问题：是什么构成了艺术？莱顿将特定的艺术产品和仪式、神话与权利的关系联系在一起，他还探讨了人类学和社会学当代理论的艺术观。

《艺术人类学》共分为五章，分别是“他文化的艺术”“艺术和社会生活”“艺术和视觉交流”“风格”“艺术家的创造力”。其中，第二章表明了在非西方社会中，视觉艺术在社会生活中起核心作用的方式；第三章探讨了视觉交流如何通过形式词汇和语法得以实现；第四章讨论了风格与表征问题；最后一章旨在表明杜尔干理论中被视为社会生活对照物的创造力如何在实践中成为实践人类文化与社会的核心。

这本书拿到手后，先是根据目录大体翻阅，对自己感兴趣的章节则是先睹为快，我将书中的一些观点与自身的教学实际联系起来，谈谈自己的一些浅显感悟，与大家共勉。

首先，艾伦·帕·梅里亚姆曾经指出，在人类学对艺术的研究中，对绘画、造型艺术、视觉艺术、音乐、口头文学等方面非常重视，而对于戏剧、建筑、舞蹈等方面则重视不够。近年来，随着人类学家对戏剧、景观、身体、情感等方面的关注，这种情况已经有了很大的改变，中国的艺术人类学学科在发展之初就应该注意在广义艺术各领域的平衡发展。①

当今社会，艺术的领域已经很广阔，如绘画、造型艺术、戏剧、舞蹈、表演等的发展已经相当迅速，而且成果显著。正是由于艺术的迅速发展，才对我们的艺术教学提出了更高的要求，不仅仅是教会孩子画画，还有很多方面需要让孩子了解、熟知、掌握并运用。如美术教材就将艺术分为四个学习领域，分别是造型·表现、设计·应用、欣赏·评述、综合·评述。这四个学习领域就对孩子们要学习的美术知识有很高的概括了，通过让孩子们对各种美术媒材、技巧和制作过程的探索及实验，发展艺术感知能力和造型表现能力，体验造型活动的乐趣，产生对美术学习的持久兴趣。学习多角度欣赏和认识自然美和美术作品的材质、形式和内容特征，了解中外美术发展的概况；逐步提高视觉感觉能力，掌握运用语言、文字和形体表达自己的感受和认识的基本方法，形成高尚的审美情趣，发展审美能力；逐步形成崇尚文明，珍惜优秀民族艺术与文化遗产，尊重世界多元文化的态度。让美术与音乐、舞蹈、诗歌等艺术形式相结合，在教学过程中，创设合乎实际的教学情境，引导不同层次的学生通过视、听等多种途径积极参与教学过程，这是一种非常有效的教学方法。

此外，风格是指艺术品形式上所具有的特征。一种风格的表现取决于它所描绘的主题，还有从这些主题中抽象出来的元素——规则的形状，以及组织构图的方式。严格地说，风格与作品的元素或者与整个作品无关，而是关系到肖像画法或视觉法则的主题，一种风格可以在很多一般的层次上加以鉴别——艺术家个人的层次、特殊的派别等，用更容易理解的语言讲，是写实风格与抽象风格的不同。②

艺术风格可分为艺术家风格和艺术作品风格两种。由于艺术家的世界观、生活经历、性格气质、文化教养、艺术才能、审美情趣的不同，因而有着各不相同的艺术特色和创作个性，形成各不相同的艺术风格。艺术作品风

---

① （英）罗伯特·莱顿．艺术人类学［M］．李东晔，王红译．桂林：广西师范大学出版社，2009：3.

② （英）罗伯特·莱顿．艺术人类学［M］．李东晔，王红译．桂林：广西师范大学出版社，2009：161.

格是作品内容与形式在和谐统一中所展现出的总的思想倾向和艺术特色，集中体现在主题的提炼、题材的选择、形象的塑造、体裁的驾驭、艺术语言和艺术手法的运用等方面。它有时指某一艺术作品的风格，有时指一系列艺术作品所表现出来的总的格调。艺术家风格和艺术作品风格有着不可分割的密切关系。艺术家风格并非抽象、空洞的存在，而要具体落实到艺术作品上；艺术作品的风格也不是无源之水，无本之木，它直接根源于艺术家的风格。在引导学生欣赏艺术家的美术作品时，对于那些写实风格的作品，学生很容易就能看懂，都能把作品的内容、画种、表现手法等用自己的语言描绘出来；而当遇到欣赏抽象风格的作品时，便不能理解。这时如果仅靠老师强加于学生知识，相信学生上完课后就忘了，根本没有任何印象。因此，在讲授这类欣赏课时，我会先让孩子们自己上网查阅有关这名画家的介绍，了解画家是在什么样的情况下完成这幅作品的，也就是当时的创作背景，然后再让孩子们查阅针对此画的介绍，最后在课堂上让孩子们一起分组交流、全班交流，找出各自的疑问，在小组间相互解答，如解答不了的再交给老师一起解释、讲解，相信这样一节欣赏课下来，比孩子们单纯地听老师讲学习效果要好得多。学生自己查阅资料的过程就是一个很好的学习过程，之后在全班交流时又加深和巩固了知识，最后老师一点拨、点评，学生们对艺术作品的理解会更加深刻。

（潍坊市育华学校　宋燕　张学鹏）

# 《知性改进论》之“我”的思考

《知性改进论》是斯宾诺莎关于方法论和认识论的著作，全书共分为五个部分：论哲学的目的、论知识的种类、论知性、论想象、论界说。

这本书大约是他在 1661 年冬天到 1662 年春天所写的。因为他在 1662 年 4 月左右给奥尔登堡的一封信里曾提到这本书的手稿。

这是一本没有完成的著作，却是一篇可以告一段落的、内容丰富的独立的论文，并且可以当作他的中心著作《伦理学》的导言来看。在他自己所加的小注中，有几处常常提到“我将于我的哲学中加以说明”，这里所说的“我的哲学”即指他胸有成竹、计划要写的《伦理学》一书。

作为方法论来看，《知性改进论》是斯宾诺莎在这期间认真学习和研究培根的《新工具》（1620 年初次出版）和笛卡尔的《方法谈》（1937 年初次出版）的结果，特别是对《方法谈》中所提示的方法问题的继承、发展与批判。

“当我受到经验的教训之后，才深悟得日常生活中所习见的一切东西，都是虚幻的、无谓的，并且我又确见到一切令我恐惧的东西，除了我的心灵受它触动外，其本身既无所谓善，亦无所谓恶，因此最后我就决意探究是否有一个人人都可以分享的真正的善，它可以排除其他的东西，单独地支配心灵。这就是说，我要探究究竟有没有一种东西，一经发现和获得之后，我就可以永远享有连续的、无上的快乐。”（本文所有引号内的论点均引自斯宾诺莎（荷兰）著，贺麟所译《知性改进论》，后不再说明。）以谈自己思想斗争过程的方式，来交代自己学习哲学的目的和态度，意在表明自己哲学的伦理目的。他陈述追求财富、荣誉和肉体快乐的危害性，他坚决放弃它们而追求新的生活目的和真善、至善，这就表明了他的哲学探求的伦理倾向。

“现在简略解释一下我所谓‘真善’（verumbonum）的意义和‘至善’（summumbonum）的性质。为了正确理解这一点，首先必须注意，所谓善与恶的概念只具有相对的意义；所以同一事物，在不同的观点之下，可以叫作善，亦可以叫作恶，同样，可以叫作完善，也可以叫作不完善。因为没有东西，就其本性看来，可以称为完善或不完善，特别是当我们知道万物的生成变化皆遵循自然永恒的秩序及固定的法则的时候。”斯宾诺莎追求真善、至善，其特点在于：① 强调这种真善或至善是“人人皆可以分享的”的东西，要“尽力使很多人都能同我一起达到这种品格”，这表示他想改造并建立新的社会以推广他的理想。② 要达到至善“必须充分了解自然”，也就是了解自己周围的环境和所处的世界。他一方面注重对道德哲学和儿童教育的研究，以增进人的品行和教养；一方面又注重研究医学，以增进健康，注重技术和机械学，以“节省生活中不少的时间和劳力”。把自然研究、技术增进和社会利益、伦理目的结合起来，这反映了当时进步的资产阶级的要求。

“但是人既然薄弱无力，不能在思想中把握这种法则，只能设想一个远较自己坚强的人性，而又见到自己并没有不能达到这种人性或品格的道理，于是便从事于工具的寻求以引导他达到这种完善的境界，而认为凡是足以帮助他达到这种完善的工具为真善。但至善乃是这样一种东西，人一经获得之后，凡是具有这种品格的其他个人也都可以同样分享。至于这种品格是什么性质，我将于适当地方指出，简单说来，它是人的心灵与整个自然相一致的知识。”他所谓的至善或人生的最高完善，即“人的心灵与整个自然相一致的知识”，自然是永恒无限的，是第一性的东西，人是自然的一部分，但人的心灵可以通过理性升华，认识自然、爱自然而与自然打成一片，这样就是“人的心灵与整个自然一致”。

“但我们首先必须尽力寻求一种方法来医治知性，并且尽可能于开始时纯化知性，以便知性可以成功地、无误地，并尽可能完善地认识事物。由此人人都可以见到，我志在使一切科学皆集中于一个最终目的。这就是要达到我们上文所说过的人的最高的完善境界。因此，各门科学中凡是不能促进我们目的实现的东西，我们将一概斥为无用；换言之，我们的一切行为与思想都必须集中于实现这唯一目的。”斯宾诺莎在首章即指出整个哲学的倾向和目的，直至第 16 节方提出本书的任务，即“研究认识的方法”，“寻求一种方法来医治知性，并且尽可能于开始时纯化知性”，也就是说，方法论要为他的世界观服务。要使"一切科学皆集中于一个最终目的""我们的一切行为与思想都必须集中实现这唯一目的"。

如果第一章明确了方法论须为世界观服务，那么第二章就指明了方法论与认识论须结合起来，方法论须受认识论的指导。

"从上面这些考查，我们便可以看出哪种认识方式是我们必须选取的。至于第一种知识，既然得自传闻，显然是没有确定性的，并且如上述例子所表明的，更不能使我们洞见那件事物的本质。但是稍后即将指出，假如我们不能认识一件事物的本质，则决不能认识这件事物的个别存在。因此，我们可以明白断定，所有由传闻得来的确定性，都必须排斥出科学的领域之外。因为单纯的传闻，如果不是先有本人的理解，是决不能对人有任何影响的。"该章一开始就提出他著名的知识分类论，他依知识的真理性，依次举出四种知识，第一种知识是：由传闻或者由某种任意提出的名称或符号等间接得来的知识。实际上是指基于权威、信仰的知识，可以说是间接的感性知识。

"就第二种知识看来，也不能说是能够指出我们想要寻求的比例观念。不唯这种知识的本身不很确定，没有必然性，而且也没有人可以根据这种知识，对于自然事物，除仅仅发现一些偶性以外，更能发现任何别的东西。但是这些偶性只有在先认知事物本质以后，才能清楚地被认识。因此这种知识也同样在排斥之列。"第二种知识主要是指一些由直接经验得来的知识，这种知识事实上无法否认，亦无相反的经验可以推翻它，但具有很大的偶然性，是"由泛泛的经验得来的知识""未为理智所规定"的感性知识，也就是没有经过理性的论证和推演，找不出逻辑的必然性的知识。他举例把"我知道我的生日"算作第一种知识，把"我知道我将来必死"算作第二种知识。

"第三种知识可以说是能给我们以想要认识的事物的观念，并且可以使我们据以推论而无错误的危险。但这种知识本身仍然不是能够帮助我们达到所企求的完善性的手段。"第三种知识简单讲来是由推论或论证得来的知识；或由另一事物以推论一事物的本质得来的知识，或由果以推因而得来的知识，或据对事物常具的特质的共同概念而推论得来的知识。这种知识既是从某种前提推论得来的知识，所以是一种间接的理性认识，这在他看来是较低于下面一种直接的理性认识的。

"唯有第四种知识才可直接认识一物的正确本质而不致陷于错误。所以我们必须首先采用这种知识。至于我们如何才可以应用这种知识来把握未知的东西，并且同时如何尽可能恰当而迅速地做到这一点，我将进一步加以说明。”第四种知识就是理性直接认识到事物的本性或本质的知识。它是清楚明晰的观念，它是我们据以推论的根据，不是从推论间接得来的结论。它是直观知识，许多数学上的知识，特别像几何学上的定义、公理都属于这一种知识。哲学上的最根本命题如“实体存在”“身体与心灵是统一的”等命题也是直观知识。这种直观知识可以得出身心统一、心物统一的观点，但这也只是直观的统一，有着神秘主义意味。

“因为人最初利用天然的工具，费力多而且很不完备地做成了一些简单的器具，当这种器具既已做成之后，即可进而制造比较复杂的工具，费力比较少而且比较完备。如此循序渐进，由最简单的动作，进而为工具的制造，由工具的制造，进而为比较复杂的工具、比较新颖的器具的制造，一直达到费最少的劳动完成大量复杂的器具。同样，知性凭借天赋的力量，自己制造理智的工具，再凭借这种工具以获得新的力量来从事别的新的理智的作品，再由这种理智的作品又获得新的工具或新的力量向前探究，如此一步一步地进展，直至达到智慧的顶峰为止。”第一把铁锤可能是“天然的工具”制成的。因此他说，“同样，知性凭借天赋的力量，自己制造理智的工具，再凭借这种工具以获得新的力量来从事别的新的理智的作品，再由这种理智的作品又获得新的工具或新的力量而向前探究，如此一步一步地进展，直至达到智慧的顶峰为止”。斯宾诺莎看到了“最初利用天然的工具”或“天然的力量”可以获得真观念，但否认真观念初始于经验和实践。

“由此可见，方法不是别的，只是反思的知识或观念的观念。因为如果不先有一个观念，就不会有观念的观念，所以如果不先有一个观念，也就会没有方法可言。所以好的方法在于指示我们如何指导心灵，使人依照一个真观念的规范去进行认识。”这一章主要讲方法论。斯宾诺莎认为，方法从具有真观念开始。知识的积累、知识的推论与演绎，以至成为体系，达到“智慧的顶点”，都从具有真观念开始。他说，“如果不先有一个观念，也就会没有方法可言，所以好的方法在于指示我们如何指导心灵，使人依照一个真观念的规范去进行认识”。“我们必须遵循一个真观念的规范以规定我们的思想。”他形象地把方法、真观念化作工具，比作铁锤。有了铁锤就可进行炼铁，制造种种新的工具和器物。

斯宾诺莎的可知论，明确表现在“凡是与他物有关系的东西——因自然万物没有不是互相关联的——都是可以认识的”。他认为，“我们的心灵可以尽量完全地反映自然。因此心灵可以客观地包含自然的本质、秩序和联系。”他指出，“观念之客观地在思想世界与其对象之在实在世界的关系是一样的”，因此“我们可以从他们推出别的观念，而这些观念又与另一些观念有关联”。这就表明，因为自然万物莫不互有关联，所以反映自然万物的观念也莫不互相关联。由此可见，由这一观念以推其他观念是有现实基础的，它是以自然事物本身的相互关联为根据的。方法开始于具有真观念，真观念是客观对象，自然事物的反映必定与它的对象相符合。因此“当我们具有最完善的存在（即神或自然的全体）的观念时，我们的方法也就最为完善”。

第四章“论想象”和下一章“论界说”，分别讨论方法的两个部分。第一部分就是要“将真观念与别的表象加以区别或分开，保持心灵使不致将错误的、虚构的和可疑的观念与真观念混淆起来”。第二部分就是“依界说而思想”，其关键“在于知道良好的界说应有的条件，并且知道寻求良好界说的方式和步骤”。简单来讲，方法的两个部分是：第一，如何寻得并辨别真观念，第二，如何根据真观念去下界说，根据界说去思维、去推论。

“论想象”一章说明，起源于知性的真观念是能够与起源于想象的、虚构的、错误的和可疑的观念区别开而不致混淆的，因而表明事物是可知的，真观念是可以获得的，是可以作为方法的起始的。斯宾诺莎用“想象”这个名词来概括感性、感性认识、意见、信仰、记忆等。他所谓想象是指“偶然的不相连属的感觉，而感觉又并不是出于理智的力量，乃是起于外界的原因，即按照身体，在醒时或睡时，受种种不同的刺激而起”。他把感性认识与理性认识、把想象与知性严格分开。认为被动的、复杂的、混淆的，虚构、错误、可疑的观念皆起源于想象，而主动的、简单的、清楚明晰的真观念则基于理智的作用。由此，他强调用分析的方法寻求简单的观念，即可改进知性免除虚构错误等观念，因为“真观念是简单的或由简单的观念构成的”。

在第四章中，他反对自由意志说。他反对那些认为“灵魂能凭其自己的力量创造出与实际事物毫无关系的感觉或观念”的人，这就是说，他反对那些认为心灵可以脱离自然外界和实际事物而凭空创造出感觉或观念的唯心主义者，他认为观念必有某种对象，观念（即使是错误的）必有所反映。他认为这种唯心主义者无异于“差不多把灵魂认作上帝”。他又反对那些认为“我们的灵魂具有一种自由，可以限制我们自己或我们的灵魂”的唯心主义者。因为他从决定论出发，认为我们的观念、意愿、行为都是被一系列的原因所决定的，我们的心灵或意志没有自由去限制它们。

第五章是论界说。此章旨在指出如何获得良好的界说。首先，完善的界说必须“解释一物的最内在的本质”，掌握了内在本质即可推出它的特质。这隐含界说要抓本质，不要只涉及现象的意思。

他说，“对于被创造之物下界说必须包括它的最近因”，一切自然事物都是“被创造物”，所谓“最近因”即是“内在本质”。对于任何个体的有限事物下界说，必须包括它的“有之则存，无之则亡”的内在本质。所以他说，“这些固定的永恒的东西（指内在本质），……在我们看来，即是变灭无常的个别事物的界说的类或共相，而且是万物的最近因”。

他又说，“对于非创造物立界说”，则“这界说须排除任何原因，这就是说，无须于非创造之物的存在以外，另去寻找其他的原因来解释它”。所谓“非创造物”即指神、实体或整个自然（他有时叫做“能动的自然”）。因为实体是“自己的原因”，所以对它下界说“必须排除任何原因”，因为实体的本质即包含存在，所以我们首先必须肯定实体的存在——这是一切存在、一切知识的根本出发点，不要在实体的“存在以外另去寻找其他的原因来解释它”。

斯宾诺莎的方法论把几何学方法加以理论化，与认识论联系起来，并加以广泛的运用。几何学方法在自己范围内有其普遍、必然的科学校准，扩大几何学方法来解释自然、宇宙和人生，对了解现实世界确实起到了一定的有益成果，但也碰到了严重的困难，即静止的、抽象的几何学方法不完全适合于说明运动发展的自然、宇宙和人生的过程。可以说，斯宾诺莎所宣扬的基于几何学的方法论是静止地、孤立地看事物的形而上学方法，这个方法的形式与运动发展着的认识的对象和内容，以及运用这方法的哲学家自己的思想体系的内在结构并不一致。

（潍坊市育华学校　李华强）

# 读《谈谈方法》有感

很长一段时间以来，每天忙碌于学校和家庭之间，时间被家庭琐事和学校工作排得满满的，似乎已经很久没有静下心来认真研读一本书了，更何况是看似索然无味、晦涩难读的哲学书。

但是，这次的任务是李秀伟老师布置的，情况当然不一样，一直坚信，听专家话，跟专家走，一定会实现自我的快速成长。而且，李老师在上次的报告中教导我们，读书应该“求其上”“学其上”“取法乎上”。所以，在任务的驱动下，我迫使自己每天抽出一点时间，或在临睡前，或在午饭后，静心凝神，仔细阅读，悉心领会《谈谈方法》这本书的精髓。还别说，当我真正深入读进去的时候，原本看上去晦涩难懂的句子却也逐渐吸引了我的注意，有些发人深省的语句甚至引发了我深深的思考。

所以，在读这本书之前，我已有所顿悟：不管学习或是工作，有任务驱动总比没有好！由此联想到现在的英语教学中所倡导的“任务型教学法”。假如只是泛泛地教给学生一些单词、短语、句子，也许学生学起来会索然无味，不知为何而学。如果在课前给他们设置一个交际任务，有了内驱力，学生为了很好地完成任务，自然就会投入地饶有兴趣地去学，学习效果必然很好。

《谈谈方法》这本书的作者是欧洲近代哲学的奠基人之一，被黑格尔称为“近代哲学之父”的笛卡尔。他的理论自成体系，熔唯物主义与唯心主义于一炉，在哲学史上产生了非常深远的影响。对于笛卡尔的了解，仅限于上高中时在政治哲学中学到的，他是一位伟大却饱受争议的哲学家，读过《谈谈方法》这本书后才发现，在当时的社会背景及知识水平条件下，笛卡尔的思想和论点所涉猎的深度和领域着实让人惊讶和赞叹。可以说，在17世纪末的法国，在哲学、数学、物理学、天文学、医学、心理学等诸多领域，笛卡尔的思想学说都产生了广泛而深远的影响。

在《谈谈方法》的第一部分，作者称自己找寻到了一种方法，能使自己的知识水平逐步增长，我注意到，他得出方法的方法，本身就采用了他的方法。作者先是摸索出了门路，然后考查，得到一些准则，最后形成方法；而现代物理学的研究方法正是发现问题、提出问题、做出假设、实验验证，直到验证正确，得出结论。由此可见，笛卡尔的方法带来的不仅是哲学上的方法论的进步，而且已深深影响了现代自然科学的研究方法。

在《谈谈方法》这本书中，笛卡尔的方法论告诉了我们做事的原则与行为守则。笛卡尔长期致力于寻找一种类似于数学的、具有普遍适用性的获得真正知识的方法，以确保理性演绎的正确进行。其主要内容可归纳为以下四点：第一点："决不把任何我没有明确地认识其为真的东西当作真的加以接受，也就是说，小心避免仓促的判断和偏见，只把那些十分清楚明白地呈现在我的心智之前，使我根本无法怀疑的东西放进我的判断之中。"第二点："把我所考查的每一个难题，都尽可能地分成细小的部分，直到可以而且适于加以圆满解决的程度为止。"第三点："按照次序引导我的思想，以便从最简单、最容易认识的对象开始，一点一点逐步上升到对复杂对象的认识，即便是那些彼此之间并没有自然的先后次序的对象，我也给它们设定一个次序。"最后一点："把一切情形尽量完全地列举出来，尽量普遍地加以审视，使我确信毫无遗漏。"（（法）笛卡尔《谈谈方法》，王太庆译）

笛卡尔方法论的第一点告诉我们，不要轻易相信那些似乎是事实的东西。在没有经过仔细思考、正确判断之前，它们只是"似乎"是真的，但事实上很有可能不是真实的，而是表面现象。所以我们不能轻易接受，而应该用自己的理智去判断，只有在我们充分肯定这是事实之后才去接受。在教学中也是如此，我们要善于培养学生发现问题、提出疑问，进行释疑的能力，善于提高学生的智慧水平，引导学生向学习内容的深处质疑。在一个问题基本解决时及时总结，并在解决前一个问题的基础上，引出新的问题，将教学不断推向深入。

第二、第三点告诉我们，要化难为易，化繁为简。我们看到，几何学家总是用一长串十分简易的推理完成最艰难的证明。这些推理使我想到，人所认识到的东西也都是像这样一个连着一个的，只要我们不把假的当成真的接受，并且一贯遵守由此推彼的必然次序，就绝不会有什么东西遥远到根本无法达到，隐蔽到根本发现不了。要从哪些东西开始，我觉得并不难决定，因为我已经知道，要从最简单、最容易认识的东西开始。有时候，我们需要研究一些非常复杂的东西，为了便于研究，就应该把它们假定为最简单的、最能清楚地呈现在我们的想象和感官面前的东西，然后分别仔细研究，那么再复杂的东西都会变得简单，再困难的问题都能迎刃而解。在学习上也是这样，我们要善于把复杂的问题分解为简单的问题，这样难题就不再是难题了。生活中也是一样，先设定一个大目标，然后分解为小的目标，逐步实现，这样我们就能实现自己的人生理想了。

第四点在数学中的应用倒是可以理解，就是罗列所有情形，避免遗漏。在学习和生活中，我们也可以试着把复杂烦琐的各种事情分为轻重缓急、时间先后罗列出来，制订好计划，这样我们的工作、学习、生活才会有条不紊，不会陷入“一团乱麻无处抓”的尴尬境地。

笛卡尔一直主张对每一件事情都保持怀疑，而不能信任我们的感官。从这里他悟出一个道理：他必须承认的一件事就是他自己在怀疑。而当人在怀疑时，他必定在思考，由此他推出了著名的哲学命题——“我想，所以我是”，即“我思故我在”。在《谈谈方法》这本书中，他说“‘我想，所以我是’这条真理是这样确实、这样可靠，连怀疑派的任何一种最狂妄的假定都不能使它发生动摇。于是我就立刻断定，我可以毫无疑虑地接受这条真理，把它当作我所研求的哲学的第一原理。”（（法）笛卡尔《谈谈方法》，王太庆译）

“我思故我在”这个伟大的哲学命题使多少人从中或多或少领悟到了一些东西。也许我并没有真正理解这个命题，但还是从中收获了不少，至少知道了我们应该学会思考，因为思考才是人类的价值体现。记得帕斯卡尔曾经说过，人是会思想的苇草。可见，许多伟大的哲学家都相信思考对于人类的意义。笛卡尔在《谈谈方法》中谈道：“我觉得我有很大的幸运，从青年时代以来，就发现了某些途径，引导我做了一些思考，获得了一些公理。”我想，在忙碌的工作生活中，我们也应该随时停下脚步，及时思考、反思、总结。通过思考，让自己的生命更加有深度，更加有意义。

另外，在《谈谈方法》中还总结了三点内容，笛卡尔将其作为自己的行为守则：① 服从法律和习惯；② 在行动上要尽可能做到最坚强、最果断；③始终克服自己，不求克服命运。即相信除了我们的思想以外，没有一件东西完全在我的能力范围之内。虽然其中的第三点有其作为“二元论”者的消极一面，但就第一点和第二点来说，它是积极的，值得肯定的。的确如此，如果我们行事优柔寡断、犹豫不决的话，我们就会丧失很多东西。相反，如果我们果断地处理事情，果断地反应，我们就能够把握住许多东西。

作者的这三条行为规范，总结起来就是：遵守规定、走中庸之道；做事坚定果断、不后悔；改变自己而不是其他。在讲到第一条时作者说，之所以会选择效仿他人的实际行动，是因为“相信一件事并不等于知道自己相信这件事”，这句话在今天是可以用现代的精神分析学去解释的，因为人有潜意识的存在，人类的很多行动依赖的正是这种我们“不知道”的潜意识；但是在当时，作者便看出了这一点，这显然是难能可贵的。而第二条准则讲述的是行动上的原则，似乎与思想的谨慎完全背道而驰，体现出的是一种有些鲁莽的冲动。第三条则完全摆出了一副魏晋玄士们的风骨——独善其身而不求闻达天下。

笛卡尔一直坚信，对于知识的获取，自由探索比一味灌输重要得多。他说：“如果在幼年的时候，人家就把我多年来没法加以证明的那些真理全部交给了我，学得一点都不费力，大概我是决不会知道什么别的真理的，最低限度在寻求新的真理的时候决不会总是那样熟练、那样得心应手的。”（（法）笛卡尔《谈谈方法》，王太庆译）教育部原副部长吕福源也曾经指出，我国的教育是一种“掐头去尾”的教育。就是说，我国教育长期以来既不重视知识从哪里来的，也不重视知识在现实的生活中有什么用处。为了改变这种状况，新课程改革提出了“过程与方法”的目标。这就要求我们不仅要重视知识的传授，更要让学生经历解决问题的过程，参与、体验、感悟解决问题的方方面面。展开对学生的思维训练和方法论教育，在实践和探索的过程中培养学生的创新性思维能力。

另外，书中关于阅读方式的讲解，也激起了我极大的兴趣。作者在书中这样写到：“劝大家留意读这部书的方式。我希望读者首先要通读全文，就像看小说那样，不要过分地聚精会神，遇到可能出现的困难不要停下不看，只要大体上知道我论述的那些题材是什么就行；这以后，如果发现这些题材值得转眼，自己有兴趣弄清楚它们的原因，那就可以再读一遍，看看我提出的那些理由之间的联系；如果他不能处处都充分看出那种联系，或者不完全理解那些理由，那也不能到此止步，只能用笔画出发现困难的地方，继续不断地把它看完；这以后，如果他把书拿起看第三遍，我相信他会发现以前画出的大部分困难都得到了解决；如果还剩下一些的话，他反复阅读，最后会得到解决的。”（（法）笛卡尔《谈谈方法》，王太庆译）

这是笛卡尔为阅读本书的读者指明的基本方法，其实这也一样适用于其他书籍的阅读。可以说这是一种有效的书籍阅读方法论：首先通读全书，获得整体的感受。这样有助于读者在心中形成整体系统的思维，获得背景性的关照视野；接着，针对自己感兴趣的地方重点深入地阅读。这里，兴趣是最大的动力，在此基础上，理清内在的线索脉络，及其相互间的层次关系。对于不懂的地方则要作出标记；再次，针对阅读困惑，重点深入地分析。这种读书方法可以简单地表述为：整体性阅读—条理性阅读—针对性阅读。对于今天的读者，这种方法仍有较实用的指导意义。

我思故我在，笛卡尔用自己的行动开创了一个时代。《谈谈方法》是他的“排头兵”，虽然写得很谨慎，但我们已经能够从中嗅出他心中的那团热情，那种希望摆脱经院哲学的强烈愿望。是笛卡尔带我们走出了中世纪，来到了“科技就是第一生产力”的现代社会，让我们得以氤氲在这样的文化氛围中。

风月无千古，情怀自浅深，亘古不变的是已经尘封的历史，悬而未决的是今人的评判与论述。我想，笛卡尔是不会忌讳别人评价他的，因为真理只有一个，而最清楚他的人就是他自己，别人的评论对于他都是别人理性思考的结果。一千个观众眼中有一千个哈姆雷特，对于笛卡尔，不管是赞美他，或是批评他，请都保持着一份对历史、对古人的尊重和敬畏，静下心来，微笑着阅读这位哲人，静静地品读、学习和思考。

（潍坊市育华学校　赵楠　王海霞）

# 追求自由舒展的教育

## ——我看卢梭的《社会契约论》

在《社会契约论》这本书中，“社会”一词比较容易理解，即为共同生活的人们通过各式各样的社会关系联合起来的集合，而“契约”一词则有些抽象晦涩。卢梭利用一个简单的例子形象地说明了契约的概念：你和你的父亲实则存在一种契约关系，你由于自身的生存需要而依附于你的父亲，一旦这种生存需要消失，你们双方就从这种契约关系中解脱出来，双方都一样重新获得独立，而你们若要继续保持父子关系，实则是以一种契约关系存在。家庭作为政治社会的第一个模式：国家领袖即父亲的影子，而人民则是孩子的影子，所有生来自由平等的人，只有当他们在放弃自己的自由后看到好处时，便会放弃自由来拥有一个契约关系，依顺于国家的管辖而保障其自身的利益和权益。从这个角度来说，师生关系也是一种契约关系。

我从书中选取了印象比较深的几句话，并加上自己的分析，以此来作为我对这本书的大致认识。

一、“人生来是自由的，却无处不戴着枷锁。”（卢梭《社会契约论》）

这是卢梭在《社会契约论》开篇的第一句话，他站在“天赋人权”的立论基础上提出了以上观点，认为人生来就是平等和自由的，当遇到绝境时，人就会想办法去改变。国家只能是自由的人们自由协议的产物，如果自由被强力所剥夺，那么被剥夺了自由的人民有革命的权利，他们可以用强力夺回自己的自由。

这使我想到了师生之间的关系。尊重学生，平等对待学生，是师生和谐相处的重要前提。每个人都有自己的自尊，每个人都希望得到别人的尊重，这是一种心理上，更是精神上的需求。学生是有着自主思想和行动自由的独立个体，被平等对待是他们的渴望。教师尊重学生的实质就是把学生当作和自己一样有尊严、有追求，有独特个性特长，有自我情感的生命个体。从尊重学生出发，学会倾听、学会理解、学会宽容、学会欣赏、懂得赞美、善于交流，成为学生成长的伙伴、引航者和鼓励者，是每一个为人师者在教学实践中不得不着重思考和把握的问题。

这句话同样也给我以教育公平的启示。有时，教师会认为成绩好的就是好学生，成绩差的就是坏学生。卢梭告诉我们，每个学生都是平等的，不管成绩好坏，因为每个学生身上都有缺点，成绩好坏只能代表一部分能力。每个学生的身上都有自己的优点，这需要教师去观察，去发掘。

要实现教育公平，必须致力于教育过程各个环节的均衡与公平。课堂教学作为教育过程中一个具体而且相当重要的环节，是最主要、最基本的教育活动形式。从一定意义上来说，课堂教学的公平与否直接体现着教育公平与否及其实现程度。而课堂教学公平，是指教师在课堂教学中能否给家庭背景、智力水平、教养程度不同的学生以平等对待，而非厚此薄彼，应切合其实际予以差别对待。

事实上，我们在课堂教学的过程中，有时会有意无意地做出对学生“不公平”的举动，如习惯性地把回答问题的机会留给喜欢表达的学生，把关注的目光始终投在离自己所处位置较近的区域内，对自己欣赏的学生赞赏有加，等等。而这些行为的发生有时是有原因的，有时是没有原因的，殊不知，教师不经意间的“不公平”举动，可能会影响某些学生对学习的态度、对教师的态度，甚至是对整个人生的态度。而这种结果显然是与理想教育的初衷——“一切为了学生的发展”背道而驰的。我曾在一堂公开课上，看到老师每每与学生交流或是对话总是会蹲下来，无形之中在课堂上营造出了一种师生间平等、民主、互相尊重的教学氛围。这看似微不足道的小事，却深刻地体现了“尊重”这一教育的第一原则。作为从事一线教学的教师，我们无法保证能够完全消除课堂教学中存在的不公平现象，但我们可以尽可能地去接近“教育公平”的理想境界，时刻提醒自己教育是面向所有学生的，并随时对不公平的教学行为做出适当的调整，这样才能在教学过程和结果上无限接近公平。

二、“孩子们生来就是人，并且是自由的，他们的自由属于他们自己，除了他们自己而外，任何别人都无权加以处置。”（卢梭《社会契约论》）

我觉得这句话和智慧复演理论中提到的“学生的发展是由自己自主决定的，任何人也不能代替学生的学习和发展”的含义是一致的。

诺贝尔奖获得者费舍尔在谈及对中国教育的印象时说：“我个人小时候的经历告诉我，教育应依两种情形进行，第一种是强迫手段，对孩子强迫地灌输信息、知识，另一种就是给孩子很大的空间，选择他自己想关注的事物。在中国前一种情形多一些，中国的学生承担着一种很大的压力。老师教育孩子一定要讲究方法，多给孩子一些自由的空间，送给孩子一把上路的‘拐杖’，帮助孩子插上腾飞的翅膀。”

苏霍姆林斯基认为，教学的目的就是“教会学生学习”，教给学生“学习的能力”，这和智慧复演的目标是一致的。如果把知识比作金子的话，那么，自学能力便是点金术；如果把知识比作鱼的话，那么，自学能力便是捕鱼的本领。从某种意义上讲，教会学生自学就是交给学生立足于未来社会之本领，这正如《学会生存》一书中指出的那样：“未来的文盲，不再是不识字的人，而是没有学会怎样学习的人。”当今社会的发展实飞猛进，人类只有学会了怎样学习，才有可能从容地面对新的知识构成。因此，教师应当关注学生的心理、智力，通过进行创造性的劳动，让学生参与自主学习的实践，真正成为学习的主人，成为问题的探究者和解决者。因此教师必须放开手脚，放手让学生去做，切不可“越俎代庖”。

没有学生内在动机的唤醒，便不可能有真正的教学。所以我们要做的就是多给学生以自主学习的时间和空间，增加课堂教学中学生思维发生过程中教学的比重和含量。从这个角度来说，我们现在正在探索的“三自一导、多维互动”幸福体验课堂也正好体现了这一点，“三自一导”是指学生的自主预习、自主作业与自主总结和“小老师”导学，侧重于对学生自主学习能力和自主发展意识的培养；“多维互动”是指教学中师生互动、生生互动的教学过程，侧重于对学生合作意识和交流能力的培养。“幸福体验课堂”就是把学生作为课堂资源来开发和利用，从学生最具体、最熟悉的身边资源开始，运用学生的既有经验、智慧、知识和内在积极性，针对不同层面的学生设计不同的教学活动，为孩子构建生动活泼的课堂。课前充分预习，独立思考，发现问题，并尝试解决，是保证课堂效率的前提。在一节课的结尾或每个模块结束或期末复习时，学生将回顾整理所学重点内容，构建知识网络，形成知识链条，达到内化知识、提高能力、提升素养的目的。自主总结不仅仅意味着做知识小结，更是学生通过体验寻找知识规律，把所学知识归纳到自己的知识网络内化为自己的知识能力的过程。在自主总结的过程中，学生经历了从不会到会，尝试总结到总结到位的过程，真正成为学习的主人。学生经过课前的自主预习实现了课堂上的多维互动，通过自主总结构建知识结构的网络，通过自主作业实现课堂教学的延伸。教师在教学中把学习的舞台、时间和自主权交给学生，在教学知识的同时促进师生的相互反馈、彼此沟通，让课堂上的每一个人都经历平等参与、共同合作、对话沟通、达成共识的历程，体验学习的快乐和幸福！就像教育复演理论中说的，教学只有通过学生积极的自主体验，才能对学生的情感发展产生影响；这类情感只有经过发生过程和自主体验的反复积淀，才能逐步内化为学生的情感品质。

三、“即使是最强大的人也绝不足以强大到永远都做主人，除非他把力量转变成权利，把服从转变成别人的义务。”（卢梭《社会契约论》）

“要寻找出一种结合的形式，使它能以全部共同的力量来维护和保障每个结合者的人身和财富，并且由于这一结合而使每一个与全体相联合的个人又只不过是在服从自己本人，并且仍然像以往一样地自由。”（卢梭《社会契约论》）

从这两段话可以看出，只要大家能够权衡个人利益与集体利益，并且达到一个社会共同追逐的利益，社会契约便会自然而然地形成。而这种集体的真实利益即为公意，也就是公民们全体一致的决定，代表着人民普遍意志的精神。在这里，卢梭提出了一种“主权在民”的公意思想，他所主张的契约论，实则是一种民主集权主义。

联系到教育方面来说，每个学生都有参与班级管理的权利。班级就像一个机器，学生就是机器上的零件，缺一不可。每个学生对学校生活都充满好奇，也渴望参与到班集体中，期待自己得到同学的认可，期待自己获得教师的赏识。我们可以将“主权在民”置于班级管理理念中，即“主权在学生”。班级的主要构成、班级的情况，学生对此的了解不亚于班主任的了解。我们可以让学生主动参与班集体管理，制订班规，让学生知道哪些能做，哪些不能做，统一尺度，统一思想。全体学生参与，让每个人都成为“立法者”，使学生觉得这不是老师在管自己，而是自己对自己的约束，具有很强的针对性、实效性，再者，强调班规面前人人平等，充分发挥班规的作用。这样既体现了学生的民主参与，又调动了学生的积极性。主权在学生有利于工作的有效性，同时还可以调动学生的积极性。不仅可以实现学生的自主管理，即学生管理学生，更重要的是让学生学会自己管理自己，我们要特别注意的是，要给所有学生均等的机会和条件，让他们都能成为班级管理的主人。

（奎文区孙家小学　庄明华）

# 第五章

# 品读文学华章

好的文章能给人以营养，让人从中获得快乐的源泉和行动的力量，好的文章能让人获得成长，好的文章要细细地品读，在品读中收获一份清净，一份怡然，一份自信，一份力量，总之，好的文章能让我们的心灵世界变得更加丰富。

# 醒来之痛与伟大的人生抉择

## ——对《风筝》一文的深度解读

课文《风筝》选自人教版初中语文七年级（上）第五单元，选自鲁迅的散文诗集《野草》。课文着重抒写了作者从麻木中醒来后所感觉到的沉重痛苦，然而，面对仍在麻木中沉睡的弟弟，作者的痛苦始终不被理解，无法释怀，从而传达出更深沉的痛苦。由于特殊的时代背景及作者欲启迪国民的思想追求，学生学习理解课文时难度较大，为了提升教学效果，特写作此文。本文结合朱永新的作品《中国近现代教育思想史》《世界大人物丛书》的阅读和课文《风筝》的内容，第一部分以入情入境的方式直抒鲁迅丰富的内心变化，揭示鲁迅的思想追求及写作宗旨；第二部分简述鲁迅的童年及其简短经历。第三部分主要介绍其生活经历、求学经历至仙台弃医从文的人生抉择，反映鲁迅的成长，便于学生了解那个时代的鲁迅，理解鲁迅作为那个时代及民族发展的“思想引领者”的伟人形象。

风筝在北京瘦骨嶙峋的寒冬中踉跄地升起，唐突地闯进了鲁迅的视野，带着冬的萧瑟打开了鲁迅记忆的闸门。江南的草长莺飞，并未给鲁迅的回忆增加些许轻松。当年不经意地捧起一本书，明白了游戏是“儿童最正当的行为”，明白自己已经充当了“精神的虐杀”的刽子手时，愧疚与自责就如影随形；负重的心如“铅块”，在不能自拔的深渊中无休止地沉睡。

忘记吧？不能。逃避吗？不能，不能承受的痛苦几乎让鲁迅窒息。“然而，我的惩罚终于轮到了，在我们离别得很久之后，我已经是中年。我不幸偶尔看了一本外国的讲论儿童的书，才知道游戏是儿童最正当的行为，玩具是儿童的天使。于是，二十年来毫不忆及的幼小时候对于精神虐杀的这一幕，忽然在眼前展开，而我的心也仿佛同时变了铅块，很重很重地随下去了。”补救，在有生之年，他要让心灵轻松，让自己的灵魂得到救赎。于是，在江南的风筝时节，两个“早已有了胡子”的成年男人，“嚷着，跑着，笑着”，把风筝送上了天。风筝随风飘摆，长了胡子的弟弟高兴地笑着。鲁迅仔细期待着、渴望着：都想起来了吧？要骂我了吧？会原谅我吧？可是，弟弟当年伏在窗口张望的好奇心早已被岁月剥落，那只被踩扁的风筝也已经被遗忘，被尘封。不能飞翔，就只有躲在黑暗里的沉重。

说出来吧，也许说出来能让弟弟想起，这是唯一可用的方法了。“有那样的事吗？我不记得了。”弟弟呀，你完全不记得了吗？那时你那么渴望风筝，你做的风筝很漂亮，你偷偷地做，还是被我发现了，我把你心爱的风筝撕坏，粗暴地踩在脚下，你痛苦的表情我现在都能看得见，你却不记得了吗？“不记得了。”弟弟不记得了。如果呐喊可以唤醒回忆，鲁迅必会尽力，但是，弟弟不记得了。期待被悬在空中，纠缠多年的愧疚与自责已经找不到回家的路，痛苦落满了鲁迅的脸。弟弟紧张地连声说着“我原谅你了”。鲁迅苦涩地笑着，你原谅我了吗？你爱护着自己的大哥，可是回忆已经丢失，原谅又从何谈起呢？

如果不是偶尔读过那本书，鲁迅不明白游戏原来是儿童最正当的行为，不知道即使“长兄如父”，也没有粗暴伤害弟弟的权利，不知道除了身体，精神也是不能被虐杀的，如果这一切都不知道，如果一直沉睡着、蒙昧着，也就不会有这样背负罪恶的沉重，甚至他还可以简单粗暴、理直气壮地伤害，还可以一如既往地将自己当圣人一样尽父兄之责。

可是，鲁迅已经醒来。

他看到了自己假圣人之道的粗暴和伤害病弱弟弟的无情；从圣人的字缝里，他看到了“长兄逻辑”的荒谬。那个粗暴无情的人是哥哥吗？是人吗?!弟弟不解又迷茫地望着鲁迅，不知该如何安慰他了。多么希望弟弟能痛骂自己一顿，能声讨他的罪恶，可是，弟弟读不懂鲁迅眼中的痛苦。

当年的兄弟已经长大。可是，放眼四望，以爱的名义进行的“精神虐杀”却无处不在。往事不能再重演，于是，鲁迅把一腔热血倾于笔端，为了国家的命运，民族的前途，向沉睡的人们发出深沉的呐喊：“儿童教育关系到民族的前途和国家的命运，所以父母必须进行合理而及时的教育”①，应该“健全的产生，尽力的教育，完全的解放”②。他对中国传统教育的思想主导下儿童教育“只管生不管教”的状况提出了尖锐的批评：“中国的孩子，只要生，不管他好不好；只要多，不管他才不才。生他的人，不负教他的责任。虽然‘人口众多’这一句话，很可以闭了眼睛自负；然而这许多人口，便只在尘土中辗转，小的时候，不把他当人，大了以后，也做不了人。”③鲁迅指出，对于儿童的这种不负责任的态度，只能使父母成为“孩子”的父母，不能成为真正的“人”的父母，从而失去了培养与教育“人”的最重要的职能。他认为，人只有通过教育才能成为真正的人，即使是天才，他生下来的第一声啼哭，也和正常的儿童一样，决不会就是一首好诗。所以，在《我们现在怎样做父亲》一文中，鲁迅要求人们把天性的父母之爱，“更加扩张，更加醇化；用无我的爱，自己牺牲于后起新人。”只有这样，才能把儿童培养成为“完全的人”。④

鲁迅看到，民族的发展需要完全的人，需要完全解放的儿童。他在《从孩子的照相说起》一文中说，中国人的价值观往往是趋向于“静”，只有那些低眉顺眼的驯良的儿童，才会被认为是“好孩子”，而“活泼，健康，顽强，挺胸仰面……凡是属于‘动’的，那就未免有人摇头了”⑤。他在《看图识字》一文中指出：儿童是可以敬服的，他常常想到星月以上的境界，想到地面下的情形，想到花卉的用处，想到昆虫的言语；他想飞上天空，他想潜入蚁穴。孩子的世界，与成人是截然不同的。所以，他说，教育儿童必须是一个“指导者”或“协商者”，而不应是“命令者”。他呼吁，要培养“完全的人”，要对社会进行根本性的改造，主张应该教育学生去改革社会，而不是消极地适应社会。要塑造有个性的人，就要进行教育改造和社会改造，至此，鲁迅的思考最终得出了必须进行社会改造的革命性的结论。

他的深沉思考，他的文章著作，至今仍是启迪我们思想的宝贵财富。

呼唤人的重生，思考生命的完整。一纸风筝，牵动的不仅是兄弟情深，

---

① 朱永新．中国古代教育思想史［M］．北京：中国人民大学出版社，2011：125.
② 中央教育科学研究所．鲁迅论教育［M］．北京：教育科学出版社，1986：18.
③ 中央教育科学研究所．鲁迅论教育［M］．北京：教育科学出版社，1986：18.
④ 中央教育科学研究所．鲁迅论教育［M］．北京：教育科学出版社，1986：17.
⑤ 中央教育科学研究所．鲁迅论教育［M］．北京：教育科学出版社，1986：137.

更是对民族未来与复兴的思考和深沉的呼吁。一纸风筝牵动的醒来之痛，最终化为民族复兴先驱的精神动力，鼓舞他在午夜奋笔疾书，支持他在白色黑暗中颠沛流离而矢志不渝。时至今天，细读《风筝》，扑面而来的不仅有长兄的一腔慈爱，更有觉醒的无助与痛苦，也有文字负载的强国爱国梦。风筝，牵出一段人生，折射出一个时代，树立起一座丰碑。

鲁迅，文学家，思想家，革命家。原名周树人，号豫才。浙江绍兴人。7岁开始读书，12岁从师于寿镜吾老先生就读于三味书屋。13岁那年家里发生了一场很大的变故，经济状况渐入困顿，接着，父亲一病不起，使他饱尝了世人冷眼和侮蔑的滋味，“看见世人的真面目”。

1898年离开故乡，考进南京江南水师学堂；后又转入江南陆师学堂附设的矿路学堂。1902年初毕业后被选派赴日留学，先是学医，后立志改变国民精神，弃医从文。1909年8月回国。

辛亥革命后，应蔡元培之邀在南京临时政府教育部供职，后又随部迁住北平。1918年在《新青年》上发表新文学的第一篇白话小说《狂人日记》，正式开始了辉煌的文学创作生涯，至1926年，又相继出版短篇小说集《呐喊》和《彷徨》等。

“四·一二”反革命政变使其思想产生了飞跃，由此其从以进化论思想为主导，转向以马克思主义的阶级论思想为主导。1930年3月“左联”（中国左翼作家联盟）成立时，被推荐为常委，成为在中国共产党领导下的左翼文化运动的主将。

毛泽东认为：鲁迅是“文化新军的最伟大和最英勇的旗手”，是“最热忱的、空前的民族英雄”，“他不但是伟大的文学家，而且是伟大的思想家和伟大的革命军”；“鲁迅的方向，就是中华民族新文化的方向”。

1932年，鲁迅以一首小诗《自嘲》来抒写自己的一生：“运交华盖欲何求，未敢翻身已碰头。破帽遮颜过闹市，漏船载酒泛中流。横眉冷对千夫指，俯首甘为孺子牛。躲进小楼成一统，管他冬夏与春秋。”

鲁迅后十年的杂文，更加深刻、犀利，有如匕首、投枪，充满了唯物辩证的精神。这些作品收在《而已集》《三闲集》《二心集》《南腔北调集》《伪自由书》《准风月谈》《花边文学》《且介亭杂文》等专集中。1936年10月

19日，鲁迅病逝于上海。

鲁迅不妥协、奋斗的一生，不仅担起了民族发展的重担，更闪耀着思想与智慧的光芒，必将永垂不朽。

鲁迅的祖上是绍兴有名的大户人家，在清朝乾隆年间，拥有良田万亩，当铺十几所。太平天国起义军攻进绍兴后，其家族的显赫局面才宣告结束。即便如此，仍然保持着小康人家的水平，仍有四五十亩水田以及一些店面房子。鲁迅的父亲周伯宜考上秀才以后，始终没有考上举人，因而仕途上很不得意。他虽然用封建的一套教育子女，但是从不打骂子女。不过，他心情经常不好，爱喝酒，有时还吸鸦片，好发脾气，所以，孩子们不喜欢接近他。有时，小孩子在外面被人欺负，回到家里告诉他，他就会问："你先去欺负人家了吗？"如果回答说："没有。"他又会问："那么他为什么不来欺负我呢？"周伯宜主张人如果受欺负，就应当以强硬的态度对付，如果无端地去欺负别人，那是不应该的。

1895年，中日甲午战争中，清政府打了败仗以后，周伯宜曾对人说："国事艰难，我要把我的孩子一个送到西洋去，一个送到东洋去，学习本领，好为国家效力。"① 鲁迅的母亲鲁瑞是清朝咸丰年间举人鲁希曾的女儿，育有子女五个，鲁迅是长子，次子是周作人，三子是周建人。鲁瑞待人宽厚，逢事有主见，还能够接受新思想、新事物。

鲁迅就出生在这样的家庭里。当时，帝国主义列强已经侵入中国，清朝已经进入衰落时期，一切都在变化。就拿绍兴城来说，既有衙门、庙宇和庵堂，又有尖顶的教堂和楼房；既有药店、当铺、杂货铺和盐米油店，又有照相馆；既有家学私塾，又有洋学堂。大街上的人群中，除了绝大多数的中国人外，还有白皮肤、蓝眼睛、黄头发的外国人。在这个中国社会的大变化中，在还能保持小康生活的家庭里，鲁迅开始了他漫长而伟大的一生。

12岁时，鲁迅被送进绍兴城内著名的三味书屋念书。在三味书屋，鲁迅读书很勤奋、刻苦。曾因一次迟到而在桌上刻了"早"字，以便警戒自己，从那以后，他便再也没有迟到过。在这里，鲁迅博览了中国的许多古籍，尤

① 鲁波．世界大人物丛书·鲁迅［M］．北京：中国少年儿童出版社，2003：4.

其是儒家的经典《论语》《孟子》等书，同时还看了许多笔记和野史。

13 岁时，鲁迅的家庭终于因为祖父“贿考”案件而彻底败落了。在鲁迅祖父最初被通缉的日子里，为了免受牵连，鲁迅和二弟躲到外婆家待了半年多。外祖母对他仍和往常一样，只是两个舅舅的态度变了，特别是舅妈，竟把他看作是乞食者，一些阔亲戚也对他表现出看不起的样子。鲁迅第一次感受到了人情冷暖、世态炎凉。不仅如此，他还看到，地主逼债，贫苦农民还不起债，走投无路，竟上吊而死的事。盐工们日夜干活，仍旧吃不饱饭，还要受东家的鞭打；无依无靠的寡妇因为唯一的儿子被拐卖而整日哭泣，最后双目失明……贫苦农民的悲惨生活，给鲁迅留下了深刻的印象。他后来曾回忆到：“我生长在都市的大家庭里，从小就受着古书和师傅的教训，所以也看得劳苦大众和花鸟一样。有时感到上流社会的虚伪和腐败时，我还羡慕他们的安宁。”然而，最后鲁迅终于“逐渐知道他们是毕生受着压迫，很多痛苦，和花鸟并不一样了。”

鲁迅 16 岁时，父亲死了，祖父还在狱中，田地已经卖光。鲁迅的家彻底破产了。鲁迅一房孤儿寡母受到族人的欺负，使他看清了族人的阴险冷酷，此后，再没有天真的鲁迅了。其他周家各族系的子弟，多少辈来一直养尊处优，趾高气扬，而此时相继败落下来，这一切，鲁迅都看在眼里。

1898 年，鲁迅 18 岁。当时，维新派的报纸已经进了绍兴城。《知新报》第 45 册载有列强瓜分中国一图，鲁迅担忧地和二弟谈起此事，开始关心祖国的命运。终于，鲁迅带上仅有的 8 元路费，进入了南京水师学堂，结束了他在三味书屋的生活。临行前，母亲对鲁迅说：“绍兴有句古话，叫作‘穷出山’。今后的路，就要由你自己去走了。”① 说着，眼泪簌簌地落下来。当时毕业于三味书屋的同学，有的去考科举，有的去做生意，也有的人去做伙计或师爷，鲁迅却选择了南京水师学堂。这一艰难的决定，迈出了鲁迅伟大一生的第一步。

南京的学习让鲁迅看到了一个新鲜的世界。尤其在南京矿路学堂，学校开设的矿学、地质学、化学、熔炼学、格致学、测算学、绘图学等都让鲁迅感到非常新鲜。鲁迅学习很努力，他甚至把没有课本的几何、开方、八线、

① 鲁波．世界大人物丛书·鲁迅［M］．北京：中国少年儿童出版社，2003：22.

开方提要四种数学课本以及《地质浅说》的内容全部抄了下来。通过这些功课，鲁迅了解了许多自然科学方面的知识。当时，虽然维新变法已经失败，但是，社会上仍有许多人还在谈论维新，鼓吹维新的书报也还在大量出版，看新书的风气在知识分子中已经形成。鲁迅常常到阅览室去读新书新报，感受那些陌生而新鲜的事物。[①] 鲁迅的思想也发生了变化，越来越深刻地体会到追寻新事物所感受到的无比快乐。在阅读过程中，鲁迅读到了宣扬达尔文进化论的著作《天演论》，书中的生物进化、生存竞争点，深深影响了鲁迅。他觉得，这个世界充满了激烈竞争，优胜劣汰。中国如果还按照老一套方式，绝对无法生存下去。所以，要自强保种，挽救危难的民族。维新变法的失败，八国联军攻占北京，辛丑条约的签订，使国家丧失了更多的财富和主权，鲁迅对这一切都深感忧虑。他决心用自己的才智和热情，投入到挽救国家危亡的洪流中去。他为自己取了两个别号：戛剑生、戎马书生，还刻下了印章。意思是，他要拔剑而起，投入战斗，有朝一日，为国捐躯。他还刻了一方印章：文章误我。他决心和封建的文化及教育决裂。被爱国热情激励着的鲁迅，一方面认真读书，接受新思想和新文化，一方面强健身体，练习骑术，他经常身穿青色短上衣，制服裤，跨上一匹骏马，飞驰前进。1902 年 1 月 27 日，鲁迅以一等第三名的成绩在矿路学堂毕业，入选清政府留学生之列。于是，鲁迅东渡日本，开始了新的追寻。这一年，鲁迅 22 岁。

在日本弘文学院，鲁迅继续着其思想的蜕变。在新的环境中，鲁迅除了学习日语，还广泛地从各方面吸收新的知识。他如饥似渴地学习，既陶冶了情趣，开阔了视野，还坚定了寻求真理的意志。1903 年 2 月，鲁迅不顾清政府弘文学院监督的警告，毅然剪掉了辫子，成为弘文学院江南班第一个剪掉辫子的人，认为“从此以后壁垒一新，再不用为此烦恼了”。为了纪念这次断发，鲁迅特意去照了一张相，并在相片背后题诗一首送给自己的好友许寿裳：“灵台无计逃神矢，风雨如磐闇故园。寄意寒星荃不察，我以我血荐轩辕。”

鲁迅在弘文学院学习期间，革命党人反对清政府的斗争一浪高过一浪。受这些斗争的影响，鲁迅的反清思想也开始变得强烈。期间，他参加了“光

---

① 鲁波．世界大人物丛书·鲁迅［M］．北京：中国少年儿童出版社，2003：26.

复会”，撰写了大量的文章支持革命。怎样唤起群众？中国的国民存在什么问题？这是鲁迅经常考虑的问题。他认为，中国的国民性格中最缺乏的就是“诚”和“爱”，他也从自身的经历中得出了这一答案。1904 年 4 月，鲁迅在弘文学院正式毕业。

1904 年 9 月，24 岁的鲁迅来到仙台，进入医学专门学校学习。他曾说：“做医生不是为了赚钱，而是为劳苦同胞出力。”希望学成之后，能够救治像父亲一样被误病人的疾苦，战时可以当军医，还可促进国人对维新的信仰。走医学救国、救民之路，也就是走科学救国之路，正是鲁迅的目标。然而，正是在这里，鲁迅经历了一生中最重要的思想蜕变，并最终弃医从文，一个思想的巨人开始成长。

在仙台医专，他遇到了恩师藤野先生，也遭受了日本学生的歧视和侮辱，更经历了著名的“看电影事件”：当时，细菌学是采用幻灯片教学的，一段教完，会放映一些时事幻灯片。有一次，放映的是俄日战争的时事幻灯片，日本抓到了一个俄国奸细，这个奸细是一个中国人。当日本军人枪毙这个奸细的时候，幻灯片中围观的一群中国人竟然无动于衷，而看幻灯片的日本学生则发出了“万岁”的喊声。鲁迅愕然了，他感到愤怒、屈辱和悲痛，立即离开了教室，以后的许多天心情都难以平静。应当怎样拯救祖国？应当怎样教育国民？靠维新改良走日本人的路，能救国吗？靠医学能医治国民的愚昧和落后吗？最后，一个想法在他的脑海中产生了：“凡是愚弱的国民，即使体格如何健全，如何茁壮，也只能做毫无意义的示众的材料和看客，病死多少是不必以为不幸的。”“对，重要的是改变人们的精神，改变人们的思想。用什么才能做到这一点呢？这就是文艺。”想到这里，他觉得豁然开朗，他知道自己该怎么做了。

“我要退学了。”鲁迅平静地对好友许寿裳说，“我想学文艺。中国的呆子，医学是不能治好的。”鲁迅进一步说[①]。

鲁迅向清政府驻日学监提出了退学申请，并得到批准。1906 年的春天，鲁迅离开了仙台，开始了人生新的旅程。

以救治愚弱的国民精神为己任，从此，鲁迅以笔为枪，把民族发展的重

---

① 鲁波．世界大人物丛书·鲁迅［M］．北京：中国少年儿童出版社，2003：52.

任担在肩上。从此，世人读到了一篇篇振聋发聩的文章，血雨腥风中多了一个顽强的战士，鲁迅，是中国多舛的岁月中巍然屹立的民族栋梁。

穿越历史，仍能听到鲁迅的心声；透过文字，可以感受鲁迅的情怀。一纸风筝，牵动的不只是兄弟亲情，埋藏的不只是对儿童的慈爱。一个伟大的灵魂，一位战斗的英雄，一个民族的栋梁，正穿越历史，跃然纸上。

读罢《风筝》，久久不能平静。谨以这篇小文，来仰视伟人，抒一腔景仰之情。

（潍坊市育才学校　李德花）

# “独立之精神，自由之思想”的践行者

## ——读《陈寅恪的最后二十年》有感

### 一、作品的作者及主要人物

作者陆键东，广州市文艺创作研究所专业创作员，一级编剧。广州文学艺术创作研究院作家、学者。主要致力于中国知识分子历史、明末清初史事、近代南岭文化演进史等课题的研究。主要著作有《陈寅恪的最后二十年》《如何认识陈寅恪》，据不完全统计，数年间引起海内外媒体对该书谈论的文章、书评与读物，已超过一千篇。1996 年至 1998 年，三联书店对该书先后再版六次，印数达十万余册，在香港、台湾先后出版两种繁体字版。2001 年，日本学者曾将其翻译成日文出版。

陈寅恪（1890 年 7 月 3 日—1969 年 10 月 7 日），中国现代最负盛名的集诗人、历史学家、古典文学研究家、语言学家于一身的百年难见的人物。是清华百年历史上的四大哲人之一，另外三位是叶企孙、潘光旦、梅贻琦。其父陈三立是“清末四公子”之一，著名诗人，祖父陈宝箴（支持变法的开明督抚）曾任湖南巡抚。因其身出名门，而又学识过人，在清华任教时被称作“公子的公子，教授之教授”。

### 二、作品的创作背景

“一九九二年与一九九三年之间，精神的困顿常令我倍感痛苦，今日重检这段时期写下的一些心灵独语，其抑郁盖可见一个人与一个时代的茫然与哀伤。而某种如天籁般的召唤力总在心灵深处不断敲打。某日终于明白我所为何来。”这是2008年陆键东在写给生活·读书·新知三联书店成立六十周年的回忆文章中留下的一段内心独白。

当时陆键东正在广州粤剧团任专职编剧，每月除了工资，还有三千多元的稿费收入，可以说生活无忧。因为着手研究陈寅恪生平学术，他在故纸堆里，意外发现了一批珍贵的陈氏档案史料，“每掀动一页发黄的旧纸，手在微微颤抖，心在呼呼狂跳。”陆键东说，正是这“三十年只待一人”的使命感，促使自己“接上寅恪先生的命脉”，一心只为还原陈寅恪最后二十年的坎坷心路而付出。

最初进行创作时，作者陆键东只是想着如何将自己所知道的，写成真实的历史，以及自己对这种历史的看法，尽可能用公正、客观的笔调来写。所以这本书现在看来还有着一种比较纯粹的气质，这种气质并不因时代的变迁而改变。

1996年初，三联书店出版了《陈寅恪的最后二十年》。从此，一句“独立之精神，自由之思想”响彻神州大地。随后的五年间，三联书店曾先后6次再版加印。然而2000年的一场名誉权官司，却使《陈寅恪的最后二十年》无法再版。因为在书中，陆键东描述了原中山大学副校长、党委书记龙潜的部分言行，称龙潜留下了很多年后依然使“中山大学教工闻之胆战心惊的‘豪语’”。这些描述，引起了龙潜两位女儿的不满，她们以侵犯名誉权为由，将陆键东和三联书店告上了法庭。法院审理后认为，陆键东在书中把不应公开的龙潜个人档案材料向社会公开，势必会对其产生不良的社会影响。

因为坚持自己写作的真实性，陆键东拒绝对书中内容进行修改，《陈寅恪的最后二十年》也就此与喜爱它的读者们告别。直到13年后，经过三联书店及众多朋友的劝说与奔走，陆键东才同意将书中有关内容进行修改，并加入了一些新的资料与研究成果，《陈寅恪的最后二十年》终于艰难再版。

## 三、阅读该作品的所感、所想

### （一）对作品的总体感知

《陈寅恪的最后二十年》是作者陆键东根据大量档案文献和第一手的采访资料，详尽描绘了陈寅恪生命最后二十年的坎坷经历，向我们讲述了许多鲜为人知的史实。全书30万字，记述了这位蜚声中外的重量级国学大师，自1949年中华人民共和国成立，至1969年在“文化大革命”中含冤去世，20年来任中山大学教授期间的生活。可以说这本书为我们打开了一段尘封的历史，从陈寅恪的生存状态和人际交往入手，探索了他的内心世界，并以此分析、诠释了陈寅恪晚年作品的内涵，提出了不少颇有说服力的见解。可以说这是一部特定历史时期的著述，时代的不平，一代人的感奋，在书中历历可见。

从1949年到1969年，这位国学大师都在做什么？其实他的精神生活十分简单：继续自己的学术研究，给学生上课，并无太多要求，不像今天的学者那样复杂。他们需要充裕的时间、平静的生存环境，尤其像陈寅恪这样的学者，他的研究方向是过去的历史。到了晚年，他更为专一，也更寂寞，同时脾气性情也更孤高独立。正像他说的那样：“自从作王国维纪念碑文时，即持学术自由之宗旨，历二十余年而不变。”

（二）关于陈寅恪名字的读音

陈寅恪名字的读音并不神秘，他是陈氏故里众多恪字辈的一员。他们根据祖辈传下来的语言念自己的名字为古入声ko而不是que。北方语系已无入声，北平官话中的ke音从古入声ko转化而来，所以陈寅恪兄弟在正式场合使用ke音。虽然迄今尚不清楚究竟何时何人出于什么原因开始把恪读为què。根据陈寅恪生平经历，最初应该是在清华园里形成读què的风气，至西南联大、成都燕大时期，已约定俗成。但陈寅恪本人并不认可这种念法，在成都燕大时曾亲口对他的研究生石泉说“我的名字念‘客’”。陈寅恪生前一直未认可别人“约定俗成”将他的名字中的“恪”读成“que”，曾对同事毕树棠、学生石泉说过自己的名字中的恪应念“ke”音。他从青年到老年书面填写“恪”都是ke。因此，人们理应尊重姓名拥有者的意愿，按规范读音读其名字。

当年，清华上下都叫他陈寅恪（què）先生。然而在不少字典里并没有“恪（què）”这样的读音，有人请教他：“为什么大家都叫你寅恪（què），你却不予纠正呢?”陈先生笑着反问道：“有这个必要吗?”他似乎更希望人们了解他的学问及其价值，他的整个生命是和学术连在一起的。他在国难、家恨和个人的坎坷中，为学问付出了一生。

（三）关于陈演恪生活中的三位女性

如果说陈端生和柳如是是陈寅恪在他所建构的历史人生世界里获得的快

乐和欢愉，那么几个曾走进陈寅恪现实人生世界里的女性在其晚年悲苦的人生旅途中带给他的欢欣和慰藉更令他难以忘怀。

1. 冼玉清

第一个女性当为时任岭南大学中文系教授的冼玉清。她的出场在书中是这样描述的："第一位女性名叫冼玉清，岭南大学中文系教授。这位自号'碧琅玕馆主'的奇女子，堪称二十世纪广东不可多得的女学者与女诗人。她对岭南历史、风物、史志文物的发掘与整理，数百年间岭南巾帼无人能出其右。"这位"以事业为丈夫，以学校为家庭，以学生为儿女"，"立志终身从事教育，牺牲个人幸福，以为人群谋幸福"的才女，与陈寅恪意气相投，"使陈寅恪在晚年固守文化道德，学人气节标准的凄苦旅途上，不是一个独行者。"陈寅恪曾在《题冼玉清教授修史图》的诗里，这样称赞道：

流辈争推续史功，文章羞于俗雷同。
若将女学方禅学，此是曹溪岭外宗。

书中这样评价二人的交往："陈寅恪与冼玉清的交往，在陈寅恪的晚年，已超出了一般新知旧雨的友情，具有一种固有文化并不因时代的嬗变而迷失的相互寻觅、互为鼓励的精神。在剧变的社会里，其志节因得以固守带来对生存的肯定，从而引起交往双方精神上的愉悦。这一点，对晚年陈寅恪很重要。"

2. 黄萱

如果冼玉清带给陈寅恪的是互为气类的心灵共鸣和精神上的温暖，那么黄萱的到来对陈寅恪事业的帮助是功不可没的。

"第二个女性出现了。……黄萱，一个很普通但有着不同寻常身世的家庭妇女，很偶然地闯入了陈寅恪独特的世界。陈寅恪以其深刻的阅历，马上感觉出这是一个在自己余生中可遇不可求的重要合作者。陈寅恪的眼光没有错。陈、黄两人写下了人文意义上的一段感人的人生。"书中这样评价黄萱。

"门风家学之优美"的黄萱，不仅令陈寅恪这位双目失明的老人在花甲之年觅到了罕有的合作者，而且合作的过程也令孤寂的老人充满了愉快。在漫长的十三年中，陈寅恪完成了将近一百万字的著述，都是陈寅恪口述，黄萱笔记，如遇不太容易辨别的口音，则由陈寅恪不辞劳累地在黑板上先将语句写出，再由黄萱抄下。精神的愉快使陈寅恪文思泉涌，因为有了黄萱，枯燥而乏味的学术文章却散发出绚丽的色彩和迷人的芬芳。

其实出身为大家闺秀的黄萱完全可以过上超乎常人的舒适生活，她却甘于承担这份艰深的工作。陈寅恪让女儿们称黄萱为“周伯母”，以示黄与自己同一辈分，这使黄萱数十年来都感激陈寅恪给予自己的这一份尊敬。

3. 唐筼

但在整本书中，最让我佩服、敬仰的还是陈寅恪的夫人唐筼。唐筼也是名门之后，她与陈寅恪一见钟情，俩人 1928 年在上海结婚，当时陈寅恪三十八岁，唐筼三十岁，他们都很珍惜这命中注定的姻缘。他们琴瑟和鸣、真情相爱，演绎了一段传统文人的婚姻佳话。唐筼不只是丈夫的贤内助，晚年也成了丈夫的“贤外助”了。1951 年，陈寅恪的助手程曦不辞而别，陈寅恪无法上课，于是唐筼拿起课本，充当丈夫的助手走上讲坛，直至一年后黄萱到来才作罢。

陈寅恪在生命最后二十年所写的《声明》《抗议书》和检讨交代材料都出自唐筼之手，她甘为丈夫遮风避雨。“文革”期间，他们所遭的人格侮辱令唐筼十分愤怒。学校配给陈寅恪三个半护士的护理工和清洁工的许诺全部被取消，重任全落在唐筼一人身上。最后申请保留一老工友助陈寅恪坐椅、如厕并干杂活，因陈寅恪和唐筼的工资停发，少量的存款也被冻结，所以，他们已无法支付工友的工资，以致陈寅恪、唐筼先后故去，家中的家具也被人抬去抵债。特别是那一纸为活命而写的《申请书》：“因心脏病需吃流质，恳求允许每日能得牛奶四支，以维持生命，不胜感激之至。”让人不忍再读。陈寅恪常对女儿们说：“妈妈是主心骨，没有她就没有这个家，没有她就没有我们，所以我们大家要好好保护妈妈。”一次唐筼心脏病突发，陈寅恪在万念俱灰时，事先为爱妻写了挽联：涕泣对牛衣，卌（读“xī”，意“四十”）载都成断肠史；废残难豹隐，九泉稍待眼枯人。唐筼好像专为陈寅恪而来到这个世间，陈寅恪故去四十五天后，她亦步其后尘而去。陈寅恪与唐筼相继逝世后，二人的骨灰先是寄存火葬场，后改存银河公墓，直到 2003 年才安葬于江西庐山植物园。

（四）陈寅恪晚年生活中的一抹亮色

书中少有笑声，只有广州京剧团演员探访陈寅恪时，书中才用浓浓的笔墨描画了那一时的神采。这些风姿绰约的演员围在老人身边，每人说上几句，陈寅恪就能猜出各自饰演的角色。陈寅恪也心情舒畅，说到传统戏的史实时，告诉她们在书架上哪一本的哪一页，一翻，果然不错，引起大家的惊奇和欢笑。演员们还清唱了各自拿手的一段唱腔，婉转嘹亮。书中这样写道：“历史当永远注视着这个下午。那一刻，陈寅恪享受到的欢乐，也许比他在某些悲惨的岁月里感受到的欢乐总和还要多。”在随后记其事的诗篇中，陈寅恪写下了这样的句子：“留取他时作谈助，莫将清兴等闲看”。令陈寅恪最不能忘怀的当数他们中间的新谷莺，有《春尽病起宴广州京剧团，并听新谷莺演望江亭，所演与张君秋微不同也》《听新谷莺演秦香莲京剧》《丁酉小雪后六日、晓莹以微病未能偕往市区听新莺谷演王宝钏，意有不乐，赋此慰之》《戊戌中秋夕，首创初愈，人城重听新谷莺望江亭》等不下十首吟咏新谷莺的诗篇为证。十年间，新谷莺连续成为陈寅恪诗篇中的主要“倾诉对象”，这除了他相濡以沫的爱妻唐筼外，新谷莺是唯一一人。京剧的魅力加上新谷莺那千娇百媚的演唱，令陈寅恪激赏不已。这位对中国传统文化沉浸既久的饱学之士，当骤遇“黄莺曲里春声好”的新莺谷那演唱时散发出来的万种风情时，便有了“三月莺花酒尽欢”那在陈寅恪生命里难得的欢欣。我听见的并不是演员们亮丽的嗓音和爽朗的笑声，我感觉到的是那位双目失明的老人难得有的一份轻松、宁静、慈和在他身上随意夺目的闪现，未知那些幸运的演员们，能否有人有心能接下这份长者赐予的荣光，那必是一辈子无价的宝物。这位守在教坛四十多年的教授啊！眼枯不废教学，体弱不止身传，即使骨折以后，仍然不放弃学术性的创作。一生如此，相对的，他的忧患重，快乐却是太少了。

（五）陈寅恪的核心思想

翻开书，首先映入我们眼帘的就是陈寅恪亲笔书写的“独立之精神　自由之思想”这十个大字，这也是贯穿本书始终的陈先生的精神主旨所在。翻阅资料，查明了这十个字的由来，这是1929年陈寅恪为纪念王国维而题的碑文。碑文是这样写的：“海宁王先生自沉后二年，清华研究院同人咸怀思不能自已。其弟子受先生之陶冶煦育者有年，尤思有以永其念。佥曰：宜铭之贞珉，以昭示于无竟，因以刻石之词命寅恪，数辞不获已，谨举先生之志事，以普告天下后世。其词曰：士之读书治学，盖将以脱心志于俗谛之桎梏，真理因得以发扬。思想而不自由，毋宁死耳。斯古今仁圣所同殉之精义，夫岂庸鄙之敢望？先生以一死见其独立自由之意志，非所论于一人之恩怨，一姓之兴亡。呜呼！树兹石于讲舍，系哀思而不忘。表哲人之奇节，诉真宰之茫茫。来世不可知者也。先生之著述或有时而不章；先生之学说或有时而可商。惟此独立之精神，自由之思想，历千万祀，与天壤而同久，共三光而永光。”

碑文中，陈寅恪已经明白地说了出来：“来世不可知者也。先生之著述或有时而不章；先生之学说或有时而可商。惟此独立之精神，自由之思想，历千万祀，与天壤而同久，共三光而永光。”1953年发生的一件事，最能说明问题。1953年11月，陈寅恪先生的学生汪篯身怀两封信，一封来自中科院院长郭沫若，一封来自副院长李四光，肩负重要使命从北京南下来到广州，劝说陈寅恪先生接受出任中科院历史研究所二所所长一职。“带着满腔热情以及接受了新思想的喜悦”的汪篯，以为能不负使命，没想到却碰了壁。陈寅恪在《对科学院的答复》中说：“我的思想，我的主张完全见于我所写的王国维纪念碑中。”“我认为研究学术，最主要的是要具有自由的意志和独立的精神。”“我绝不反对现在政权，在宣统三年时就在瑞士读过《资本论》原文。但我认为不能先存马列主义的见解，再研究学术。我要请的人，要带的徒弟都要有自由思想、独立精神。不是这样，即不是我的学生。”陈寅恪所提的条件，在当时可谓“骇人听闻”，完全不可能实现，因此汪篯的使命只能泡汤。

经历了20世纪中国数不清的风浪，陈寅恪毕生始终坚持“独立之精神，自由之思想”。他始终坚持做人的原则，敢做敢言，决不媚上，更不向权力屈服。在50年代时，人们大张旗鼓地批判胡适思想时，陈寅恪便不屑地称之为“一犬吠声，十犬吠影”。《再生缘》中，他大加褒扬：“（此书）所以独胜者，实由于端生之自由活泼思想，能运用其对偶韵律之词语，有以致之也。故无自由之思想，则无优美之文学，举此一例，可概其余。此易见之真理，世人竟不知之，可谓愚不可及也。”（《论再生缘》）在洋洋八十万言的《柳如是别传》中，陈寅恪再次赞赏精神独立、节气高超的女子柳如是：“犹应珍惜引申，以表彰我民族独立之精神，自由之思想。何况出于婉娈倚门之少女，绸缪鼓瑟之小妇，而又为当时迂腐者所深诋，后世轻薄者所厚诬之人哉！”

历经岁月消磨，陈寅恪百折不挠，矢志不渝，他是大国学者。正是因为这种难能可贵的使命意识，使他不仅仅成为一位历史学家，更成了一种文化的象征。陈寅恪一生坚持“独立之精神、自由之思想”，其超然的胸襟在现代文化史上铸造了一个鲜活的灵魂。他的风骨为后世学者所景仰，他的思想也必将为后世学者所弘扬。

（潍坊第十三中学　林亚妮）

## 聆听自由生命的绽放

### ——读《陈寅恪的最后二十年》有感

历史的原貌总要通过有血有肉的人呈现出来才能显得多姿多彩，同样，人的精神与风貌也要通过风云多变的历史背景才能更清晰地予以解读。我深知历史之厚重而丰富，然而历史之于我，似乎只是高中历史课所学之浅显皮毛，对于陈寅恪这样的史学大师，则更是知之甚少。

初次翻开《陈寅恪的最后二十年》一书时，不知该如何读下去。我辈离那风云动荡之年代相去甚远，沉甸甸的一本书，对于不学文不读史的我来说，只能硬生生“啃”下去。读着读着，却被作者细腻的笔调、人文的情感深深吸引而无法自拔，一代史学大师陈寅恪的风骨、才学、民族气质以及依托在他身上的那一段动荡岁月一一呈现在眼前，不禁唏嘘感叹，淡淡的悲凉之感萦绕心间。

《陈寅恪的最后二十年》记录了陈寅恪 1949 年至 1969 年间悲凉丛生、备受煎熬却也不乏温情的二十年悠悠岁月。因了历史的残酷和政治的冲击，在生命的体味方面，悲凉已成为陈寅恪余生的主调。然而其“自由之思想，独立之精神”却以某种沉重与坚定的方式赢得了世人的赞叹与崇敬，比起那些在动荡年代陷入盲从、扭曲与丧失良知等各类漩涡中挣扎浮沉的灵魂来说，不能不说是一种快意人生的坚守和士人精神的写照。从大师一生的追求可以概知，中国之所以能成为世界文明古国中唯一不曾断裂的文化根源，大概就是因为在华夏文化的流传中，有更多的像陈寅恪一样宁守灵魂的孤寂却不向世俗低头的傲骨在坚守。

陈寅恪先生才华横溢，学贯中西，即使在那暗无天日、是非颠倒的动荡岁月，也因了陈先生的才学价值和史学地位无人能及而使各色人等心存顾虑而几次免遭迫害。以陈寅恪的学术地位和对中华文化的贡献，他应当有资格获得最好的条件去做研究，然而残酷的历史和先生遗世独立的品性让他无缘得到这些，他走的是一条孤寂的路。陈寅恪严谨而求是的教学、治学之路确是让后人津津乐道的，让人不禁从脑海中去还原那些丰富而细腻的生活场面。因为课程高深，而那个年代的学子们又无暇静心投入研学当中，所以曲高和寡似乎是陈寅恪三十多年教学生涯的一个特点。“一些当年的学生，至今仍对陈先生上课的情景做这样的追忆：陈寅恪阐述问题时旁征博引，史料的运用常常是古今中外信手拈来，还不时夹杂着所引史料的数种语言文字。”（本文引号内论点均原文引自陆键东《陈寅恪的最后 20 年》，后不再标注。）即使已六十六岁，“学生时常能听到陈寅恪在述史过程中对近期的时事新闻做些言简意赅的评论。看似不经意，实有通古今之妙。”“陈寅恪授课，一如他做学问，几近‘无一字无出处’，每一个观点都是他研治历史的独特的心得体会。”不相欺，岂止是陈寅恪对莘莘学子的一种尊重，同时也是他对为师者这一称号的无限赤诚。除了教学，陈寅恪严谨的治学态度也无人能及。在著述谋篇布局时，“在脑海中搜索以前看过的资料，如有欠缺，便派人查找。”“严谨的考证从不懈怠，常常是一段写好，后来又发觉不妥，于是便推倒重新再来。有时甚至数十个字，也要改动多次。”陈寅恪读过的书更是多得不胜枚举，尤其对他所情有独钟的如《世说新语》等书，“用功甚勤，累年在阅读本上写下很多眉批。”如今我们每天提倡海量阅读，经典读写，然比起陈寅恪的读书人生，仍差之远矣。

《论再生缘》和《柳如是别传》是陈寅恪晚年最有代表性的著作。它们既是陈寅恪心路历程的写照，也是今人探寻其价值取向、人文精神的一扇大门。“《论再生缘》蕴含着相当广泛的人文色彩。陈寅恪为陈端生‘发潜德之幽光’，也未尝不是借此做某种自身的写照。其投入与忘情，浑然忘记了他的本意是对陈端生做史实的考证，其伤情之叹弥漫着他感怀身世的人生回顾，其情其性，是一个历史学家最可贵的生命之光的闪耀。”《柳如是别传》是陈寅恪用一种“寄遐思”的方式表达对主人公生命中不羁与不堕浊流的精神的颂扬，具有一种重塑生命之魂的痛快。其笔触的趣味，历史场景与季节气候、地理环境展现的细腻、逼真，犹如展现了一长卷明末清初江南社会之风情画，展现出陈寅恪无与伦比的考据功力。除此以外，陈寅恪逢人逢事便借诗抒怀，诗中对时事、人生、天意等的感慨颇多，不容易理解，每一个后来的诵读者都有不同的体验与感受。“但它是一个独立的生命，浸淫着中国传统文化的气韵，士人对自身永恒价值的体认而发出的一种‘苦吟’。”

这二十年，不仅仅是陈寅恪一个人的二十年，从爱人唐筼、助手黄萱、冼玉清，护士容苑梅、卢冠群到学界知己吴宓、陈序经、杜国庠，学生蒋天枢、高守真以及共产党最高领导人陈毅、陶铸等，他们用自己的真心真意和丝丝温情温暖着这位失明老人苍凉的晚年。书中一段段深情细腻的描述，读来仿佛那充满人情味的场景浮现于眼前，让我们体会到这些比生命还重的情感的分量。还有陈寅恪素来喜欢的各路戏班中的名伶花旦们，与这些人的交往，“已超出了一般新知旧雨的交情，具有一种固有文化并不因时代的变迁而迷失的相互寻觅、互为鼓励的精神。在剧变的社会里，其志节因得以固守带来对生存的肯定，从而引起交往双方精神上的愉悦”。他们总是在陈寅恪最苦闷、最需要心灵宣泄的时候，像一缕温情的灯火，点燃其心香一角，让彼此感受到炎凉社会之下人情的热度与美好，为陈寅恪以悲凉为主调的最后二十年增添心灵的抚慰和难得的温情。尽管如此，在那动荡年代的陈寅恪仍然为自己在心里铸就了一道心灵的防线，以致各类人等对他的照顾与关怀，他不得不提防着拒人于门外。“从不接受嗟来之食的陈寅恪，以他敏感的心灵防备着现实带给他的伤害。以后有些来自真诚关怀的照顾，在他眼中也蒙上了政治功利的色彩。”“以陶铸为首的部分共产党人，对陈寅恪的照顾做到了尽心尽力的程度，但并不能改变他潜意识之中那种与现实相抵触的心理，也抹不掉陈寅恪心头那种遗世独立的悲凉意识。”“痛失精神的家园，即使食有鱼，出有车，这些优秀的学人依然感到生命的孤寂。”读来确能感同身受他那份无奈与辛酸，也深深地感受到中国优秀知识分子骨子里对那种比物质重要百倍的精神世界的认同与珍视。

读完此书，沉重的心情难以言说。高中所学动荡疯狂的“文化大革命”在陆键东的笔下展开一幅活灵活现的历史画卷。比起电影《归来》中的陆焉识，陈寅恪算幸运的吗？没有妻离子散，没有关押迫害，可我们分明感受到那种沉重到让人无法喘息的悲戚与哀痛。看着封面上陈寅恪先生那身着黑袍、手持拐杖的瘦弱身影，一种隐隐的心疼荡漾在心间。陈寅恪在历史学、宗教学、语言学、考据学及中国古典文学等领域取得了罕见的成就，可为何其遗世而独立的“自由精神”却不为当时社会所容，让一位盲目膑足的老人在凄苦悲凉的岁月中艰难前行？历史的演变总会给我们公正的答案！陈寅恪的生命已依附于那些诗文著作中，而其鲜活的文化灵魂必将在中华大地上永世留存！

（潍坊市育华学校　赵楠　关洪钢）

# 我的读书之旅

凯勒说："一本好书就像一艘船，带领我们从狭隘的地方驶向生活无限广阔的海洋。"与书为友，在人和书的对流中体味人生，确是何等其乐融融之事。

最早与书结缘，是在小学二年级，读的是《闪闪的红星》《捉鲨记》，书中的英雄人物事迹让我热血澎湃，从此喜欢上了写满神奇文字的书。

在那个精神食粮极度缺乏的时代，能读到一本好书，真是莫大的享受。这些好不容易得来的书，让我认识了铁凝、张抗抗等一批影响我一生的人物，也让我了解了狄更斯、马克·吐温等伟大的文人和他们的生活。就算在高三紧张的学习生活中，书依然与我朝夕相伴，每次大型考试结束，放松的方式就是找一本书，通宵品读。印象最深的是高考结束的那天晚上，我在宿舍走廊的灯光下读了一整本的《乱世佳人》，真是人生一大快事啊。

上了大学后，读书的好时光才真正开始，图书馆里有借不完的书，让我流连忘返。我观察鲁迅的《野草》，步入狄金森的诗园，我在《苏菲的世界》里徜徉，在王小波《我的精神家园》里汲取营养，体会孔明挥泪斩马谡的痛楚，感受王熙凤草席裹尸的悲凉……每到周末，宿舍的同学都出去玩了，我常常一个人躺在床上惬意地读书，那时，感觉整个世界都是我的，那种滋味，至今让人回味不已。

做了老师后，才知道我读过的书在浩瀚书海只是九牛一毛。作为一个教育工作者，更需要书籍作为心灵的甘露，指引思想的源头。是苏霍姆林斯基指引我走进了理论阅读的殿堂，他告诉我，一个老师，只有注入了教育思想，才能真正焕发生命的活力！我开始尝试着阅读教育理论著作，从此，扑面而来的不仅有高屋建瓴的理性思考，也有清新淡雅的生动场景。我深深地感受到我的教师生涯因书而更加精彩，我的专业生命因书而日益厚重。

有位哲人曾说过：倘或你有一个苹果，我有一个苹果，彼此交换之后，那么每个人手中仍然各有一个苹果；但是你有一种思想，我有一种思想，而我们彼此交流这些思想，那么，我们每个人将各有两种思想。不管再忙再累，我每天都会抽出一定的时间看书、上网、学习，充实自己，丰富自己。在书中我悟到了很多，在工作中也少走了很多弯路。正如苏霍姆林斯基在《给教师的建议》里说到的：每天不间断地读书，跟书籍结下终生的友谊。

书给予我的是取之不尽的宝贵财富，书让我拥有开朗的心境，书让我拥有广阔的天空。带着不变的理想，我将继续我的读书之旅，只有目标，没有终点。

（孙家小学　庄明华）

# 读书伴我成长

作为一名教师，尤其是承担班主任工作之后，时间总是被各种琐事所占据。我深知，知识要从实践中来，但是仅仅从实践中来的知识毕竟是狭窄的。要打破经验的局限，就必须广开思路，而读书则是吸收新思想的必由之路。因此，我总是想方设法挤出时间来读书。

我将工作的零碎时间积攒起来，如饥似渴地研读魏书生的《班主任工作漫谈》，浏览《小学数学教育》《班主任之友》等刊物，在这些书刊里面，很多优秀的教学案例、教学方法和故事都通俗易懂。“踏破铁鞋无觅处，得来全不费工夫”，很多教学方法，平常搜肠刮肚都想不出来，但是翻翻书，竟然发现自己的问题早已被别人解决，忍不住击节赞叹；在管理学生方面，书中的“他们”更像是经验丰富的“老师”，指导我解决一些育人难题。好的书籍是有启发性的，它给了我教育教学方面很多灵感，时时让我找到柳暗花明的感觉。

周末或者假期时，我每天都会抽出几个小时的时间享受经典名著的饕餮盛宴——或哲学的，或教育的，如《爱弥儿》《陈寅恪的最后二十年》《第 56 号教室的奇迹》《窗边的小豆豆》，当然还有我所崇拜的苏联教育家苏霍姆林斯基的《给教师的建议》。“好书不厌百回读”，这些书我都会读上几遍，只有这样，我才能慢慢走进作者广阔的精神世界，感受作者的智慧、胸怀和传递给我们的正能量。在读《陈寅恪的最后二十年》时，着实被这样一位文人的骨气所折服。我们虽然不及陈先生那样有学问、学识，但在当今物欲横流的年代，如果能像他那样治学、做人，我们也一样可以成为一名不平凡的教师。在读完《第 56 号教室的奇迹》这本书之后，就不觉得 56 号教室是个有奇迹的地方了，因为这里是雷夫老师全心付出、用心经营的地方，这里没有害怕、没有欺骗，孩子感受到的是关爱、信任和家的温暖。更为敬佩雷夫老师的是，他要教学生阅读、数学、自然、历史、经济学等学科，并且每门学科都有很好的教学方法，学生在如此高水平的老师的教导下肯定受益匪浅。雷夫老师不仅有爱心，具有良好的教学艺术，更重要的是拥有敢于付出的精神。这样的老师怎能不让我们敬佩？怎能不使我们为之向往和追求？

读每本书都有巨大的收获，思维的碰撞、品位的提升、心灵的洗礼……作为人师，必须有一眼永不枯竭的泉，才能浇灌出学生的智慧之种；必须有一片波澜壮阔的海，才能载起人生扬帆远航之舟。而读书，则是实现这一切的不二法门！

（奎文区南苑学校　刘金杰）

# 第六章

# 对话教育名师

教师在自我成长过程中，应重视名师的引领作用。名师的经验和智慧对于实际教学往往能起到四两拨千斤的作用，点滴学习，迅速成长，将名师的教育教学理念应用到自己的教学设计中，则可事半功倍。

# 教育应该从哪里出发？

## ——2013暑假读书感悟

这是苏霍姆林斯基的《怎样培养真正的人》中的一个故事：

18岁的青年列昂尼德·舍甫琴柯，在开垦荒地的第一年，志愿到哈萨克斯坦去当一名拖拉机手，在1956年2月的寒冷的一天，他和其他人一起开拖拉机到距离农场50公里外的地方拉干草。在返回农场的路上，暴风雪突然袭来，本来可以把拖拉机扔下，到离得不远的畜牧场躲避一下，但列昂尼德·舍甫琴柯却对其他人说："你们走吧！等暴风雪过去了你们再回来！我留在这里，我得把发动机烧热，因为如果把机器停下来，以后就是用一天一夜也甭想把机器发动起来。可我们是来运草的，牲畜没有饲料……"暴风雪转成了风暴，更加寒冷了，人们已无法走近拖拉机队。过了一昼夜，人们在驾驶室里找到了这个青年，他已经冻死了。可是他冻僵了的双手还紧紧握着方向盘……

我不知道今天大家读到这个故事，心里会有怎样的感触。

我深深地为这条鲜活的生命的逝去而感到不值！

拖拉机熄火了又怎样？可以再发动起来啊！他被冻死了，拖拉机不是照样也熄火了吗？

18岁的生命啊，正是人的一生中最灿烂的年华，就为了这个牵强的理由，就轻易把自己送给了上帝。

这是苏霍姆林斯基给他的儿子写的第十九封信中的一个故事。在信中，他对他的儿子说：

在我们学校的光荣榜上悬挂着列昂尼德·舍甫琴柯的肖像。在他的肖像下面有一句印度名言："人的一生犹如一块铁，如果使用它，铁就会磨出光泽，如果不去用它，锈就会把铁侵蚀。”让你的这颗心放射出灿烂的光辉，既照亮自己，也给孩子们照亮前进的道路——这才是生活幸福的所在。可是，如果你的心被锈侵蚀，要记住，你将注定要毫无价值地、苟延残喘地活着。列昂尼德·舍甫琴柯在燃烧和腐朽之间选择了前者。这位保卫人民财产、使几代青年引以为荣的18岁青年，之所以这样做的原因在于，他爱祖国，爱人民。还因为，他的母亲是这样教育自己的孩子的：你生活在人们中间，要记住，给人们带来快乐才是你最大的快乐。

可是，无谓的丧失生命，就是爱祖国，爱人民吗？没有了生命，又怎会给人们带来快乐？这是一位母亲的真心话吗？

在描述这个故事之前，苏霍姆林斯基对他的儿子说：“爱祖国、爱人民——这是两股急流汇合而成的一条浩瀚的爱国主义大河。不要忘记，在你的一生中将会有这种时刻，就是要求你表现出一个公民的勇敢和坚强，并准备贡献出自己的全部智慧和力量。要求你对下面两种命运作出抉择，即一面是快乐和幸福，另一面是巨大的困苦和忘我精神，以至要为了人民的生命和幸福牺牲自己的生命。要准备在需要的时刻，受命于危难之际，毅然走第二条路，为人民的利益而献身……”

读到这里的时候，你的脑海中会想到什么？是的，我们会很自然地想起保尔·柯察金，想起这位《钢铁是怎样炼成的》中的主人公，想起他在革命的烽火和艰苦环境中，以爱憎分明的阶级立场、崇高的道德风貌、高昂的革命激情、奇迹般的生命活力和钢铁般的坚强意志，谱写出把一切献给党和人民的壮丽诗篇。他的“人最宝贵的东西是生命，生命对每个人来说只有一次，因此，人的一生应当这样度过：当一个人回首往事时，不因虚度年华而悔恨，也不因碌碌无为而羞愧；这样，在他临死的时候，能够说，我把整个生命和全部精力都献给了人生最宝贵的事业——为人类的解放而奋斗……”的名言，不知激励了几代人。这些人，不仅仅只有苏维埃公民，还有许许多多为共产主义事业而奋斗的所有人民。

而具有讽刺意味的是，有一年，勃列日涅夫的侄女柳芭·勃列日涅娃写《我经过的世界》回忆录，其中写到：勃列日涅夫曾对柳芭的弟弟说：“什么共产主义，这都是哄哄老百姓听的空话。”书中还写到：他最喜欢开着劳斯莱斯在他的乡间别墅兜风。

身处最高层，引领全国人民的人，竟然说出这样的话！我为苏霍姆林斯基，为奥斯特洛夫斯基而感到悲哀。

忽然就隐约想起了以前看过的草原英雄小姐妹的故事：1964 年 2 月 9 日，蒙古族少女龙梅与玉荣利用假日自告奋勇地为生产队放羊，那时龙梅 11 岁，玉荣还不满 9 岁。暴风雪来袭，为了不使生产队的羊群遭受损失，两人顶风冒雪追赶羊群，从中午开始一直到第二天天亮，姐妹俩在寒冷、恐惧、饥饿中与暴风雪整整奋斗了 20 多个小时，直到在雪地里晕倒、冻伤。当时的《人民日报》以“最鲜艳的花朵”为题，报道了她们的事迹，她们被誉为“草原英雄小姐妹”。

这两个故事是不是有异曲同工之处？

在这里，都凸显了道德意志的决定作用。用道德意志来统一一个人的内心世界，取缔和否定了人心的其他内容和欲望，使得个体意识被遮蔽甚至泯灭，个人的生命价值被忽视甚至被删除，否定了人与生俱来的本性，人被降为道德的奴隶。人活着，就只有在道德管控下的生存意义，却没有了生命的意义。

读苏霍姆林斯基《怎样培养真正的人》带有一定的偶然性。去年寒假时，从李老师送阅的书籍中拿到的是约翰·杜威的《人的问题》。虽然已经阅读过了，但这位美国老先生一句话绕来绕去的表达方式，总是让我读着读着就迷糊。所以当书籍奉还时，脑子里读的那一点东西也一并都送出去了，不过，题目总还是会记得的。所以，当我在我们学校的图书室里，看到苏霍姆林斯基的《怎样培养真正的人》时，不可谓不惊奇。一个是苏联教育思想的集大成者，一个是西方教育思想之集大成者，东西方思想的互不交汇却让他们写出了相似的著作；另一点惊奇是，苏霍姆林斯基的《给教师的建议》，我们几乎人手一本，为什么他的这本著作却很少有人提起？学校图书室里也是只有这唯一的一本。

这引起了我的好奇，于是就借阅了来。

记得去年在工作室的读书交流中，李老师说，读过外国人的书，就再读中国人的书，读了古代的书，就再读现代的书。当时心里很疑惑，“为什么要这样读”？现在，读了杜威的书后，再来看苏霍姆林斯基的著作，似乎有些明白李老师的用意了。

我们在读苏霍姆林斯基的《给教师的建议》时，可以感受到他那颗博大的心。他用细腻、温柔的笔触告诉我们，要相信孩子，要尊重孩子，要用教师的心灵去塑造孩子的心灵，要尊重孩子的个性，要促进孩子的和谐发展。他的《怎样培养真正的人》却使我强烈地意识到：在他的价值体系中，个体的需求被群体生硬地绑架了，只重视对集体的奉献，精神追求是人生的唯一目标，没有了个人的权利和物质需求。

对于约翰·杜威的著作，虽然我国学界认为其具有唯心主义的倾向，在其道德教育思想中充斥着实用主义的气息，但他的以人为中心的价值理论，注重学生主体意识、独立个性和生活能力培养的思想，却恰好迎合了当今中国教育的需要。

回顾中国几千年的主流教育思想，再对照苏霍姆林斯基的《怎样培养真正的人》，顿时发觉，中国的传统文化和苏联时期的共产主义伦理教育思想，在群体本位的价值取向上具有很大的相似性。它们都强调个体价值必须依附于群体价值，要求人们应该自觉地压制自我价值，形成了以抑制个体价值为前提的集体主义。

虽然知道，一定的教育宗旨总是隶属于一定的社会政治经济制度的，一定的文化教育必然是一定社会的政治经济在观念形态上的反映。

但还是想，政治也好，经济也好，随着历史的发展总是会不断变化的。但什么才是教育的永恒追求？

如若想保持自我的教育，应该从哪里出发呢？

（早春园小学　殷芝华）

# 与大师对话，聆听于漪老师讲语文教学

## ——《我和语文教学》读书感悟

“她已是80岁的耄耋老人，有着60年的教学生涯。至今，她依然活跃在语文教学改革的第一线，坚守在讲台上，用生命在歌唱。她深爱着学生，痴迷着语文教学。‘我做了一辈子教师，但一辈子还在学做教师！’她用这样的话语不断地鞭策着自己，也勉励着更多的青年教师。于漪，师者的楷模。”这是于漪老师荣获“2009中国教育年度新闻人物”时，《中国教育报》和中国教育电视台给出的颁奖词，这是对她60年教师生涯朴素而恰切的概括。

于漪，中国众多人民教师中的一员，她长期从事中学语文教学，有自己独特的教学风格。她曾说过一句影响了中国千千万万个教育工作者的话：“一辈子做教师，一辈子学做教师。”

### 一、《我和语文教学》简述

炎炎夏日，于漪老师的《我和语文教学》仿佛一股涓涓细流，涤荡着我的思想，让我对语文教学有了透彻的理解和感悟。

于漪老师的全部教学活动都贯穿着鲜明的主题，那就是“教文育人”。她的语文课充分体现着“文道统一”的精神，主张目中有人，重视学法研究，运用启发式教学法，使教学为学生的学习服务。她根据多年的教学经验，总结出“点、线、面、体”的主体化教学方法，把情感熏陶、知识传授、能力培养以及智力开发融为一体，开创了独特的教学风格。

虽然于漪老师获得的荣誉众多，但我从书中感受最多的还是于漪老师作为一名普普通通的语文教师所经历的思索与成长，是《育人之妙，存乎一心》的执着与进取，是《如鱼饮水，冷暖自知》的反思与蜕变，是《沉浸浓郁，含英咀华》的潜心与深刻……《我和语文教学》中的每一篇文章都留下了于漪老师深入课堂的印记，每一篇文章都是于漪老师理论与实践的完美结合，向我们展示了于漪老师深厚的文化底蕴和教学修养，以及对学生的博爱与责任。

## 二、读《我和语文教学》的感悟

### （一）向于漪老师学备课

在《给教师的建议》一书中，苏霍姆林斯基举了一个例子：帕夫雷什中学一位有着30年教龄的历史教师上了一堂出色的公开课，课后一位教师问她花了多少时间来备这节课，那位历史教师说："对这节课，我准备了一辈子。而且，总的来说，对每一节课，我都是用终生的时间来备课的。"当时，我只当作阅读了一个感人的故事而已，而今年暑假在阅读完于漪老师的《我和语文教学》后，才真正理解了那位历史老师的话的含义。因为，于漪老师就是这样把备课当作一种责任、一种习惯、一种自觉意识，且用一辈子的时间在备课。

备课是日常教学工作之一。浏览教学参考书、钻研教材、搜集资料都是我常做的备课工作，但忙来忙去却一直收效不大。其实，于漪老师刚参加工作时也经历过这种阶段："开始教语文时，我心中装的就是语文课本，只想把课上好，学生的观念淡薄得很。也就是说，胸中有书，目中不大有人。"[①] "想在一篇课文里解决许许多多问题，只要是自己备课时钻研到的东西，就一股脑儿教给学生，备多少教多少，不管学生需要不需要。"[②] 当读到这些语句时，我感觉这就是我自己的心声，就是对自己盲目教学行为的再现，而自己仍"身在庐山之中"，不晓得已经是南辕北辙了。但是，于漪老师却能在教学实践中反思自己、剖析自己，实现自我的改变："没有清醒地认识到教学必须从学生的实际出发，没有清醒地认识到培育人才才是教育教学的大目标。""教学，教学，'教'要在学生身上起作用。课堂里虽有学生，但教课

① 于漪．我和语文教学［M］．北京：人民教育出版社，2003：581.

② 于漪．我和语文教学［M］．北京：人民教育出版社，2003：161.

时不研究和考虑他们的实际，只从教材出发，岂不是和没有学生一样?”正是因为有了反思和改正，于漪老师在教学实践中才探索出了正确的教学思路：“语文老师手中有两个实际必须牢牢把握，一是教材的实际，一是学生的实际。”“因此备课时就仔细考虑，哪些内容较深，要由教师讲解；哪些只要稍经指点，学生就能理解；哪些部分可以让学生独立讲解……从学生的实际能力出发进行练习，学生的主动性就可以调动起来。”① “备课不仅要备教材，还要备学生，备怎样教学生才能掌握的方法。教语文有法而无定法。方法可以因教材而异，因教学对象而异，因教师特长而异。课既要实，又要活，在实和活的有机结合的情况下，教学方法可百花齐放。”

正是在这种实践、反思、再实践、再反思的螺旋上升的过程中，于漪老师总结出了“三次备课”的教学法。

第一次备课：不看任何参考书与文献，完全按个人见解准备教案。

第二次备课：广泛涉猎，仔细对照，“看哪些东西我想到了，人家也想到了。哪些东西我没有想到，但人家想到了，学习理解后补进自己的教案。哪些东西我想到了，但人家没想到，我要到课堂上去用一用，是否我想的真有道理，这些可能会成为我以后的特色。”

第三次备课：边教边改，在设想与上课的不同细节中，区别顺利与困难之处，课后再次备课，修改教案。

这看似普通而又烦琐的备课方法，似乎没有什么特别之处。可是静下心来思考却不难发现，这样的备课就是一位教师走向专业化成长的一个过程，就是普通教师之所以成为名师的关键所在。想到这里，我不禁将自己以前的教学行为与于老师的备课方式进行了比较。自己平时备课总是先看参考书或者上网搜罗一些名家教学指南，以为权威专家的教学建议就是最准确的，好像有了这一切才是上好一节课的保障，现在看来，这不过是在自欺欺人罢了。自己不去钻研教材，不去了解学生的实际情况，不研究教学方法，只用“拿来主义”将自己的教学设计局限起来，教学设计的思路总逃不出名师的框框，这种做法已经失去了对自身教学特色的关注，失去了一次自己对教材再创造的机会，也忽视了对学生的关注。因此，要想备好课，就要像于老师这样既要不断回顾自己的教学实践，又要不断挑战自己的能力极限，在课堂

① 于漪．我和语文教学［M］．北京：人民教育出版社，2003：164.

实践中学会教学。

（二）向于漪老师学爱学生

这是于漪老师的一堂语文公开课，课堂上出现了出人意料的场景：

于老师正讲到课文中“一千万万颗行星”时，甲同学突然发问：“老师，‘万万’是什么意思？”犹如平静的湖面上投入了一颗石子一样，惹得全班哄堂大笑。甲同学猛然醒悟过来，满脸通红，头耷拉下来，垂头丧气地坐下了。

于老师见状便问大家：“大家都知道‘万万’等于‘亿’，那么这里为何不用‘亿’而用‘万万’呢？”全班学生的注意力一下子被吸引了过来，没有人再发笑，大家都认真地思考起来。

乙同学站起来答：“大概‘万万’比‘亿’读起来更加顺口吧！”

于老师表扬了乙同学，接着问：“大家还有没有不同的意见？”

众生沉默不语。于老师便顺着乙同学的答案总结了一下：“这是汉语言的叠词叠韵之美影响了此处的用词。”接着，于老师又问了一句：“那么，请大家想想，今天这额外的课堂‘收入’是怎么来的呢？大家更应该感谢谁呢？请让我们用掌声表达对他的谢意。”

大家的目光一齐投向甲同学，为他鼓起掌来，甲同学又抬起头来，开始有了自信心，也不再垂头丧气了。

在课堂上，面对突发事件，彰显的不仅是于漪老师高超的教育智慧及其名师风范，还有对学生自尊心的呵护和鼓励，以及包容学生的大爱之心。

爱学生就是了解学生。书中提到，认清材料的质地是雕塑工艺师的基本功。对所雕塑的材料仔细地进行研究，摸清它们的纹理、曲直、硬度，以及能承受的压力大小，因材雕刻塑造，就能制作出巧夺天工、令人赞叹不已的工艺品。教师不是工艺师，但同样有识质的问题。要了解学生，认识学生，洞悉他们的内心世界，把握他们在成长过程中的发展与变化。于漪老师通过雕塑工艺师的选材来说明教师了解学生的重要性，让我从中受益颇深。年已79岁的于漪老师为了走近学生，甚至还研究了周杰伦和《还珠格格》。当听罢周杰伦的歌曲后，于老师找到了它吸引孩子的原因：不少歌词从诗经等古典名章中寻找灵感，这样包装传统文化元素，让孩子乐意亲近；现代独生子女独处一室无人倾诉，烦闷时哼哼周杰伦的说唱音乐，如泣如诉也是种很好的宣泄。不少孩子得到于老师的理解，高兴地半开玩笑："再告诉你第三个原因：周杰伦的歌，好在学不像！""我怎么也没有想到这个，我们想的和学生想的距离有多大啊！"在于漪老师看来，当一名好老师，要懂得和孩子交流，做老师无论如何都不能误解孩子，不能随便对孩子说"不"。所以说，师生间的"代沟"是相对的，关键在于老师愿不愿意去倾听孩子的心声。教师要以心育人，评判时要学会尊重孩子、理解孩子，换位到孩子的角度，只有这样，孩子才愿意打开心灵，与老师沟通，老师的教化才能真正令学生信服。

爱学生就是因材施教。于漪老师做班主任时，班里有四个口述能力较差的学生，乍一看，似乎都有口吃的毛病，但仔细辨别，却各有原因。对此，于漪老师逐个了解了这四个孩子之间的差异，她在书中写到，一个同学说话的舌头似乎短了一点，经过再三了解分析，找到了口齿不清的症结所在；第二个是独子，十分娇惯，父母视儿子为幼儿，讲话时停顿多，规范性差，孩子耳濡目染，形成了习惯；第三个是小时候学口吃的人讲话，也逐渐口吃起来，想改，但一站起来说话就紧张，越紧张越说不清楚；第四个的思维比较迟钝，对外界事物不能迅速作出反应，因而说话磕磕绊绊，含糊不清。于漪老师在弄清楚各自的原因后，又找准最恰当的方法来改正其毛病，提高其能力。"第一个先从生理上解决，请医生诊断，手术治疗，然后进行说话训练。第二个与家长联系，剖析家庭语言环境的重要性，请家长说话注意语句的完整，帮助孩子进行说话训练。第三个同学注意用"稳定剂""安慰剂"，逐步消除他的紧张心理。第四个则着重训练思维的灵敏度，指导他想清楚了再说。"于漪老师在面对不同特点的学生时，针对不同情况作出了差异化的处理，效果比"一刀切"好得多。

爱学生就是让学生学有所得。"有些学生口述能力差，说起话来断断续续、含糊不清，如果从'教'出发，课堂上就不愿意让他们发言，以免'浪费'时间。但是从学生的'学'出发，就必须让他们多加锻炼，创造条件让他们多问、多说、多解答。上课不是表演，课不是教给别人看的，要教到学生身上，让他们扎扎实实提高能力。"[①] 此外，于漪老师还认为，要让学生学有所得，教师必须精心设计每一堂课，使学生每上一堂课都有所得。"语文

① 于漪．我和语文教学［M］．北京：人民教育出版社，2003：156.

教学一定要改变'上与不上一个样'，'教师指导学与学生自己学一个样'的状况，学生上语文课获得了新的知识，听、说、读、写与思维的能力得到了培养和发展，内心就充满喜悦，就会有一种获得精神食粮后的满足，兴味就会盎然，就会持续不断地探索语文知识的宝藏。"于漪老师是这样说的，也是这样做的。从课前自读须做到"三看一查一发现"到"三看一想一查"来培养学生的质疑能力，从采取娱目、动情、激思、励志的方法来熏陶感染学生心灵到运用作图法、手势法、比较法、续文法、作文法来培养学生的想象力，无不显示出于漪老师从学生的学出发的立场，让学生课课有所得，天天有收获，把童年的时光如珍珠般串联起来，让每一个学生的语文学习都能为人生奠基。

于漪老师和她的语文教学永远是一本耐读的书，给我们以启示和引领。"与其说我当了一辈子老师，不如说我一辈子都在学当老师。""上课就是用生命在歌唱，每节课都影响到孩子的生命质量。""我不断地反思，我一辈子上的课，有多少是上在黑板上的，有多少是教到学生心中的。""教师的生命是在学生身上延续的，教师的价值是在学生身上体现的。"于漪老师始终谦虚地把自己放在一个学习者和进取者的位置上，孜孜以求，不知疲倦。这份胸襟，就是大家的风范，就是最令人感动和震撼的地方。

读罢此书，在我内心升腾起的是于漪老师对教育事业的忠贞和对语文教学的孜孜以求。感谢于漪老师，感谢《我和语文教学》，高山仰止，景行行止，这也将成为我今后的动力源泉。

（奎文区樱园小学　张君燕）

# 跟史建筑老师学做语文老师

## ——观史建筑老师的教学艺术有感

### 一、初识史老师

相信大家都听过许多名师名家的课堂或报告，我跟大家一样，也听过不少，但史建筑老师是我最佩服的一位名师，一位真正的语文教育专家。他特有的教学经历与风格就是一部生动的教科书，能给我们以深刻的人生启迪。

先让我们看看关于他的介绍：史建筑，山东滨州北镇中学教学校长，先后四次获得全国中学语文教学大赛的一等奖或特等奖，全国职工“党在我心中”演讲大赛一等奖第一名得主，全国中学语文“十佳教改新星”之一，全国优秀语文教师，全国教书育人先进个人。山东省首届“齐鲁名师”建设工程人选。在2001年高考成绩评估中，获滨州市高中语文学科教学第一名，被授予“教育教学工作先进个人”荣誉称号。为山东省内外以及全国语文教学研讨会执教公开课100余节。

第一次也是唯一一次听他的课是几年前在泰安举行的一次山东省创新教学会议上，他的作文公开课是——“多样化思维写作训练”，其中提供了作文课的典范。他由生活常识导入训练主题，引导学生围绕“太阳”进行断想训练（句子的训练），然后切入主题，以当代作家赵丽宏的散文诗《生命》为母本，进行段落的多样化思维写作训练，最后推荐篇目，诵读“班赋”（由学生的姓名组成的一篇经典短文），朗读前，他让全体同学起立，听到名字的同学可以坐下，读完的结果是全班同学没有一个站着的了，就这样在惊叹与余韵中课堂结束了。史老师在讲课前没有见过学生，只有学生的名单。整节课，不管是简短的前奏，还是余韵悠长的尾声，每个环节都充满了精彩的句段、深沉的思想和高雅的情趣，学生在其中既有欣赏时的沉醉，又有模仿的冲动，更有创作的激情与快乐。当时我是和张君燕老师一起在听，我俩也是有感而发，立马出炉了一首打油诗，具体的文字记不起了，总之是对史老师的叹服。同时反思自己，以后不要怪学生不好，是我们做老师的自己不好。

当时，我们真切地体悟到他身上的关键词：诗意、智慧、儒雅、洒脱、敏锐、严谨、幽默、风趣、激情、悟性……甚至感觉诸如此类的好词语用在他身上都不够。

那次学习回来之后，我就开始搜索关于史老师的资料，关于他的有价值的信息很少。但我仍然在全体语文老师会上时不时地提及史老师，目的是想让我校的语文老师也跟我一样追随他的语文教学之路，更好地让学生受益。

## 二、史老师独特的教学方法

其实，语文教师对学生的影响不仅仅局限在教学上，言传身教，无所不在，好的语文教师全身都是语文教育的元素。史建筑就是这样一位老师。史老师的课堂正是李家栋老师带领他的研究团队所探索的课堂，史老师的语文课堂是一种思想、一种境界、一种追求。它以促进学生生命发展为本，关注学生的生活经验，尊重学生生长的需要，遵循语文学习与语文教育规律，它是师生共建的、生态的，一定时间内实现教学效益最大化的语文课堂。

在语文创新教学思考方面，他坚持实践了八大工程：

1. 综合阅读，提升人文素养。

他积极利用班级图书室，引导学生体验“浏览—通读—精读”的美妙；学校与教师共同推荐阅读篇章；每月一次结合读书笔记开设“综合阅读课”，让学生在开阔的视野中提高素养。

2. 文本细读，感悟母语的魅力。

史建筑认为，在学生已知的领域内做事，以教师的已知带学生的已知是错误的，是虚耗学生的生命。（精辟的见解，有醍醐灌顶之感）

3. 师生同写，随笔见证。共同提高。

4. 名作探究，温习心路历程。

5. 课题探究，培养学术意识。

6. 学本编写，锻造自学能力。

7. 对话古典，汲取传统营养。

8. 学习日志，汲取传统营养。

学习语文最重要的两种能力不外乎阅读与写作。读是输入，是内化；写是输出，是外化。读是基础，是前提，是写之本。所谓“劳于读书，逸于写作”“读书破万卷，下笔如有神”说的就是阅读和写作二者相得益彰。在史老师的影响下，学生的心理、习惯、谈吐、文笔都发生了巨大的变化，学生竞相攀比的是阅读质量、思想深度、文化品位和人格魅力。他的学生能读能写，且都广泛阅读、广泛积累、厚积薄发，其中有许多学生都考上了名校。

“要问我欢乐何在？——身边学生手中书。”学生和书是史老师的最爱，这是怎样的胸襟与境界？回顾自己的教学历程，史建筑常常提醒自己：作为一名现代的语文教师，面对浮躁与喧嚣的社会环境，最重要的是冷静与深刻，应以全面提高学生的语文素养为己任，潜心钻研、深思慎取，为每一位学生的终身发展奠定坚实的母语文化基础，这样我们才能无愧于学生，无愧于时代。

## 三、今天的教育，要“有所不为有所为”

一直忘不了，德国教育专家斯密特博士曾说过的话：“你们的教科书比我们的教科书厚，你们的题目比我们的题目难，但是，你们得买我们的货！”三句话是连在一起的。太值得我们深思了，为什么我们的书厚，题目难，货却是人家的好呢？要让欧洲人买中国人的货，要么，我们的书比现在的更厚，题目比现在的更难；要么，我们得另辟蹊径。未来的教育，不是教科书的厚薄和题目的难易所左右的，有生命力的教育从来就是推动社会进步的教育。为了让欧洲人买中国人的货，看来，我们今天在教室里，也要“有所不为有所为”！

有所为就是要让我们的教育活动、学生的学习活动符合教育规律，体现教育智慧。有所不为就是要坚决杜绝不符合教育规律的教育行为，不能让我们的无为影响孩子们，影响我们的国家和未来。

## 四、向史老师学做语文老师

### （一）引领学生爱上读书——让读书成为学生的第一精神需要

人类创造了书，书记录了人类的历史进程，书籍积累、继承、传播着人类的文化。人们的认识与探求、思想与情感、成功经验与失败教训，都在书卷中得到了充分的反映。书是人类进步的阶梯，多读书、读好书，是我们走向世界、创造未来的重要基石，是我们与睿智的心灵对话，不断升华自己精神世界的重要途径。

有关数据显示，最近六年来，国民图书阅读量持续走低。国民年人均阅读图书 4.5 本（人均图书消费 1.75 本），而韩国是 11 本，法国是 20 本，日本是 40 本，最多的是犹太人——64 本。犹太人仅占世界人口的 0.3%，却获得了历史上 20%的诺贝尔奖！

可见，大量的阅读给犹太人带来了巨大的收益！更可见，阅读对于国家和民族有着何其重要的影响！

同时，创新精神、创造能力根植于丰厚的文化底蕴，指导学生多读书、读好书，陶冶学生品德情操，拓宽学生知识视野，才能增强学生的思维活力，孕育学生的创新精神。

我们要向史老师学习，让自己与书为伴！让学生一路有书！这不是口号，应该是行动！向史老师学做语文老师，应肩负起引领学生爱上读书，让读书成为学生的第一精神需要的重要职责。

### （二）建设开放而有活力的语文课程——给学生打开一扇梦想的窗

在全球化激烈竞争的严峻形势下，国家与国家之间有竞争；在科学技术飞速发展的时代，企业与企业之间不断产生竞争。素质教育发展到今天，我们越来越深刻地意识到，各个国家之间的竞争、各行各业之间的竞争归根结底是人才的竞争。

课程是培养人才，实现教育目标的载体。学生的创新精神和实践能力是通过课程的实施以及课程资源的开发和利用来实现的。自新一轮课程改革实施起，人们就已经意识到，要想把素质教育推向深入，把着力点放在培养学生的创新精神和实践能力上，教科书不应该也不可能是唯一的课程资源。

作为一名小学语文教师，有责任也有义务像史老师一样，让语文课承载应该承载的教育使命，努力结合学校和学生实际，开发开放而多元的语文课程资源，形成学生喜爱的特色课程。让语文课堂变得厚重睿智，为学生打开一扇扇文学、文明、文化、梦想的窗口，使他们眼前呈现一个辽阔绚丽的世界。提高学生的审美情趣，充实精神营养，完善人格的塑造，最终将这些文化精华转化为学生自己的人生火炬，使他们成为人类文明之火的传播者、创造者。

在史老师的教育行为影响下，我开始坚持每天读书 1 小时，并开始努力构建自认为理想的小学语文课程体系。

附：

## 小学语文课程体系（拟）

一、基本理念

1. 努力建设开放而有活力的小学语文课程体系。

2. 培养学生学习语言、积累语言、运用语言、创造语言的基本素养。

3. 力求使学生在提高语文素养的同时，提高审美情趣，充实精神营养，完善人格塑造。

二、设计思路及主要实施构想

（一）经典必读课程——《每天一粒小珍珠》

小学六个年级每年一本，内收录 300 首左右古诗词，另有名言、名句、俗语、对联、精短文言文、现代中外美文佳作选萃等。

《每天一粒小珍珠》在开头编写激发学生主动阅读的小文章、小故事或前言，再加上编入的各类语言大餐，重点在于抛砖引玉，激发学生的阅读欲望，养成阅读习惯，形成“天天读书乐、积累也快乐”的良好读书品质。

古诗词均需结合学生的实际，依据语文课程标准，本着与统编教材相关联，对统编教材做必要的补充与拓展的原则，在浩如烟海的古诗词中精心遴选。

名言、名句、俗语、对联、精短文言文、现代中外美文佳作选萃等的来源主要有两个渠道：学生推荐和教师搜集。教师可以通过这两个渠道不断搜集整理补充，不断丰富和完善学生手中的经典必读课程。

重在培养学生学习语言、积累语言、运用语言、创造语言的基本功。

（二）阅读类课程——主题阅读课程

1. 童话主题阅读课程（低中年级）

童话的基本特征——幻想，符合儿童的天性；童话的表现手法——拟人，符合儿童的思维；童话以贴切儿童生活实际的题材为内容，以接近儿童口吻的语言来叙述。从童话的这些特点来看，童话这一儿童文学体裁对儿童最具吸引力，儿童的成长离不开童话。我决定，在低中年级建设童话课堂、童话班级，最大限度发挥童话的育人功能，以童话阅读为载体，通过读童话—画童话—演童话—写童话等多种途径引导孩子畅游童话世界，汲取知识营养，陶冶情操，打开智慧之门，帮助孩子全面、健康、快乐地成长。

2. 古今中外名人故事课程、中外名著课程、当代鲜活的人文课程

中外名人故事课程开发的课程题目可以是《我与名人同成长》或《名人成长录》，内容可以是古今中外名人成长故事，感动中国的人物故事，孔子、孟子等古代大家的故事，于丹、易中天等经《百家讲坛》成就的新一代名人故事等。

还有中外名著课程和当代鲜活的人文课程，这些作品中所表现出来的善良的阳光、正义的锋芒、哲理的火花、壮怀激烈的英雄主义气息、震撼心灵的人道主义情怀，将影响学生的一生。

（三）写作类课程——家庭电视观察课程（中高年级）

当今世界早已进入信息社会，大量而系统的国际国内社会信息和文化信息，通过家庭电视进行着传递和交流，为学生提供了一个观察事物、获取信息，学习生活经验，积累写作素材的重要“窗口”。

我想充分运用家庭电视开展有目的、有选择、有组织的节目观察与课堂习作训练相结合的活动，由此连接课内外、校内外信息渠道，丰富知识资源，培养学生的自主观察能力、思维能力、表达能力，同时，充分发挥家庭电视这一普及文化的远程教育形式与学校教育相沟通的作用。

共分三类：统一电视观察、自选电视观察、辅助训练。

1. 统一观察写作（主要是回忆性和记忆性写作练习）

第一步：观察准备

(1) 确定统一观察内容和时间。每周周末，根据《潍坊广播电视报》选择观察的内容，可以是“系列动画片”，如《中国动画精品版》《动画城》等，它们的共同特点，一是趣味性强，符合观察者身心发展的特点；二是故

事性强，人物性格鲜明，情节浅显易懂，便于观察者观察记忆；三是具有连贯性，能够形成系列，以便进行前后写作的对比、联想和发展。

（2）提出观察要求。刚开始，可以要求学生观察故事的大致情节和主要人物的大体活动过程，逐步要求学生集中精力观察其中一两个动人情节和主要人物在这些情节中的语言、表情，进一步要求学生详细观察事物变化的细节。对于观察能力不同的学生提出不同的要求，尽量做到使学生既要力所能及，又能锻炼、提高观察能力。

第二步：电视观察

电视观察是写作训练的基础，要求学生把感知到的信息储存在大脑中，然后进行加工整理，用书面文字或口头语言表达出来。感知和记忆要做到同步是比较困难的，因此，指导学生观察和记忆时，要把主要精力放在观察上。

一是故事发生的时间、地点、人物。

二是故事的大致发展过程，主要人物的主要活动。

三是最感兴趣的故事情节，并集中精力观察这些情节中的细节。

同时，做必要的辅助记录（只要能帮助记忆，采用什么方式方法都可以），观察完成后，进行回忆，罗列素材。初步进行写作构思，列出写作提纲。

一是对段落和层次的大体划分。

二是应重点记叙的人和事及其细节。

三是需要联系的已学语文知识（如写作方法、关键词语、积累运用等）。

四是对需要弄清的“疑点”和问题，去查阅工具书、参考课外读物或上网。刚开始观察写作练习时，可请家长指导，但要避免“代写”。

第三步：课堂指导

课堂写作指导是关键，一般在周二或周三用一节课进行，如果有必要，可结合“习作指导课”或“讲评课”进行。

（1）追忆（全班或小组进行口头练习）

回忆故事梗概，互相启发，补充不完整的记忆和遗忘的故事内容。

分析主要人物（姓名、国籍、年龄、外表特征、主要事迹以及最动人的事迹的细节），启发学生注意以人物活动为写作重点。

分析故事情节（年代、发生、发展、结果、故事的中心内容和动人的场面细节），启发学生注意事物各方面的写作重点。

表达个人感受。

(2) 写作（全班或小组讨论、个人练习）

分清文章写作层次和详略，确定段落标题（但不要求完全一致）。

联系语文知识（写作方法、关键词语、积累运用等）。

个人写作练习。

部分学生宣读文章初稿（全文或段节）。

进行评议、讨论，提出修改建议。

用文稿或“腹稿”进行计算机作文。

第四步：写作交流

一是小组内宣读、评议，选出写作“优秀者”。

二是结合习作“评议课”，在全班宣读“优秀电视观察习作”。

三是集中“优秀习作”誊清或用计算机打印，每月出一期《电视观察与写作》专刊。

四是将所有的“观察写作”文章按期汇总、装订，形成班级阅读本。

2. 自选观察写作（主要是片段性和扩散性写作练习）

第一步：自选观察内容

参考《广播电视报》和电视节目预告，自选内容。一是知识性的（如《动物世界》《人与自然》《科技博览》等）；二是短小的儿童节目（包括故事性短剧、儿童生活节目等）；三是比赛和竞赛节目；四是欣赏节目（主要是文娱节目）；五是时事性节目（如《新闻联播》《焦点访谈》《社会调查》等）。

第二步：电视观察

要求集中观察一个情节、一个主要镜头、一个变化场面或几个连续动作等，抓住最感兴趣之处，做好记录。

第三步：写出短文

一是具体形象地写，可以进行想象。

二是联系已学语文知识或参阅课外读物尽情发挥。

三是写入自己的感情或感想。

第四步：交流评议

一是积累材料，每周自办一期“小报”，在全班“发行”。

二是每月进行一次评比。选出“优秀小报”，标准是具有时代性、知识性、趣味性和艺术性（即写作技巧）。

3. 辅助训练（主要是改写和口头写作练习）

第一步：把观察习作改写成文娱节目（如快板、诗歌、朗诵词、讲演稿、相声、小话剧、歌舞剧等）。

第二步：由班委进行“节目串联”，写出主题班队活动“脚本”。

第三步：每月举行一次“电视观察主题班（队）会”。

第四步：期中、期末各评选一次“观察写作能手”，以及通过观察写作在思想和学习等方面有明显进步的同学。

一是让这些同学介绍他们的经验、体会。

二是贴出“光荣榜”，公布他们的名单和事迹。

三、课程目标之总目标

1. 在进行经典诵读类课程的学习过程中，加强语言积累，提高语文素养。

2. 认识中华文化的博大精深，吸取人类优秀文化的营养。

3. 培养读书兴趣，使大部分学生爱上读书。

4. 加强与生活的联系，培养写作兴趣，提高写作能力。

5. 在诵读、阅读、家庭电视观察中，发展语言、发展思维、激发想象力和创造潜能。

四、课程目标之阶段目标

第一学段（一至二年级）

（一）经典必读课程

1. 喜欢上经典积累，逐渐做到在老师的引导下乐于积累。

2. 积累背诵优秀古诗词 80 首，名言、名句、俗语、成语、对联等 80 句。

3. 在老师的引导下逐渐养成良好的诵读积累习惯，力争做到每天小积累，每周大积累。

（二）童话主题阅读课程

1. 喜欢读童话，感受读童话的乐趣。

2. 能借助童话书中的图画、注音等自主独立阅读。

3. 能通过阅读童话故事，向往美好情境，对感兴趣的人物和事件有自己的感受和想法，并乐于与同学、朋友、家长等交流。

4. 通过读童话，培养思维力，丰富想象力，提高审美情趣。

第二学段（三至四年级）

（一）经典必读课程

1. 喜欢经典积累，逐渐做到自觉主动积累。

2. 积累背诵优秀古诗词 100 首，名言、名句、俗语、成语、对联等 100 句。

3. 逐渐养成良好的诵读积累习惯，自觉做到每天小积累，每周大积累。

（二）童话主题阅读课程

1. 能通过读童话—画童话—演童话—写童话等形式爱上童话。

2. 通过系列童话主题阅读，培养思维力，丰富想象力，提高审美情趣。

3. 逐步练习写自己心中的童话故事，与同学交流。

4. 通过畅游童话世界，汲取知识营养，陶冶精神情操，打开智慧之门，帮助自己全面、健康、快乐地成长。

（三）写作类课程——家庭电视观察课程

1. 初步培养观察能力，尽量使观察、记忆、思维基本实现同步。

2. 初步提高通过电视观察训练书面习作能力，基本能将观察到的事物文从字顺地表达出来。

3. 初步训练口头表达能力，达到语言基本流畅。

4. 初步养成寻求更广阔的知识领域和信息资源的习惯，拓展学习渠道，培养创新能力。

第三学段（五至六年级）

（一）经典必读课程

1. 喜欢经典积累，做到自觉主动积累。

2. 积累背诵优秀古诗词 100 首，名言、名句、俗语、成语、对联等 100 句。

3. 养成良好的诵读积累习惯，做到每天小积累，每周大积累。

（二）古今中外名人故事课程、中外名著课程、当代鲜活的人文课程

1. 喜欢阅读中外名人故事、中外名著，当代鲜活的人文书籍。

2. 通过阅读中外名人故事、中外名著、当代鲜活的人文书籍，学习名人的优秀品质，使自己成长为有用之人。

3. 提高审美情趣，充实精神营养，完善人格塑造，最终将这些文化精华

转化为自己人生的优质资源，促进人类文明之火的传播和创造。

（三）写作类课程——家庭电视观察课程

1. 提高观察能力，使观察、记忆、思维基本实现同步。

2. 提高书面习作能力，能将观察到的事物文从字顺地表达出来。

3. 提高口头表达能力，语言流畅。

4. 养成寻求更广阔的知识领域和信息资源的习惯，拓展学习渠道，培养创新能力。

期待我们国家教育的春天早日百花齐放、姹紫嫣红，那时，我们的祖国会在平凡中崛起，永远屹立于世界强国之巅！

（奎文区实验小学　徐文艳）

# 感动·行动

前几日，我聆听了陶继新老师的报告。这是我第二次聆听陶老师的报告。第一次是在 2008 年，那一次的报告题目已记不清了，但是通过那次报告我认识了可敬的陶老师，也认识到阅读经典的重要性。而这次报告，我收获的更多的是感动，继而准备行动。

感动一：坚持

67 岁的陶老师，仍笔耕不辍，每年保持着几十万字的写作量，如今出版专著已经有 30 多册，这与 2008 年我认识的陶老师已经不可同日而语。用陶老师的话说："今天的我一定比昨天的我强，明天的我一定比今天的我强！"就是因为坚持着这样的信念，我感觉陶老师不但没有变老，反而比当时的他还年轻了好多，真的应了那句"腹有诗书气自华"！共三个多小时，讲台上的陶老师用他那特有的方式向我们娓娓讲述他对于高效课堂的认识，将一个个高效课堂改革者向我们依次介绍，真的是令我大开眼界。心中也暗暗感谢李老师给我们提供了这样一场精神盛宴。因为，我已经好久都没有听到如此动听，又如此打动我心弦的报告了。

看着台上的陶老师，听他讲着一个个动人的故事，我不禁开始了自我反思。工作至今，快要满 16 个年头了，前 15 年里，可谓兢兢业业、任劳任怨，也取得了一些小小的成绩，但是从未沾沾自喜，因为与我的工作室同人们相比，都太微不足道了，于是，紧紧追赶、不敢懈怠。去年 10 月，因腰疾发作，疼痛难忍，去医院做了各种检查，问题有点严重，大夫嘱我好好休息，少坐多躺，甚至建议休息半年。这样的诊断结果，让从来不曾生过什么病的我，感觉有些崩溃，从来乐观向上的我，一度像一只霜打的茄子一样打不起精神来。甚至一度憎恨那些信任我、经常委我以重任的领导们，仿佛是他们害了我。同事们了解了我的病情，纷纷伸出了援助之手，主动帮我分担工作；当有特别急、特别重的事情需要我时，这个腰疼又成了极好的挡箭牌。于是，我的工作一下变得“惬意”起来。人也因此变得怠惰了，不愿看书，更不愿意写作，理由是：坐着腰疼，躺着伤眼……慢慢地，我感觉我的“内存”不够用了，现在想写点什么东西，总感觉无处下笔！

听了陶老师的报告，我找到了那个让我遭受病痛的罪魁祸首！不是别人，正是我自己。

年近70岁的陶老师，站在台上三个小时不曾休息，但丝毫看不出他的劳累，因为他把这个当作锻炼。陶老师可以随时静下心来写作，无论是在旅途中，还是在闹市中，而我，经常以白天太闹为理由，将工作带回家中，夜里忙到一两点是家常便饭，通宵达旦也是常有的事，当时没觉得怎么样，其实为今日之病痛埋下了祸根。另外，近几年身体缺乏锻炼，也是生病的重要原因。为什么白天会静不下来写作？原因是心不够静，同时也因为缺乏知识的储备，如果知识储备达到了相应的水平，信手拈来就变成了可能，怎会需要通宵达旦呢？于是，心里暗下决心，从此刻起发奋读书，重拾经典，充实自己，使自己变得强大起来。就像陶老师说的：“现在，一切都不晚。让我们一起努力。”同时，内心非常感激陶老师，用这样一种方式来唤醒迷失的我，让我找到了来时的方向。

感动二：美好的品格

在陶老师的眼中，他所介绍的每位老师、每位校长都那么完美无瑕，这其实就是他美好人格的体现。陶老师在报告中提出了“帮助学生生成高尚的人格”这一观点，这是我们当今教育面临的一个突出问题，它一针见血地点出了重智育而轻德育的问题。陶老师说：“品德、学识和能力是一个人生活在现代社会中不可缺少的三项基本素质。品德又是成人之根本。德在才前，德高方能行远。学生心灵的杂草去除了，人格高尚了。学生有良知、有修养、能担当、会合作，能共赢了。什么样的高效不能达到？什么样的教育目的不能实现……”话语虽短，但其意义却是深远的。

感动三：与时俱进

陶老师的电脑操作水平真是不一般，在讲座过程中熟练运用无线激光笔翻页，播放视频、切换幻灯片都轻车熟路，甚至插音频线也不用旁人帮忙……所以，我想到了用“与时俱进”这个词来形容他。不知，66岁时的我是否能像陶老师这样与时俱进？如果坚持下去，好好学习，我将来也一定能！

感动四：博学

在讲座中，陶老师引经据典，旁征博引，让我们看到了一个博学的老人。这些本领从哪里来？我想一定得益于陶老师到现在还在坚持背诵经典。前几天，我非常悲哀地发现，本来烂熟于心的那些经典在我脑中已经变得残缺不全了，《岳阳楼记》《小石潭记》《为学》《出师表》……都已经跟我说再见了。难道真的是教了小学，就只有小学生的智商了？可悲！可叹！昨天看了陶老师的博客，他在博客中写到，在教科院上班的时候，每天步行 2 小时去上班，路上就是在背诵经典，此间不觉累便到了单位，而这样的背诵也为他今天的写作打下了厚实的基础。而我上班路上的时光，似乎都被微信和 QQ 占满了。与大师相比，肤浅的我真是相形见绌！

其实早已知道自己的怠惰，心中也无数次自责，但是由于懒惰，就是不想改变。一场报告，引发了我思想的“地震”，让我重新审视自己，我到底要成为怎样的自己？也让我痛下决心改变当下的自己，多锻炼、多读书、多反思、多写作，找回那个积极向上的自己！

（奎文区圣荣小学　李蕾）

# 在“炼术”与“悟道”之间行走

前段时间，有幸再次聆听陶继新老师的学术报告——《高效课堂的方略与品质》。陶老师从“合作是共赢必备的品质”“自由的心灵具有巨大的能量”“高效之道”等六个方面，阐述了高效课堂具体的操作策略和优秀的品质。以前也听过不少类似的报告，但大都止于具体操作的层面，陶老师的报告有“术”的指导，但更多的是从“道”的高度来阐述提高课堂教学效益的方略和品质，给我们以高屋建瓴的指导：作为一线教师，既要“炼术”，更要“悟道”。

回顾自己学习和成长的过程，亦是经历了从“炼术”到“悟道”的过程，可以说，自己一直在“炼术”与“悟道”之间行走。

刚毕业那年，自己最喜欢看的就是一些关于语文课堂教学技巧类的文章，尤其是别人设计的优秀教案。这类文章，给我很多教学设计方面的启示，让我在自己的教学中，可以不断创新，设计出一些令人耳目一新的教案。这样的教学，可以让自己在课堂教学过程中，偶尔收获师生配合默契、自我感觉良好的课，这样的课堂，会让人生出丝丝的幸福感，也就是这种幸福支撑着自己，不断学习、不断研究、不断进步。

提高自己教学水平最有效的方法就是讲课、赛课。那时能真正感觉到“书到用时方恨少”，恨自己不能把所有相关的书都看一遍，恨不能有个高人给自己指点几招，让自己一下子成为个中高手。但欲速则不达，别人的思想、别人的理论，很难一下子就融到自己的教学设计之中。即使是拿到了一个别人获过奖的优秀教案，原封不动地上课，效果也相去甚远。究其原因，就是教学设计缺少了自己的思想与灵魂，因此课堂上也就缺少了灵气与生机。因此，每次外出讲课，我都会广泛收集相关的资料，大量阅读，并将所有资料融合内化成自己的知识之后，再进行教学设计。这样设计出的教案才具有自己的特色，这样，在课堂上才能够从容自如地发挥。虽然每次外出赛课换来的都是形容的消瘦、憔悴，但换来的却是生活的充实，教学水平的提升，教学思想的渐趋成熟。可以说，每次讲课，都是一种挑战，都是一种折磨，更是一次蜕变，在一次一次痛苦的折磨中，才能破茧成蝶。所以，对于教师，尤其是年轻教师，要不断地通过讲课、赛课等活动来磨炼、提升，让他们在课堂教学中，不断“炼术”，提高课堂教学效益，让学生成为真正的受益者。

外出学习，是一种开阔视野的有效途径之一。走出去，请进来，是很多学校采取的教师培训的办法，应该说，这是一种很不错的提升教师素养的办法。教育视野的开阔度，从某种程度上决定了教师的课程执行意识和能力。对于一线教师来说，外出学习不外乎三种：听专家的报告；听高质量的公开课；参观一些学校。其中，专家的报告主要是对教师进行精神引领与指导，让教师从更高的层面来认识教育，或者是专家将自己某个领域的研究成果推广给广大教师，以期能够在一线教学中得到实践与验证；听高质量的公开课，是一线教师比较喜欢的形式，凡是参与听课的教师，或多或少都能够从听课的过程中，获得一些启示，在将来某一天自己讲课时能够用上。如果听课的教师能够及时进行点评，再结合自己的课堂教学进行反思，那么收获就远远超出了几节课本身了。带领教师参观优秀学校是近几年常采用的培训方式。当然，如果在每次外出参观时，都适当进行分工，有目的地参观，效果定比漫无目的学习好很多。其实，即使没有任何目的的参观学习，教师身处学习的环境中，潜移默化地接受影响，也会有所收获，至少也开阔了视野。

比如，杜郎口的“三三六”教学法风靡山东的时候，学校多次组织教师学习相关的操作理论，但教师就是很难接受，他们认为，在我们的学校学生素质一般的情况下，这很难实现。但当大部分教师到杜郎口中学学习，感受学生现场展示的灵活多样的氛围，感受学生学习的积极性和主动性时，很多的话不需要再说，事实已经让教师心服口服，再去推动课堂改革，阻力就小了很多。

读书写作，走上“悟道”之路。正如陶老师讲的“速成与厚积”“上天与入地”“无敌与不争”的道理。教师的成长与教育教学一样，是一个非常漫长的过程，不可能一蹴而就，更没有捷径可走，必须要“淡泊名利”，要让心静下来，一天一天地积累。读书写作是教师成长的必由之路，叶澜教授曾经说过，“一个教师写一辈子教案，不一定会成为名师；如果一个教师能写三年反思，就有可能成为名师。”

孔子曾说：“取乎其上，得乎其中；取乎其中，得乎其下；取乎其下，则无所得矣。”道理虽然很明白，但自己在读书的过程中，对于高深的理论书籍，一向没有耐心去读，尤其是年轻的时候。好在自己也找到了喜欢的教育方面的文章，在2005年之后，我最喜欢读的是《基础教育》，当时这本期刊上每一期都会介绍一些成名的特级教师，除了介绍他们的事迹之外，还会介绍他们的教育思想，而且都比较通俗易懂。于是，通过这本教育期刊，我了解了很多教育大家，也知道了他们的很多教育主张。可以说，这本刊物让我跨越空间的限制，了解了各种教育思想。

同时，网络也是学习的好帮手。我将自己喜欢的“特级教师家园”、一些名师的博客，都放在收藏夹中，经常去光顾。看看新的思想，给自己补充新鲜的血液，让自己的教育理念不要滞后于时代。不过，凡是名家，大都比较忙，内容更新很慢。好在网络资源丰富，只要有心，总会发现很多好的东西。

自从2009年参加李秀伟工作室以来，李老师一直倡导我们读书写作。在李老师的引导下，自己也是硬着头皮去啃那些经典的教育理论著作。几年下来，也断断续续读了一些书。理论书籍虽然晦涩难懂，但却能够从更高的层次上，给教育教学的发展予以解释，让我们明白教育从何处来，到何处去，让我们对很多问题有深刻的认识与理解。在读的过程中，我不断反思自己教学中存在的问题，也很有收获，自己的理论水平也在逐渐提高。

现在再回顾自己的教学，已经不再是当初外出讲课时那么茫然。当时真的只是抱着完成教学任务的心理，努力从授课方式上进行创新，以求能够打动评委。现在则可以站在课标的视角，从教书育人的目的出发，从容地与学生一起成长。不敢说自己已经“悟道”，只能说，自己开始走上了“悟道”之路。

（潍坊市育华学校　姜美玲）

# 读《特别狠心特别爱》有感

喜欢这本书，不仅因为单亲妈妈沙拉培养出了富豪儿女，更是因为书中的教育方法让我看到了自己以及许多中国家长在教育中的误区，更是因为书中综合了中国教育和犹太教育的理念与经验的精华，既贴近我们的思想，又超越我们的思想。这是一本值得每一位家长和教师学习的好书。

让我们一起来了解一下单亲妈妈沙拉和孩子们的故事：沙拉是出生在上海的犹太人后裔，育有两子一女。中以建交后，在“回归故土”的召唤下，也为了让孩子们能够在不同的环境下体会磨难、学会坚强、领会人生，沙拉放弃了上海的优越生活，带着三个孩子来到了战火纷飞的以色列，开始了一段跨国教育的特殊经历。望子成龙的沙拉希望孩子通过高考进入名校，毕业后谋求一份好工作，获取人生的幸福。可是，以色列的所见所闻，让沙拉毅然放弃做“中国式妈妈”，转而当起“犹太母亲”。沙拉的以色列爱子秘籍，在很多中国人看来是“冷酷”的母爱，却成就了两个儿子的富豪梦。

为什么一位单亲妈妈能够在教育子女方面有如此大的成就，让我们一起来研究一下莎拉的育子秘籍。第一，在有偿生活机制中爱孩子。即让孩子通过劳动换取报酬来满足自己的愿望。有偿教育机制不仅开启了孩子的造富潜质，造就了孩子善于编织人脉的本领，也培养了孩子心理调适与自我约束的良好素养。主人公沙拉还意外获得了三个孩子送给她的三把钥匙：别墅、豪车与珠宝箱的钥匙。第二，延迟满足，适当不满足。这能让孩子学会忍耐，增强孩子被拒绝的心理承受力，培养孩子获取成功必备的重要“逆商”。除此之外，“延迟满足”还能训练孩子在延后享受中磨炼意志，砥砺对人生的期许，变得更有弹性，从而更好地适应社会竞争。第三，撤退一步，学会放手。不做包办的管家，做一个参谋、观察、提醒的军师。

在现在“啃老族”“月光族”“草莓族”日渐壮大的今天，偶然看到了沙拉女士的《特别狠心特别爱》这本书，让我受益匪浅。我也是一位母亲，虽然女儿很小，只有一岁十个月，但是女儿却是延迟满足、适当不满足的受益者。一岁半时，女儿到超市看到自己喜欢的东西总是说：妈妈，我要，要……那时候，我已经看了这本书，我尝试着跟女儿说：“宝贝，妈妈今天没有上班，没有挣钱，我们现在没有那么多钱，你听话，下次妈妈上班挣钱之后再给你买好吗?”孩子虽小，但是她已经能听懂我的话，知道上班挣钱的道理。几次这样的对话之后，女儿改掉了到超市就乱要东西的习惯。当然，对于合理的东西我会在下次自己单独去超市时买回家，并告诉孩子是妈妈上班挣钱后奖励你吃饭认真的。女儿虽然不到两岁，但是饿了会自己拿勺子吃饭，渴了自己拿杯子喝水。刚开始自己吃饭时也是饭桌上一片狼藉，孩子奶奶很想喂孩子吃饭，但是我很坚决地制止了，我对婆婆说：“我们不能管孩子一辈子，她该自己尝试着吃饭的。”终于，在我的坚持和女儿的努力下，我们渡过了吃饭这一关，知道自己拿碗往嘴里喝稀饭，自己吃水饺了。让我更高兴的是，回家后女儿会帮我把拖鞋放好，我说妈妈好累时，女儿会拿小手给我捶背，即使再苦再累在这一刻身心都得到了满足。

谢谢沙拉女士在我教育孩子之初为我指明了方向，没有成为一个大包大揽的妈妈，我尽可能地让自己成为一个“不及格”的妈妈。有时候虽然表现得很严厉、很无情，可是有谁会知道我的内心其实很痛。但是为了女儿的茁壮成长、独立成材，我要坚持。因为父母真正成功的爱，就是让孩子尽早作为一个独立的生命个体，以独立的人格面对世界。我知道，放手越早，孩子就会越早走上独立之路。溺爱是害，狠心是爱，家长学会爱，孩子才能赢得未来！

在犹太人那里，很多家族的财富都世代传承，其实那传承的并不仅仅是金钱，更是一种生存的技能和素质，一种对自我人生负责、对社会负责的精神。所以，富可以富三代，关键看父母怎么爱。在中国同样可以做到，让我们做一个“八分”的母亲，成就一个个适应社会的合格的公民吧。

（潍坊市育华学校　许娟）

# 《我就是数学》读后感

《我就是数学》，第一次看到这个书名的时候，不禁为这本书的作者感到惊讶，这么大的口气，直接说自己就是数学，说实话，我没有这样的底气。正是带着这种好奇又有些不服气的心态，我决定要看看这本书。

跟随着作者华应龙一步一步深入到文章中的每一个细节，这个时候，我才真的领会到，华应龙老师对于教学的这种精神和思想的力量深深打动了我，对于之前的那种心态，我开始有些惭愧了，自己身为一名数学教师，却没有了这种坚持与执着。在书中，我所领悟到的是华应龙老师那种在课堂上一丝不苟的态度和热衷于数学教学的热情，正因如此，也让我产生了一种想要跟数学“交朋友”的心情。

华应龙老师，单从其职业上来看，他也只不过是一名普通的数学老师，但是从他的书中不难发现，华老师对于古今中外的思想文化掌握得非常熟练，其对诗词歌赋非常了解，并且都能在课堂上适时地运用以辅助教学。在日常生活中，华应龙老师也是个观察细致的人，就生活中很常见的农民种地或打篮球，他都可以跟数学教学融合到一起，这些都不外乎他对知识以及生活的追求和思考。

文中一开始华老师提到，教师的工作是非常辛苦忙碌的，因为忙碌，反而容易忘记自己一开始的坚持和想法，华老师及时地意识到这一点，后面他也说要停下来想想自己应该要干什么，于是就这样开始了与数学的“约会”，对于数学知识的钻研，我想他是乐此不疲的。可以想见我现在所处的工作岗位，同样身为一名教师，不否认教师的工作确实是比较繁忙的，华老师可以在这个过程中去发现问题，并在有限的时间里，让自己的工作与爱好完美地结合在一起，并阅读了大量的书籍。想想自己，平常不断在说自己工作太忙，没有时间读书，没有时间想其他的，时间都给学生和教学了，却总没有看到自己的问题，这都是作为一名教师的选择，有自己的兴趣和热情在其中，若是少了这两样东西，只是单纯地将理论知识输送给学生，这样的教学就算反复再多次，想必也是无味的。就算是参与到一些评比中，所做的功课也只是为了顺利通过或是拿个好名次，却很少想到，我是因为喜欢，才投入精力，到了真正让自己说出教学数学的感慨来时，发现自己已经词穷了，这是为什么呢？全当是自己将数学当成了工作，而不是爱好，而华应龙老师就很好地做到了这一点。

另外，华老师在教学中将学生与老师之间的关系处理得非常巧妙，正是因为他上课的魅力，学生才主动地去学习数学，而不是老师一直提醒，这样的课堂效果自然是无可比拟的。想想自己在教学的时候，碰到学习态度随意的学生，也会反思是不是并非学生贪玩，而是上课的方式出现了问题。再看看华老师的教师风范，其实师生之间的这种关系也不难养成，其中最重要的一点就是，教师需要放下自己名教师的身份，而是作为一个朋友，一个指引者去引导学生在课堂上的动向，教学过程中要关注学生对于知识点的接受程度，悉心辅导，让学生对老师产生感情，从而对数学也产生感情，从华老师对学生关爱和表达的字里行间，就可以深深地领悟到这份感情和信任。

华老师的课堂形式非常灵活多样，它突破了传统式的“老师讲，学生听；老师问，学生答”的方式，而现实中，这种教学还是普遍存在的，因此，我们需要借鉴华老师的教学方式，将知识点形象化、生动化。本来数学知识点的理解就是比较抽象的，一些深奥的问题若是理解不了，只是单纯的记住是很难消化的，而且也容易忘记。华老师在课堂上充分将自己的幽默风趣和无限联想结合起来，理论知识理解起来也如同在理解一个故事一样，这样，学生的记忆就更加牢固了，相信新鲜感和趣味感十足的知识对于一群求知的学生来说是非常有吸引力的。

此外，学生很难避免出现解答错误的时候，如果发生在其他老师的身上，刚开始一次两次可能还会心平气和地纠错指导，失误的人多了，次数多了，很难保证不会有情绪，多数教师会指责学生上课到底有没有好好学，而华老师对这个问题又是另一种看法。在《我就是数学》中，华老师说“要善待差错，感谢差错”，学生对知识点的误解和解答错误，这是必须要面对的，并且要重视，但是，课堂就是学生出错的地方，遇到了错误不能一味地去指责，而要冷静地分析错误出在哪里，要采用正确的方法去纠正，有了错误，才会理解得更透彻。华老师的这种精神，并不是一句彰显自己教育精神的口号，而是出于对学生的一种责任，更多的是一种对知识的沉淀。回忆书中的一个片段，学生正准备用量角器测量角度，但是却用角的顶点对上了量角器的弧度，华老师并没有直接去戳穿，而是用自己幽默的语气缓解了这种错误，他的意思是，虽然还没开始学，但是却量对了，虽然不会量，但是动了脑筋，这也是极好的。然后，让这位出现差错的学生在全班学生面前示范，让每一个学生都知道这个方法是不正确的，从而引导学生找到正确的测量角度的方法。

《我就是数学》这本书让我学到了很多，那些自己不想正视的问题，在这里都一一得到了解答，正是因为阅读华老师的《我就是数学》，让我也跟着学习和进步，这种积极的状态正是教师最应该拥有的。

（潍坊市育华学校　徐青青）

# 第七章

# 名师的书香历程

每个教师都应该有一个属于自己的书单。上面包罗万象，滴水藏海。让教师时刻从中汲取所需，为自己铺一条开满鲜花的小径，书香四溢，教学生涯也会变得沁人心脾。

# 药

## ——经典阅读：常人自救，师者救人

把书比作药，不是我的独创，西汉刘向说：“书犹药也，善读之可以医愚。”

为什么要讲这个，因为最近遇到的一系列小场景，都让作为语文教师的我不得不去追问。

### 一、追问现象

1. 神话是真的吗？

课文《普罗米修斯》是一篇讲述神话故事的课文。普罗米修斯是古希腊神话故事中的一个神，课文记叙了普罗米修斯为了解除人类没有火种的困苦，勇敢地到太阳神阿波罗那里盗取火种，为人类造福的故事。老师借由体会普罗米修斯的崇高品质进行语言训练，课文中讲到一只凶恶的鹫鹰站在普罗米修斯的膝盖上，不断地啄食他的肝脏，学生通过想象、补充句子等方式来体会普罗米修斯所受到的苦难，不少学生一边动情地讲述，一边流眼泪。

最后老师问：“同学们说，这个故事是真的吗？”

同学们的回答显而易见：不是真的。脸上的泪痕犹在，脑海中普罗米修斯的伟大犹在，如今却被提醒，这些全都是假的。

感谢这位老师的设问：“神话是真的吗？”它在制造我们心理巨大落差的同时，诱惑着我们继续追问：有此一问的原因是什么？

---

注：本章所有文章作者均为宝通六号小学孙云霄，后不再注明。

2. 历史故事可信吗？

前几天和几位非常优秀的同伴就《弟子规》的解读探讨一个问题：到底是引入今天的社会热点来阐释《弟子规》好呢，还是运用古典的历史故事来解读《弟子规》好？

运用现实热点，怕流于浅薄和虚浮。

运用历史故事，怕是没有说服力，谁会去相信那么久远的一个故事呢？

连崔永元都在怀疑：《论语》中的话是孔子的原话吗？

感谢这样的碰撞，把我们的思考引向深入：怀疑历史的背后是什么？

3. 做官值得肯定吗？

孙叔敖埋蛇泣母的故事说的是史上著名宰相孙叔敖，在他小的时候，家乡有一个谣传，只要是看到两头蛇的人就会马上死去。有一天他在路上看到了一条两头蛇，怕别的人死去，马上把双头蛇打死，然后埋掉了。但是想到自己就要死了，不能再陪伴母亲了，就开始痛哭。

故事的结尾写到：后来孙叔敖长大，做了楚国的宰相。

有一种观点认为，如果把故事选入教材，这句话不能要，因为会影响孩子的价值判断。做官是一种值得肯定的人生价值吗？

但是，循着这条思路，我们要追问：

第一，对一个国家来说，像孙叔敖这样的人当宰相好呢？还是像秦桧那样的人当宰相好？

第二，对一个人来说，以当官为荣好呢？还是以当官为耻好？

走向哪一个极端都不好。

老子说："君子得其时则驾，不得其时则蓬累而行。"君子如果时机合适，就出来做官吧，如果时机不合适，就做野外的蓬草在乡下安步当车吧。

孔子说："天下有道则见，无道则隐。""邦有道则仕，邦无道则可卷而怀之。"和老子是差不多的意思，即找机会出来做官吧。

第三，对教师来说，我们要引导学生独善其身，还是要兼济天下？

孟子说："穷则独善其身，达则兼济天下。"不得志时就洁身自爱、修养个人品德，得志时就使天下都能这样。

对这个故事结尾的争论，让我们继续追问：对做官态度暧昧不明的原因是什么？

## 二、走向人文

这样的追问把我们引向哪里?

这三个追问恰好把我们引向了人文素养的三个维度：文、史、哲。

第一是文学。

由于物质社会的高度发展，很多时候我们丢掉了对文学的理解，丢掉了对神话的理解。

从神话的角度看，今不如昔：是非善恶没有变，爱恨情仇没有变，我们甚至还不如神话世界超前——我们的人不会飞翔，没有七十二般变化，不可能长生不老。

神话是什么?是人类对童年时期的回忆，是人类思想的发源，是人类文化遗产中的珍宝。

为什么神话能够千古流传?李泽厚先生在《美的历程》中说，文学的最高价值、文学的永恒性源泉在于它可以帮助人类心灵进行美好的历史性积淀。就是说，成功的文学作品，它总是在人类心灵中注入新的美好的东西。这可能看不见，不是像科学那样可以测量、计算，但它确实存在着。

因此，关注神话自身的精神内涵比什么都重要。

我们不相信历史，丢掉了对历史最起码的信任感，唐太宗说“以史为鉴”，培根说“读史可以明智”，到了我们这里都值得怀疑。

第二是历史。

我们宁愿相信“历史是任人打扮的小姑娘”，而“历史是任人打扮的小姑娘”这句话是 20 世纪 50 年代批判胡适的一句话。查阅这句话的来历时，不难发现，实际上胡适从来没有说过这样的话，恰恰相反，胡适对待历史的态度非常严谨。

第三是哲学。

不知从何时起，在做官和上市公司老总之间，人们仿佛更加欣赏后者，认为后者经历了更多的打拼、付出了更多的努力、拥有更多的才华，也就是更加认可物质财富的创造者，尤其是经过了 1919 年五四新文化运动，经过新旧中国的交替后，一部分青年人开始怀疑我们的民族哲学。

古往今来，根植在我们内心深处的读书价值观是什么?“万般皆下品，唯有读书高”，读书高的最佳体现是什么呢？学而优则仕！可见，做官在传统的中国人眼里有多么成功！

为什么要“仕”？为了发财吗？为了谋私利吗？

“古之欲明明德于天下者，先治其国；欲治其国者，先齐其家；欲齐其家者，先修其身；欲修其身者，先正其心；欲正其心者，先诚其意；欲诚其意者，先致其知。致知在格物，物格而后知至，知至而后意诚，意诚而后心正，心正而后身修，身修而后家齐，家齐而后国治，国治而后天下平。”（《礼记·大学》）

“修身、齐家、治国、平天下”的人生理想与“穷则独善其身，达则兼济天下”的积极态度相互结合补充，就是几千年来中国读书人追求的人生境界，也是儒学的核心。

钱穆先生说，世界四大文明发源地，古巴比伦、古埃及、古印度、古中国，今天唯一幸存的，尽管朝代更替、历经五千年风雨却始终是一个完整国家的，只有中国！我想，这与我们中华民族一以贯之的儒学精神有极大的关系。

所以，以天下为己任，“为天地立心，为生民立道，为往圣继绝学，为万世开太平”（北宋张载）一直是我们以儒家精神为传统的哲学风骨。

## 三、回归本心

三个维度，实则殊途同归，都通过人文素养归化了我们的内心，我们的精神世界。这种归属感，三千年前在老子那里就有着共鸣。

《道德经》第十六章：归根曰静，静曰复命。复命曰常，知常曰明。不知常，妄作凶。知常容，容乃公，公乃全，全乃天，天乃道，道乃久，没身不殆。

返回本根，就是复归于生命；复归于生命，就是自然规律；遵循自然规律，才会没身不殆，才不会有危险。

这份归属感，在佛学那里也找到了共鸣：“凡有所相，皆是虚妄。”（鸠摩罗什译《金刚经》）“物随心转，境由心造。”（仓央嘉措《问佛》）“不是风动，不是幡动，是心动。”（《坛经》六祖慧能法师语）

不读佛之前，很难理解孔子所说的类似“朝闻道，夕死可矣”这样的句子，甚至习惯性地以为它是一句口号而已。读过道，读过佛，再回过头来读儒学，你会发现：儒家经典的每一个句子都是闪光的，都饱含着生命的意义在其中。

## 四、反观语文

子曰："志于道，据于德，依于仁，游于艺。"太多时候，语文教育只能算作"游于艺"吧，跟我们老祖宗的教育差了好几个层次。

首先：语文是什么？

答案一：叶圣陶老先生说："什么叫语文？平常说的话叫口头语言，写到纸面上叫书面语言。语就是口头语言，文就是书面语言。把口头语言和书面语言连在一起说，就叫语文。(《认真学习语文》叶圣陶)

答案二："语文课程是一门学习语言文字运用的综合性、实践性课程。义务教育阶段的语文课程，应使学生初步学会运用祖国语言文字进行交流沟通，吸收古今中外优秀文化，提高思想文化修养，促进自身精神成长。工具性与人文性的统一，是语文课程的基本特点。"(《义务教育语文课程标准2011年版》)

答案三：上海师范大学的吴忠豪教授认为，语文也应该像数学一样，前面是一个知识点，后面有相关的文章做例子。讲比喻，后面就跟几篇比喻的文章，讲总分总的写法，后面就有几篇此写法的文章，情感态度价值观，不是语文本体性的东西，不应在教学目标中出现。(吴忠豪在2013江苏小语国培班的授课。)

列宁说："语言是人类最重要的交际工具。"于是，受苏联语文教学的影响，一段时间内，在我国，语法和逻辑知识成为语文训练的重点。

什么是工具？比如木工的锯子，农民的锄头，是可以独立于人的意识而存在的客观物品，工具是用来达到某个目的的。木工借助工具，造出了桌子、凳子；农民借助工具，收获了粮食、水果。但是，如果语言是工具，我们利用语言这个工具制造出了什么？

维特根斯坦说："语言的边界……就是思想的边界；语言的模糊，就是思想的模糊。"

马克思说："语言是思想的直接现实。"

所以，语言不是谁的工具，语言就是它本身，语言就是思想，没有语言就不会有思想。

同样的思想，孔子早就说过。

答案四："文王既没，文不在兹乎？天之将丧斯文也，后死者不得与于斯文也；天之未丧斯文也，匡人其如予何？"（《论语·子罕》）孔子在匡地遇险，说："周文王去世以后，文，不都是在我这儿吗？上天如果要丢弃文，我就死在这里了；上天如果不丢弃这些文，匡人又能把我怎么样呢？"

在这里，文，就是道。

答案五：朱熹说："道之显者谓之文。""三代圣贤文章，皆从此心写出，文便是道。"（《朱子语类》卷 139）。

可见，"文"便是"道"，道便是文，语文离不开深厚的民族文化。

其次，汉语言的独特性：

《毛诗大序》有言："情动于中而形于言"，我们的文学作品是从内心发出来的感动。

西方文学只是一种外在描述，是一种表现。所以西方有系统的文艺理论学，且流派纷呈：象征主义、表现主义、形式主义、直觉主义，等等，他们注重各类的语法、逻辑与修辞等诸多工具性的东西。

中国没有这些烦琐的章法工具，我们只是想传达自己的内心，不管说的是什么，重视的都是内心的真情实意。要说实在有，我们只有简单的"赋比兴"：

赋是铺陈，是叙述："死生契阔，与子成说。执子之手，与子偕老"；

比，是由此及彼："手如柔荑，肤如凝脂"；

兴，是由彼及此，"关关雎鸠，在河之洲。窈窕淑女，君子好逑"。

这是我们中国的语言，是我们中华民族的语言，它优美而独特。

在这样美的语言里浸染和熏陶，会有怎样的结果呢？

几年前，由诵读国学经典入手，我提出了"复调语文"，在肯定学生个体价值的同时，习得语言、浸润思想、发展思维、文道双休、内外兼得。

践行"复调语文"的第一届学生是从四年级带起的，如今已经升入高二，优秀得让人惊讶：有的已经获得了华盛顿大学的录取通知书，有的是复旦附中的风云人物，有的是昌乐二中的级部尖子，有的已经才华横溢。

比如，学生丁思文的一首《秋月吟》，最近正风靡网络：

## 秋月吟

丁思文

李清和者，扶风太守李世平之子也，少孤。幼时博闻强识，七岁能属文，其文理无有不通者，乡人尽以潘陆与比。天节十二年，清和赴长安应科举殿试，未及，北有羌人略定襄，飞卫将军谢长卫殁于乱军之中。三月，淮水大散关以北尽陷，清和流离至扬州，逡巡十载，不得北还。时人尽言其已逝，其妻李氏遂再与富贾陈乔结姻。后有楚王威大倡义兵，收复故土，清和乃得北还。清和还乡，见乡人尽披发左衽，虽王室中兴，其旧俗未易矣，遂有黍离之悲。其复归家，妻已背弃，旧居破败，而五内俱焚，作《秋月吟》六百余字，卒乘舟浮沉于江海，不复入世矣。

风露满庭人独孑，流华飞霰月半阙。
今我去兮雪如花，归时应是花似雪。
肥裘薄衾殷切切，佳人过堂出相携。
但恐难入杨花梦，银霜满裳袂不接。
愿卿倚井当勤思，当日桃花灼满枝。
红妆十里金丝缕，王子萧公吹芦丝。
庭树知我青春事，代传飞絮遥相知。
轻舟小楫渡江岐，扶桑乍起露未晞。
青山碧柳多妩媚，晨风当面沾我衣。
紫衫花骢立中宵，踏芳独上朱雀桥。
既见长安于日下，江楼少年吹洞箫。
未央燕子九重霄，商女卫风多淫妖。
何日潜鲤作龙跃，飞马侧帽东风潇。
忽闻天狼起贺兰，凭岚重鼓破河山。
商女仓皇三断弦，书生扣扇倚阑干。
僧庐风烈雨潺潺，扬州烽火春阑珊。
玉壶冰心言难尽，北风只身入散关。
充耳缄口当弘慎，漫卷诗书学稼轩。
芳甸白汀长悠悠，千壑峻嵬不胜愁。
拥炉淬火焚序典，几人今是经纶手！
新风换得袖中暖，逡巡十载黄花瘦。

忽传关外故土收，欣然若癫催兰舟。
秦关不复汉时月，琼苑朱檐作土丘。
天涯归路月轻悄，幼儿依江歌故遥。
此身乱世沉浮萍，忽聚忽散逐浪潮。
西村小女坐沽酒，坊前稚子力挥锹。
忽见乡人尽短衿，风语多闻非汉音。
青衫风流披发客，鸿儒广博沦胡尘。
野火烧尽百草新，寸寸春阴寸寸心。
愿受金乌十日曝，九秋既来疏雨侵。
昔日朱门三拜别，东风未负旧时约。
残梅参差香暗动，小池清浅影横斜。
花径未扫柳枝雪，镏漆斑驳琼壶缺。
今思一夜破天曲，龙文成雪月如玦。
人间别久悲难成，暮暮朝朝总相诀。
杳见罗袜轻凌雪，峰峦如慕云千叠。
惊鸿翩若发满霜，故人何辜今时月！
一曲子衿空无悔，石破樽落前缘灭。
从此余生付江海，梦里失约笛中借。

## 五、当下即是

台湾的赵玲玲女士说，她要用国学经典把自己老成一件艺术品。很喜欢这句话，这是佛家的态度，也是儒家的态度，无限向前，向往将来。

此时我在遥想：多少年过去，当我发苍苍，视茫茫，齿牙摇动时，我的学子学孙们会不会也把我看作一件有价值的艺术品呢？

借用语文的慧眼，透视文学的、历史的、哲学的窗。我想作为一名教师，我们都应该是这样的。

但是禅宗说：当下即是。不追忆过去，不遥想未来，此刻，我们正在谈经论道，此刻我们正是唇齿留芳，此刻就是最好。

# 《玉想》之想

## ——读张晓风的《玉想》

又一次读张晓风的《玉想》。

很多年前，好友一口咬定以我的文字风格定会喜欢张晓风的散文。其时，我并不知道张晓风何许人，只是记住了这个名字，开始留心她的文字。搜到她的第一篇文字就是这篇《玉想》。当时感觉没有异样，平平淡淡，华丽不如余秋雨，味浓不如龙应台，读过便撂在一边。

多年以后的这个午后，天高云淡，秋光明媚。随手抽出了《张晓风散文精选》，翻到了《玉想》，子越的断言穿越时光击中了我的心念。在晓风的眼里，玉是得道的石头，玉是颖悟的生命；玉是名士美人，可以相与出尘；玉是柴米夫妻，可以居家过日子。还或许，玉是那一段缠绵之想，玉是那一句没有声音的语言？

诺贝尔奖得主撒·辛格说“文学像女人，别人为什么喜欢她以及为什么不喜欢她的原因，她自己也不知道。”玉是这样的，可以让人不知不识，只是对它无端端地纯纯地欢喜，玉的价值只在于人对它的珍视程度——这不由得让人想起网上流行的一句话，“你不过是仗着我对你的喜欢而已”。

无瑕的玉晶莹、柔润、缜密，讨人喜，然而作者更喜欢有瑕的玉。“凡是可以坦然相见的缺点，都不算是缺点。”纯全纯美的东西也许太过完美，像神器，只能够让人膜拜，不敢亲近。女人眼里的男人和孩子之所以可爱，正是因为他们暴露无遗的小缺点。又或许平生好友，若是不知道对方的一两件糗事，作为可笑可嘲可骂的谈资，友情又会有多么空洞呢？然而，接下来，作者的笔锋陡然一转，“缺憾必须依附于完美”，独存的缺憾岂有美丽可言？婴孩的顽劣之所以可爱是因为它有一份近乎神明的纯真。

自己对玉的认同大概是因为年少时也是喜欢玉的。一直相信玉是活的，戴在身上久了，会随着气脉流动。相信玉是灵的，能感应自己的心事，会驱秽避邪。有一年，家里一位老人去世，去世的老人频频入梦，胆子小怕到极点，于是到十笏园附近请回了五尊小玉佛，分给家人，戴在颈上壮胆（其实别人没有我的感遇）。不想戴上之后竟连续几夜被拴玉的红丝线勒醒，遂知与玉无缘。之后也有几次禁不住喜欢，又淘了其他的玉带在身边，都戴不长久。

依撒·辛格的句式来说，我就是那个不知道我为什么喜欢玉以及玉为什么不喜欢我的女人。“相看两不厌”于我和玉不存在。

可是，依然喜欢张晓风的这篇《玉想》，让我在这个宁静的秋日午后，想之又想。

想自己当年对这篇文章的不喜欢，竟是刘姥姥，端了妙玉的“官窑脱胎白盖碗”，喝了妙玉的隔年雨水茶，却大大方方地说“好虽好，就是淡了些”。

哪知淡却有淡的悠长，华丽浓烈亦是容易疲倦的。

# 人生，一次偶然的异乡之旅
## ——读《不能承受的生命之轻》

断断续续中，终于读完了米兰·昆德拉的《不能承受的生命之轻》。如果用一个词来概括本书的主题，我想应该是“孤独”，一个异乡人的孤独，找不到归宿的孤独。

托马斯，特蕾莎，萨比娜，佛兰茨，谁是谁的归宿，谁是谁的重呢？

### 一、特蕾莎：寄情于狗的女人

特蕾莎是个让人心疼的女人。她逃离了母亲（一个外表美丽，内心没有羞耻感的女人。她坚持让特蕾莎的世界里也没有羞耻感，她认为青春和美貌了无意义，世界是一个巨大的肉体集中营，没有灵魂，只有相似的肉体。），她想从托马斯的身上得到救赎，她不仅要他的灵魂唯一归属于他，肉体也要唯一归属于她。但是，自从她踏上她自认为的救赎之路时，她就开始了辛苦、艰难的自我救赎。最后她终于和托马斯死在一起了，也许，在她自己看来，这是最圆满的人生结局。但是，有意义吗？正如最后的那个夜晚，她对他说：“托马斯，我是造成你一生不幸的人。你是因为我才来这儿的。是我让你到了这么低的地步。”精神上，她没有把他看成归宿，形式上，也只是带有愧意的圆满，如果她曾经认为这是一种圆满的话。

托马斯是特蕾莎的归宿吗？特蕾莎身上折射了诸多怨妇的影子：付出、失望、纠结、忍耐、折磨……在托马斯“爱与性分离”的理论下，在猜度嫉妒，精确感知托马斯几百个情人的日子里，脆弱和忠诚是特蕾莎最大的武器，托马斯在她咄咄逼人的软弱之下，最终由一个国内外知名的外科大夫变成了一个闭塞小山村的卡车司机，一如她梦中终于抱在怀里的那只小野兔。但是在经历了一切以后她仍然基本认定一个道理，那就是：根本不值得对自己的同类好。甚至对托马斯，她也不得不表现得像个多情的妻子，因为她需要托马斯。即便是在乡下度过的最后两年时光，她也因为托马斯一个藏信的动作，感觉在乡下的这两年幸福时光因为谎言而变得毫无价值，她宁愿去爱一只狗，卡列宁。她觉得卡列宁才是她的归宿。

起初，托马斯是她的重，后来这种重如愿以偿（或者她已不在乎同类托马斯），又转化为一种轻。

## 二、托马斯：灵肉分开的男人

特蕾莎是托马斯的归宿吗？起码开始在精神上是。他觉得特蕾莎是一个放在涂了树脂的篮子里顺水飘到他床畔的孩子，河水汹涌，怎么能把放有孩子的篮子放在水里，任它漂呢！这个隐喻捆绑了他的一生，特蕾莎是他的精神归宿，他对她怀有一种难以表达的爱。特蕾莎却是他的生命之重，自从遇上特蕾莎，他的艳遇不得不收敛，不得不躲躲闪闪，这让他有点狼狈。

托马斯的生命之重还在于他的职业。他被迫放弃手术刀，做了玻璃擦洗工，做的是自己完全不在乎的事，他觉得真美。而之前的一个小手术可能让他彻夜不眠甚至绝望，对职业的在乎贪婪地吸着他的血。而现在从事的不是内心非做不可的事，一下班就可以把工作抛在脑后，托马斯终于体会到了以前他心存怜悯的那种人的幸福，他体会到了不在乎带来的快乐。后来更甚，他甚至做起了乡间的卡车司机，因此可以说，是特蕾莎把他拖向了他的生命之轻。

但是传统意义上讲，我想托马斯是一个恶魔。也许我是作者批判的那种媚俗之人，但是对一个疯狂追逐女性的人，一个一年换八个女人犹嫌太少的花花公子，一个一心想在无数个女人身上发现那百万分之一不同的好色之徒，不是恶魔又是什么？所以，即便他最后变成了一位笨拙的卡车司机，却丝毫不值得同情，相反，我认为那是咎由自取，与作者认为的是特蕾莎的缘故无关。

米兰·昆德拉把人分为四大类，托马斯和特蕾莎都属于第三类，那就是活在所爱之人目光下的人，一旦所爱的人闭上眼睛，其生命殿堂也将陷入黑暗之中。乍读之下，我只能对作者的宽宏大量表示惊讶，托马斯是这样的人吗？细想之下，还真是的，不然他怎么会顺着特蕾莎的意愿，一步一步变成她梦中抱在怀里的小野兔，由她辖控呢？

## 三、萨比娜——灵魂像骨灰一样飞翔的女人

萨比娜是《不能承受的生命之轻》中最让人喜欢的人物，洒脱、自由，没有什么也没有谁可以羁绊她。我甚至怀疑她才是这本书的主角。

托马斯情有所属了，她依然写下炽热的情书，我行我素之余冷眼旁观。弗兰茨把她视作女神，抛弃妻子，她一夜之间消失得了无踪迹。她讨厌游行，讨厌媚俗。她喜欢托马斯的理由是因为在世俗的眼里，托马斯是个恶魔。她喜欢在墓地间游走思考，她怕自己死后被封在一块石板下灵魂受到约束，她希望将来自己的骨灰可以撒在空中随风飞翔。

她真正的追求是什么呢？她自己也不清楚，但是我想她肯定喜欢这种虚空的感觉。作者说，负担越重，我们的生命越贴近大地，它就越真实存在，否则，人就会完全飘起来，就会远离大地和大地上的生命，人也只是一个半真的存在，其行动也变得自由而没有意义。由此看来，米兰·昆德拉是在反对萨比娜的生活方式吗？

和萨比娜对应的是特蕾莎，更是佛兰茨的妻子。弗兰茨死去了，妻子穿上一件黑色婚纱，丈夫的死去才是她拥有他的真正开始。

如果说托马斯的感情是一个由轻到重的过程，那么萨比娜就是一个由重到轻的过程。但是为什么说不能承受呢？

# 我们需要！

## ——读《金刚经》

上周三，意外得好友两本好书，郝明义的《一只牧羊的金刚经笔记》和他编的四本佛经的合订本。四经合订本的第一经即是金刚般若波罗蜜经，之前一直读的是溥儒的小楷书版本的，八开大，因为同时喜欢溥儒楷书的尊贵和大气。但是不好携带，不能随时阅读。

这次一翻开，发现竟是以现代标点标注的，尤其是它分好了章节，且盈盈在握，可携可带，欢喜得不得了。《一只牧羊的金刚经笔记》一到家就被儿子抢了去，心里又喜一层——“抢”这样的经典，我们需要！

### 一、谁都不会空手而归

周四早起，因为要执勤。把经书带到车上，热车时读，大声地诵读，红灯时读，大声地诵读。一路绿灯时边行边忆，红灯时再对照，到校时《法会因由分第一》已可熟诵。

执勤时，低头穷索其义：如来与大比丘众两千五百人在舍卫国，如来在城中乞食，挨家挨户地乞。吃完饭后，如来收拾衣钵，洗手洗脚，坐好，准备讲经。

原先读过无数遍，只觉得这一段有点啰嗦，直接写经就好了啊，怎么会写上这些吃饭洗脚的事情呢？此时恍然大悟。如来世尊，都要去乞讨，一家一家地乞讨，不顾尊严，可见他放下了心中所有的自我，所有的挂碍啊！我相比佛祖，相当于寰宇中的一粒微尘，还有什么面子放不下的呢？

想到此，心里顿觉气朗神清。

恰遇玲，跟她请教。她说，如来不分贫富依次乞食，是因为他想给所有的人平等的机会，是想让他们舍下，舍下才会得福报。

高下马上分明，是自己的理解太浅薄。可见经典的魅力，什么层次的人有什么层次的收获，谁都不会空手而归。

## 二、仪式，让心灵有所依傍

昨天周六，到学校参加党代表推选会议。一路如往，边行边读，到校时《善现起请分第二》便能成诵。

讲的是长老须菩提向如来请教的一段话。第一句话尤其引人注意："时，长老须菩提，在大众中，即从座起，偏袒右肩，右膝着地。合掌恭敬，而白佛言。"一句话包含了五种仪式：从座起、偏袒右肩、右膝着地、合掌恭敬、而白佛言。

以前读到时，同样不理解这样一部经典为什么要描述这些细枝末节，而不直接切入主题。昨天在嘴里念念有词的某个时刻，突然顿悟，做这些小动作的瞬间能让我们在当下安下心来，给意识找到一个固定的支撑点，给心灵以安稳和方向。

这是一种被赋予了意义的心灵仪式，我们需要。

# 孤独方能咀嚼孤独

## ——读《百年孤独》

《百年孤独》是加西亚·马尔克斯于1982年获得诺贝尔文学奖的作品。《纽约时报》曾评价它为《创世纪》之后，首部值得全人类阅读的文学巨著。

手中的这本《百年孤独》是由范晔译的南海出版社的版本。搁在书架上好久，却一直没信心读下去。约略翻过几次，发现大家族中那长达七代的错综复杂的人物关系、祖祖辈辈重复来重复去的名字，让你不可能像读《红楼梦》甚至像读莎士比亚，更不可能像读任意一本金庸小说那样越过26万多字中的任意一页往下读。

这是一本需要在孤独的心境中方能阅读的书。

不，说阅读不确切，是咀嚼。越嚼越能发现它孤独中所蕴藉的人性的芬芳——相对于诺贝尔文学奖给予它的颁奖词及一切关于它映射了拉丁美洲的穷困与纷乱的说法，我更愿意从人性的角度去理解这本巨著。

### 一、俗人昭昭，我独昏昏

何塞·阿尔卡蒂奥·布恩迪亚是一位年轻的族长似的人物，他带领一帮敢于冒险的年轻人跋山涉水，来到一处荒漠，建立了马孔多村庄。他指导人们怎样播种，建议人们怎样教育孩子、饲养牲畜。他排定了各家房屋的位置，确保每一户都临近河边，取水同样便捷；他规划了街道，确保炎热时任何一户都不会比别人家多晒到太阳。但是吉普赛人梅尔基亚德斯的到来消融了他建功立业的雄心。他用一头骡子和两只山羊换了两块磁铁，想籍此发现金子；他单靠葡萄牙人的航海仪器和地图迷上了天文演算，发现了地球是橙子似的圆状体；他建起了炼金实验室，他带领两个儿子何塞·阿尔卡蒂奥和奥雷利亚诺忙碌其中，唯一的消遣是坐下来沉思。他教育儿子说，“就算你不敬畏上帝，也得敬畏金属”。他一度恢复起创业之初的进取心，营造了村子里积极向上的实干氛围。他带领马孔多的创建者们驱逐入侵者，一只手举着政府派来的里正走过半条街。他同意了二儿子奥雷利亚诺和里正最小的女儿蕾梅黛丝的婚事。在妻子乌尔苏拉和女儿阿玛兰旦外出旅游期间，因为少了妻子的照料和监督，他任凭想象把自己带到了一种永恒的谵妄状态，他满嘴是别人听不懂的鬼话，在以超常的力量和野蛮劲头将所有他“专有领地”的炼金设备、银版照相装置、金银器作坊都砸个稀巴烂之后，从此变成了众人眼中的疯子，被几十个人捆绑在院中的栗树下。

然而，在栗树下的日子里，他仿佛成了一位洞察一切的智者，当然在别人眼里还是一个疯子，只有尼卡诺尔神甫例外。为了证实上帝的存在，尼卡诺尔神甫喝下助祭的巧克力后，能凭空升起足足二十厘米。所有见过神甫离地升空的人都相信上帝的存在。可是何塞·阿尔卡蒂奥·布恩迪亚看后用鬼话咕哝了一句，神甫就落地了。神甫知道了他说的是拉丁语，他说这种离地升空的伎俩简单至极，是洞悉了物质的第四态。神甫向他传教，要他相信上帝的存在，但是何塞·阿尔卡蒂奥·布恩迪亚不相信繁复的证明，只要求看上帝的照片。神甫带上棋盘和棋子来到栗树下和他下棋，何塞·阿尔卡蒂奥·布恩迪亚没有答应，他说既然双方都同意遵守规则，他无法理解两个对手如何还能争斗。神甫越来越惊叹于何塞·阿尔卡蒂奥·布恩迪亚的睿智，便问他为什么会被绑在树上，他回答，“因为我疯了”。

或许，一个人看透一切之时，便是他疯癫之始吧。郑板桥的那句“难得糊涂”在老布恩迪亚面前也显得肤浅若斯，或许，越过遥远的时空，李耳的一段话可以描摹其孤独却怡然自得的心态：

众人熙熙，如享太牢，如春登台。

我独泊兮其未兆；

沌沌兮如婴儿之未孩；

儽儽兮若无所归。

众人皆有余，而我独若遗。

我愚人之心也哉！

俗人昭昭，我独昏昏；

俗人察察，我独闷闷。

澹兮其若海，飂兮若无止。

众人皆有以，而我独顽且鄙。

我独异于人，而贵食母。

## 二、爱到深处是无情

阿玛兰妲是这本书中最先让我产生想和别人谈谈想法的人物。她让我不解。

她的人生和丽贝卡分不开。

阿玛兰妲是何塞·阿尔卡蒂奥·布恩迪亚和乌尔苏拉的女儿。当她开始换牙的时候，十一岁的丽贝卡被寄养到他们家，从此成了阿玛兰妲的姐姐。

当阿玛兰妲和丽贝卡长成亭亭玉立的少女时，两人同时爱上了来为她们调试钢琴的意大利技师皮埃特罗·克雷斯皮。年纪稍长也更漂亮的丽贝卡博得了那位英俊而又有教养的钢琴技师的爱情，两人定下了婚约。但这并不能阻止阿玛兰妲的爱情，婚约定下几个星期以后，阿玛兰妲向这位准姐夫表白了自己的爱情。但是在这位优雅的钢琴技师眼里，阿玛兰妲不过是个任性的小姑娘，他甚至对她说，自己还有个弟弟。

阿玛兰妲感到受了侮辱。她下定决心要阻止姐姐的婚礼，就算尸横门前也在所不惜。她的想法被公开以后，母亲乌尔苏拉带她出去旅行了，借此熄灭她的爱情之火。但是此举并未奏效，相反，丽贝卡的婚礼却一再推迟。

丽贝卡婚礼前夕，未婚夫皮埃特罗·克雷斯皮收到了母亲病危的消息，婚礼推迟了。后来才发现这是一个恶作剧，皮埃特罗·克雷斯皮的母亲在来参加儿子婚礼的路上与儿子错过了。但是并未查出究竟是谁写了那封信，嫌疑最大的阿玛兰妲甚至赌誓证明自己的清白无辜。丽贝卡婚礼的第二次受惊，是阿玛兰妲取走了丽贝卡嫁衣里的樟脑丸，结果锦缎礼服被蛾子蛀成了粉末。但是有惊无险，因为心灵手巧的里正的女儿愿意在一个星期内为丽贝卡赶制出一套新嫁衣。眼看阻止不住婚礼的如期举行，阿玛兰妲作出决定，在咖啡中加一剂鸦片酊，毒死丽贝卡。结果却毒死了他们的二嫂，奥雷利亚诺的妻子蕾梅黛丝。

蕾梅黛丝是里正最小的女儿，青春期刚到，就嫁到了布恩迪亚家族。她为他们家带去欢快的活力，清早就开始唱歌，她美丽善良勤快，她是唯一敢在阿玛兰妲和丽贝卡中间斡旋的人。当她怀孕时，阿玛兰妲和丽贝卡同时为她休战，并争先为她腹中的孩子编织毛衣。但是，就是这样一个在家里备受爱戴的人物被毒死了。

因为关闭门窗守丧，丽贝卡的婚礼又被无限期推迟。

此时，布恩迪亚家族的长子，何塞·阿尔卡蒂奥在周游世界六十五次以后，回家了。他以野兽般的阳刚气质征服了被婚礼无数次戏弄的丽贝卡。三天后，布恩迪亚家族的养女和布恩迪亚家族的长子结为夫妇。乌尔苏拉视此为失礼，禁止这对新人从此再迈进家门。

阿玛兰妲的情敌在我们的眼里好像消失了。

丽贝卡之前的未婚夫皮埃特罗·克雷斯皮在乌尔苏拉歉意的邀请下，仍然不失尊严地按时来到布恩迪亚家。阿玛兰妲总是亲切殷勤地款待他，她揣测他的喜好，为他绣制生日手帕。她在午后的长廊里绣花，他陪伴一旁。他终于发现了以前他没有发现的她的美好，爱上了她的柔情。这些都不出乎我们的意料。出乎我们意料的是，当一个下午，皮埃特罗·克雷斯皮向阿玛兰妲求婚时，她回答："当然可以，但是要等了解更深的时候，太急总是不好。"对此，乌尔苏拉和我们一样困惑不已。

皮埃特罗·克雷斯皮从此每天傍晚登门，扣眼里别着栀子花。他为她朗读十四行诗，她编织各样的丝织品。阿玛兰妲善解人意以及不失分寸又包容一切的温柔，编织起一张无形的网把男友围在其中。这位意大利人觉得找到了自己的真爱，他向自己内心的煎熬屈服，又一次向阿玛兰妲求婚。阿玛兰妲说："别天真了，我死也不会和你结婚。"克雷斯皮百般哀求，卑躬屈膝到了令人难以置信的程度。为了看到阿玛兰妲屋里的一点灯光，他在雨夜撑着一把绸布伞游荡在附近。一天晚上他唱了起来，心神俱醉，那包含爱意的歌声把整个马孔多的灯光都唤了起来，唯有阿玛兰妲的窗前依然昏暗。天亮的时候，他被发现割腕自杀在自己的房子里。

阿玛兰妲悔恨不已，乌尔苏拉也为此抛弃了她。所以当她把手伸进炉火中烧灼，借以治疗自己悔恨的时候，乌尔苏拉视而不见。阿玛兰妲从此终生都没有摘下裹手的黑纱。

既然相爱，为什么却把对方折磨致死？这是我读到这里第一个解不开的地方。

阿玛兰妲真的悔恨了吗？不见得。

马尔克斯上校是阿玛兰妲的二哥奥雷利亚诺上校的战友，他很早以前就向阿玛兰妲表达过爱意。因为那时阿玛兰妲正沉浸在对克雷斯皮的单相思里，对马尔克斯的表白还嘲笑过。当马尔克斯上校再次从战场返回时，克雷斯皮早已不在人世了。他又一次表达了对阿玛兰妲的爱意，阿玛兰妲笑了。她在奋力重燃心中被遗忘的青春激情的余烬。她盼着与马尔克斯共进午餐的日子，盼着下跳棋的午后。但是，当这位上校如她所期盼的那样求婚时，她拒绝了。她把自己关在房间里大放悲声，克制着心中与他见面的渴望。

心里对爱情有无限的渴望，对相爱的马尔克斯却决绝如此，又一次重复了对待克雷斯皮的态度。这究竟是为什么呢？我在字里行间翻来覆去寻找答案，还是不解。

最令人不解的是她对待侄子——二哥奥雷利亚诺婚前与庇拉尔·特尔内拉的私生子的态度。她把他像儿子一样抚养大，侄子成年时，她一丝不挂和他一起洗澡，一起睡觉，挑动他的情火。侄子无可救药地爱上了她，她却断然与之断绝了关系。然而当侄子深夜摸进她的卧室，她没有像预想中的那样逃走或叫喊，心头反而涌上一阵如释重负的轻松。她每夜为他留门，却每夜在床上对他进行激烈反抗，从未让他得逞。

阿玛兰妲，对待她一生中深爱的也被对方深爱着的三个男子，无一例外是一种态度，最初以无限温柔网络住对方，无比渴望着对方的爱情；当对方求婚时，又无比决绝而痛苦地拒绝。

为什么？

多年以后，她的母亲乌尔苏拉失明了。失明后的乌尔苏拉获得了非凡的洞察力。她终于发现铁石心肠的阿玛兰妲才是这世界上最温柔的女人。阿玛兰妲令爱上她的男人无比煎熬地等待甚至死去，实在是出于无穷的爱意与无法战胜的胆怯之间的殊死较量。最终胜出的是阿玛兰妲毫无理由的恐惧，恐惧的对象是她自己饱受折磨的心灵。

阿玛兰妲终生未婚，以贞洁之身进了棺材。

行笔至此，谜底揭开。阿玛兰妲的悲剧来自对爱的恐惧，来自丽贝卡对爱情狂热的掠夺。

金庸笔下的李莫愁、灭绝师太、梅超风这些令人恐惧的女人哪个不是来自爱情的枪戳？

问世间，情为何物？相许不得竟叫人终生痛苦。

## 三、问世间情为何物

丽贝卡，拥有冲动的心性和炽热的情欲。在爱情上，相对于阿玛兰妲来说，她凡是想到的就能得到。

她先是爱上了克雷斯皮，同时克雷斯皮爱上了她。两人的婚期在阿玛兰妲的诅咒中一再拖延。终于她的激情被消耗殆尽，转而爱上了同样情欲炽热的非亲生的大哥何塞·阿尔卡蒂奥。她凭着自己不屈的性格、贪婪的情欲和执着的野心，吸纳了丈夫超常的精力，使他从一个游手好闲、寻花问柳的男人变成了一头干活的巨大牲口。他们的家建在坟场的对面，他们俩救了弟弟奥雷利亚诺·布恩迪亚上校。何塞·阿尔卡蒂奥掠夺了几乎可以看得见的所有的土地，他们过着幸福的男耕女织的生活。

何塞·阿尔卡蒂奥给了丽贝卡想要的幸福。但是一天下午，在何塞·阿尔卡蒂奥打猎回来之后，丽贝卡一枪打死了丈夫。但是丽贝卡声称自己在浴室，并没有察觉丈夫回来。事实上，谁也想不出丽贝卡有什么理由杀死丈夫，并且从此封闭门窗，过起了活死人的生活，直到死去，只出过屋子一次。最后一次有人看见她的时候，她一枪命中，当场击毙一个企图入室的小偷。

其实，所有的文字线索都在暗示是丽贝卡枪杀了丈夫。但是为什么呢？

至今，我没有从书中找到答案。

失明后拥有无限洞察力的乌尔苏拉在她身上发现了无畏的勇气，她说，她们全家对不住丽贝卡。这又是为什么呢？

丽贝卡杀死给她幸福的丈夫是出于爱情吗？我不懂。

## 四、至美从不在人间

蕾梅黛丝，不是第一个蕾梅黛丝，是何塞·阿尔卡蒂奥和庇拉尔·特尔内拉的私生子——何塞·阿尔卡蒂奥的女儿，乌尔苏拉的曾孙女。

她的美貌惊心动魄，令亲人恐惧，令陌生的男人死亡。

乌尔苏拉禁止她出门，即便和姑姑一起出门也要用一块黑色头巾蒙住脸庞。

见到过她的男人会怎么样呢?

一位貌似神话中的王子样的人，在一次望弥撒时献给了美人儿蕾梅黛丝一支黄玫瑰，她再自然不过地接过去，并在一瞬间揭开面纱嫣然一笑表示感谢。然而，这一刻对于这位绅士来说便成为永恒。从此，他夜夜带着乐队在美人儿蕾梅黛丝窗前流连，有时直待到黎明时分。曾经衣着考究、神采照人，放弃了远方国度里的财富与权势的人物沦为了衣衫褴褛、卑鄙龌龊的渣滓。他寻衅滋事寻花问柳，滚在自己的排泄物里，最后死去。不过，这还不算悲剧，其最大的悲剧在于，美人儿蕾梅黛丝根本从未注意过他。

当监视自己爷爷的警卫队长向她表白爱意，遭拒绝后殉情死在她窗下时，她评论道:“他就是太傻了。”

她所到之处定然引发情感灾难。有个外乡人揭开她屋顶的房瓦偷看，看到她惊人的裸体顿时透不过气来，她从屋瓦的缝隙间发现了那双凄楚的眼睛，但没有害羞，只是惊慌，害怕他掉下来，结果他满含眼泪地掉下来摔死了。人们从死后的尸体上闻到了美人儿蕾梅黛丝的气息，尸体上涌出的不是鲜血，而是散发着神秘芳香的琥珀色液体，人们明白，蕾梅黛丝的神秘芳香直到死者尸骨成灰也不会放过他。真正意识到这一点是在第四个男人死掉之后。

美人儿蕾梅黛丝和一群女友去见识种植园。从她进入种植园的那一刻起，空气中便有致命的芬芳满溢。正在劳作的男人们心里一阵恐慌，感到自己忍不住要痛哭一场。于是种植园里乱作一团。蕾梅黛丝从未讲起，有个男人趁慌乱之际，在她腹部摸了一把，男人那双绝望的眼神像炭火一样印在了她心里。当晚，那个男人在大街上炫耀自己的勇气，几分钟后，就被一匹马践踏而过，死在自己的鲜血里。

但是，蕾梅黛丝却永远停滞在天真烂漫的童年。排斥一切人情世故，对一切恶意与猜疑无动于衷，单纯地生活在自己的幸福世界里。她不明白为什么要穿衣服，整天赤身裸体地在家里走来走去，最后被逼无奈，才自己做了一个大口袋，抠出一个口子，从头顶套下去，里面空空荡荡什么都不穿。她本有一头瀑布般的秀发却厌烦家人总要她扎起来或修剪，索性剃成了光头。她简化事物的本性有个惊人之处，她越是抛开时髦只求舒适越是罔顾城轨凭感觉行事，她那不可思议的美貌就越打动人心。她不会做任何家务，用手抓饭吃。

身经百战的奥雷利亚诺·布恩迪亚上校说她是最智慧的女子，好像打了二十年仗回来。但是亲人们都不再对她抱有能懂事的希望。

直到一天下午，美人儿蕾梅黛丝在露出一个怜悯的笑容后，抓住床单随着一阵明亮的微风升上天空。消失在连最高的回忆之鸟也无法企及的高邈空间。

## 五、爱的尊严在于卑微

佩特拉·科特斯是美人儿蕾梅黛丝的双胞胎哥哥奥雷利亚诺第二和阿尔卡蒂奥第二的共同情人。在真相大白后，阿尔卡蒂奥第二退出，奥雷利亚诺第二和她一直生活到死去。

奥雷利亚诺第二和她在一起的日子是最快活最疯狂的日子。在娶了可与美人儿蕾梅黛丝相媲美的费尔南达女王后，他更离不开佩特拉·科斯特了。

费尔南达与现实世界格格不入，无论吃饭睡觉，她都有烦琐无比的仪式要遵守，还要约束大家一起遵守。她矫揉造作，说话拐弯抹角，任何时候都自命不凡，眼里瞧不进任何人。她独断专行，不讲道理，全家的大事小事全是她一人说了算。她改变了家里热情好客、喜招八方宾朋的习惯，关闭大门，不许外人走进家门。

奥雷利亚诺第二无法忍耐她，大部分时间都在情人佩特拉·特克斯那里度过。他们饲养牲口，疯狂地赚钱，赚得了一份雄厚的家业。他们大肆欢宴，宴请四面八方的人们，彻夜不息。

但是赚得的绝大部分钱财还是给了女王费尔南达。每当危急情况来临时，比如海吃大赛上奥雷利亚诺第二昏厥时，连绵不绝了四年的阴雨天气里，他都会回到费尔南达身旁。

四年阴雨后，所有人都破产了。奥雷利亚诺第二和佩特拉·科特斯尤其严重。他们的牲口没有了。奥雷利亚诺第二重新回到佩特拉身边，佩特拉毫无怨言，两人携手并肩再次创业，但是却没有那么简单。在艰难中两人真正的爱情爆发。忆起往昔，两人都把离奇的欢宴、财富和当年毫无节制的私情看作障碍，一同感慨浪费了多少时光才找到两人共同的天堂。两人在无儿无女的多年相伴之后疯狂相爱，直到年老体衰时仍然向小兔小狗一样嬉戏打闹。

但是这绝不能说佩特拉阻碍奥雷利亚诺第二成为一位负责任的父亲和丈夫。他们倾尽所有把奥雷利亚诺第二和费尔南达的孩子们送去了理想的学校。他们喝糊糊粥却把剩下来的四分之三的钱给了妻子费尔南达女王。

奥雷利亚诺第二死亡前一星期，他带着衣箱回到了费尔南达身旁。当他的死讯传来时，佩特拉·科特斯发现他生前说要穿进棺材的那双靴子没有带回去，于是她带好靴子，登门请求费尔南达让她看一眼遗体。费尔南达不让她进门，并且侮辱她说，她的男人那么多，把靴子留给自己的下一个男人吧。

费尔南达女王因为奥雷利亚诺第二的去世，失去了经济来源，生活面临着困难，但是，奇怪的是，每当星期一就有一个自称是欠了奥雷利亚诺第二账的人，来送足够一星期吃的食物，直到费尔南达女王去世。

这个送食物的人，其实是奥雷利亚诺第二生前的情人，佩特拉·科特斯。

是的，爱的尊严在于卑微。

# 始于理想

## ——崔秀梅《理想课堂的关键事件及评析》新读

小王子说："使沙漠如此美丽的，是它在某处藏着一眼泉水。"苏埃克苏佩里在《小王子》中如是说。

也许，作为《理想课堂的关键事件及评析》的读者，我们可以把这句话简单理解为：使教育如此美丽的，是因为在这本书的背后隐藏着她们的教育理想，而后才是她们理想中的课堂——这是一本始于理想的书。

以崔秀梅为首的研究团队就是由这样一群有教育理想的人组成的，她们不仅拥有深厚的教育理论素养——尽管她们自称"不擅长高深理论"，更在实践中积累了大量的案例、课例，并细心归纳、小心求证、反复思考——尽管她们都那么"熟知课堂"。崔秀梅，是一个自认为"真正的生命在课堂上的人"，十八年的中学物理教学经历将她精神生命的火种播撒在了课堂上，不管是后来从事学校管理工作，还是全市的教科研工作，"研究课堂依然是最投入最醉心的工作"。而于宏等教师一直深入在教科研工作的第一线，严谨细致却又默默无闻地用行动诠释着对课堂的钟情。

藏在《理想课堂的关键事件及评析》背后的理想是什么呢？

对话。理想课堂是一个"课堂教学是一个教师、学生与课程资源对话沟通的过程。这个过程的效果，取决于系统结构的合理性，也取决于贯穿过程的教师、学生、课程资源以及它们之间的相互作用"。教学即对话。对话作为一种教育理念，在新课标中被正式提出，之前克林伯格曾指出过："在所有的教学之中，进行着最广义的对话。……不管哪一种教学方式占支配地位，这种相互作用的对话是优秀教学的一种本质性的标识"；对话作为一种教学形态，与"问题教学""体验教学""开放教学"等形态相对应。然而，我们更认为此处的对话是作者的教育理想。巴赫金说，“生命在对话中敞亮，存在在对话中展开，主题建构在对话、在我与他人的对话中实现”，“人作为一个完整的声音进入对话，他不仅以自己的思想，而且以自己的命运、自己的全部个性参与对话”。在巴赫金这里，对话是一种生存方式，是一种生命状态，是作为教育者对生命的终极关怀。本书第二章的标题是“兴致勃勃地投入学习”，更容易让人沉思：为什么要使学生“兴致勃勃”？怎样才是兴致勃勃的学习？如何使学生“兴致勃勃”地学习？相信对这些追问会使我们更深刻地体会到作者的对话情怀。

关心。内尔·诺丁斯在《学会关心——教育的另一种模式》中指出，“学校教育不是通往上流社会的阶梯，而是通向智慧的道路。成功不能用金钱和权力来衡量，成功更意味着建立爱的关系，增长个人才干，享受自己所从事的职业，以及与其他生命和地球维系一种有意义的连接”。理想课堂中自主、合作、探究的普遍运用，使得学习氛围轻松、自在、民主，学习内容可选择，学习活动可选择。诺丁斯继续说，只有“处在一种亲密的关系之中我们才有机会了解关于道德的秘密，才有机会学会如何完善我们的道德”。而且，这样就不会有教师以关心的名义，不辞劳苦地把自己的观点强加给学生，就不会以知识灌输的多少，来衡量人本身的成长。关心还体现在理想课堂结构要素的非固定性上，根据学生的实际情况，自主学习可以被安排在课前、课后和课中。恰如书中所言：“结构不是固定程式。”“教师完全可以根据学生的实际情况和自身情况，选择不同的流程组合来适应不同时期、不同教学内容的需要。”

理想课堂是什么样的课堂？

自然相遇。理想课堂从教学理念、教学设计、教学指导、学生兴趣、学习习惯五个方面解读了影响课堂效益的过程性因素，又以结构要素为线索展开，以典型事件承载、剖析贯穿于教学过程始终的过程要素对课堂教学的影响，并提供了相对成功的范例。它告诉我们，“理想课堂不仅仅是学生学习学科知识的场所，还是他们实现精神丰富和人格成长的地方。在课堂上，不仅要引领学生丰富学科知识，经历一个个知识产生的过程并从中感悟学科思想方法，提高认识世界、改造世界的能力，还必须关注学生的情绪生活和情感体验，关注学生的道德生活和人格养成，追求学生主动、真实、健康的发展”。很明显，理想课堂没有强制，没有灌输，没有心理上的不安全。相反，在学生心理上，它是学生与教学内容、教学活动的自然相遇。

苦心邀约。理想课堂不是走过场，不是秀形式，不是以少数优秀学生的表现代表全体学生的表现，它应该是让学生“有足够的独立思考、自主学习的时间”，让每个孩子都能够表达自己的见解，都有机会说出自己的困惑，并保持持久的学习兴趣和热情。然而，在理念和行动之间还有一段距离的时候，如何保证课堂的理想性呢？理想课堂告诉我们，“有效地进行课堂教学评价就是架设在教师的理念和行动间的那座桥梁”，同时，作者还提出了理想课堂的指标和标准，在此基础上，引领学生学习的改善和谋求教师专业的成长——此时的引领和谋求，不就是一种苦心经营的邀约吗？

王羲之在《兰亭集序》中言：“仰观宇宙之大，俯察品类之盛，所以游目骋怀，足以极视听之娱，信可乐也。”的确，抬头观望辽阔的宇宙，低头品察繁盛的事物，这些让我们放眼四望、舒展胸怀的景观，都足够让我们快乐。恰如此书，大从宏观的专业教育理念，小到微观的课堂教学细节，教学案例高从九年级的数理化学科，低到小学一年级的语文数学，以崔秀梅院长为首的研究团队，能够不惧“宇宙之大”、不厌“品类之盛”，在付出心血的同时，反而尽享“游目骋怀”“极视听之娱”的快乐，理由只有一个：始于理想。

# 功遂身退，天之道也

## ——读《道德经》第九章

《道德经》第九章：持而盈之，不如其已。揣而锐之，不可长保。金玉满堂，莫之能守。富贵而骄，自遗其咎。功遂身退，天之道也。

这一章，老子是让人适可而止：名利地位不要去争不要去抢。一直在巅峰，不如适时停止吧。显露锋芒，不可能长久的，金玉满堂，怎么可能长久守得住呢，富贵而且骄傲，是自取祸患啊。功业完成是合乎自然的道理啊。

可以说，字字千金，全是真理。仅就最后一句“功遂身退，天之道也”来讲，历史上有多少这样的例子呢。正面的例子，我首先想到了周公与范蠡。

周公：《史记·卷三十三·鲁周公世家》记载，“周公旦者，周武王弟也。自文王在时，旦为子孝，笃仁，异于群子。及武王即位，旦常辅翼武王，用事居多。”

“武王克殷二年，天下未集，武王有疾，不豫，群臣惧，太公、召公（《诗经·周南·甘棠》蔽芾甘棠，勿剪勿伐，召伯所茇。蔽芾甘棠，勿剪勿败，召伯所憩。蔽芾甘棠，勿剪勿拜，召伯所说。——茂盛的棠梨树啊，不要剪不要砍，曾是召伯居住的地方。茂盛的棠梨树啊，不要剪不要毁，曾是召伯休息的地方。茂盛的棠梨树啊，不要剪不要折，曾是召伯停歇的地方。）乃缪卜。周公曰：‘未可以戚我先王。’周公于是乃自以为质，设三坛，周公北面立，戴璧秉圭，告于太王、王季、文王。史策祝曰：‘惟尔元孙王发，勤劳阻疾。若尔三王是有负子之责于天，以旦代王发之身。旦巧能，多材多艺，能事鬼神。乃王发不如旦多材多艺，不能事鬼神’……周公已令史策告太王、王季、文王，欲代武王发，于是乃即三王而卜。卜人皆曰吉，发书视之，信吉。周公喜，开钥，乃见书遇吉。周公入贺武王曰：‘王其无害。旦新受命三王，唯长终是图。兹道能念予一人。’周公藏其策金縢匮中，诫守者勿敢言。明日，武王有瘳。”

“其後武王既崩，成王少，在强葆之中。周公恐天下闻武王崩而畔，周王乃践阼代成王摄行政当国。”后来，周公的兄弟们管叔、蔡叔、武庚等散布谣言说，周公对成王不利，他们伙同南方的淮夷发动叛乱，周公率领大军一一平定，最后“诸侯咸服宗周”，天下诸侯都归附了周。史记还记载，即便小成王对事物的看法不和周公一致，他也不敢责备周公。

“成王长，能听政。于是周公乃还政于成王，成王临朝。周公之代成王治，南面倍依以朝诸侯。及七年后，还政成王，北面就臣位，匑匑如畏然。”成王长大了，能够自己管理朝政时，周公便将政权归还给了成王，成王临朝听政。周公在代替成王行使职权时，面朝南方，背靠屏风接受诸侯的朝拜。七年后，还政于成王时，仍回到臣子的位置面向北而立，又完全是一副恭敬小心、战战兢兢的样子。周公去世以后，成王不敢把他当臣子对待，将他葬在爷爷周文王的身旁，并且允许周公的儿子鲁公在鲁国也可以使用天子的礼乐祭祀。

这就是“功遂身退，天之道也”，很圆满的结局。

第二个例子是范蠡。在《史记》中，没有专门为范蠡列传，而是附在《越王勾践世家》里面。范蠡辅助越王勾践奋斗了二十余年，灭掉了吴国，压倒了其他一些小国家，成了天下的霸主，范蠡自己也成了上将军，越王说要分一半的国土给他，范蠡以为盛名之下，难以长久平安，于是隐姓埋名乘船出海，到了齐国，在海边耕田劳动，后来积累了几十万的家产，齐国人请他去做宰相。他感慨地说道：“居家则致千金，居官则至卿相，此布衣之极也。久居不祥。”在家为民就能积累起千金，在朝为官就能官至卿相，作为一个平民，这已经到了顶点了，过久地享受这种荣誉是不好的。于是，他“乃归相印，尽散其财”，迁到了陶地，又积累了巨大的财富，被人称作陶朱公。司马迁评价说“范蠡三迁，皆有荣名，名垂后世。臣主若此，欲毋显得乎？”范蠡三次搬迁，三次名声显赫，这样的人，要想不让他名声显赫，办得到吗？

这都是对“功遂身退，天之道也”的最好注释。

反面的例子同样不少。就拿我们最熟悉的李斯和韩信来说吧。《史记·

李斯列传》记载：李斯以一个平头士子的身份游说诸侯，后来协助秦始皇平定天下，自己成了国家的重臣，李斯自己曾经叹息过，“夫斯乃上蔡布衣，闾巷之黔首，上不知其驽下，遂擢至此。当今人臣之位无居臣上者，可谓富贵极矣。物极则衰，吾未知所税驾也!”我李斯原是上蔡的平民，街巷里的百姓，皇帝不了解我才能低下，才把我提拔到这样高的地位。现如今，做臣子的没有人比我职位更高，可以说是富贵荣华到了极点。然而事物发展的极点就要开始衰落，我还不知道归宿在何方啊！其实，这时已经 60 多岁的李斯若是真的聪明，他应该像范蠡一样告老还乡，这才是明智的选择。可惜的是，他还是止不住地贪恋富贵，结果晚节不保，葬送前程！

为了保住富贵，他和赵高勾结，害死公子扶苏，伪造遗诏把秦始皇的小儿子胡亥扶为秦二世，自己最后却为赵高所害，成了刀下鬼。

《史记》记载：“具斯五刑，论腰斩咸阳市”，李斯受过了所有的酷刑，最后推到咸阳的街市被腰斩。当李斯与他的儿子被押解出狱的时候，曾转身对他的儿子说：“吾欲与若复牵黄犬俱出上蔡东门逐狡兔，岂可得乎?”（我要是想和你再一起牵着我们的小黄狗出去，上蔡东门去追逐兔子，还可能吗?）说完父子二人抱头痛哭。后来，赵高灭了他的三族。

再说韩信。与对范蠡不同，《史记》对韩信浓墨重彩。他是西汉的开国功臣，中国历史上除了孙武、白起之后的第三个杰出的军事家，一次闲谈中，刘邦曾问他自己能统帅多少人马，韩信说至多十万，刘邦又问你自己能统帅多少人马，韩信说自己统帅的人马多多益善，这就是“多多益善”这个成语的由来，明修栈道，暗渡陈仓；四面楚歌、十面埋伏等战术典故，都是韩信留下的。他为汉朝的天下立下赫赫功劳，后来却遭到刘邦的猜忌，最后以谋反的罪名被吕后处死，并且杀光了他的三族。刘邦知道后，是“且喜且怜之”，又高兴又有点舍不得。

太史公在《淮阴侯列传》的最后说：“假令韩信学道谦让，不伐己功，不矜其能，则庶几哉，与汉家勋可以比周、召、太公之徒，后世血食矣。”假如韩信当初能学点谦让之道，不夸耀自己的功劳，不因为自己的能力恃宠而骄，那么他对汉朝的功劳差不多可以和周朝的周公、召公、姜太公这些人相媲美了，并且，他会永远享受子孙以国家的名义对他的祭祀。

这几个例子都反映了老子所说的“功遂身退，天之道也”的正确性。《道德经》就是这么厉害，字字千金，句句经典。

# 不只是言无言

## ——再读李秀伟老师的《教育言无言》

《尚书》有言曰："诗言志，歌永言。"而《毛诗·关雎序》则将情志并提，更说："诗者，志之所之也，在心为志，发言为诗，情动于中而形于言。"的确，书如其人，是有灵魂的。好书如老友，在捧读理解之下感受到精神世界的灵犀相通，常读常新，百读不厌。读李秀伟老师的《教育言无言》，对这一点的体会尤其深刻：仿佛能看到一位年轻的智者，同时也是一位奔波在教育现场的行者，步履匆匆却又目光犀利，他在为教育而忧思，在为生命而叩问。

他拥有一名真正的学者所应有的品质：修其辞，立其诚。

诚如作者所说："教育的痛心疾首之言太多了，乃至于相信：言无言，终身言，未尝言。"我相信这是作者行走在教育途中，积攒、酝酿、涌动，最后不得不释放的一种情怀。从这部书的字里行间，我们不但能领略到作者的思想和智慧，还能感受到文字背后的情感和温度，这是作者发自内心的倾吐。他不疾不徐，如剥笋般层层设问，读者不是被动地接受观点，而是受邀同作者一起见证当下教育的弊端和痼疾。而对这样的弊端和痼疾，我们身为教育者，之前竟然早已习以为常且安之若素了。他娓娓道来，却振聋发聩；他的语言不愠不火，却总像一记重锤敲在我们心灵的某个点上，诱惑我们背离原先的立场，变成他的同谋，和他一起响亮地共鸣。

除了作者的诚挚和真切，我们从书中分明还触摸到了他对教育的良知和从不消减的热情。

"长期以来，教育、教学研究有两种倾向：学院派高高在上，脱离教育教学实际，从理论到理论；而第一线的教育、教学工作者，有实践经验，但是缺乏理论思考的深度和广度。还有一种情况是，优秀教师摸索出行之有效的教育教学经验，再由学院派的理论工作者帮助归纳、整理，寻找理论依据。这些都不是教学理论思维生成的需要和成本。”经由一线的教学实践，生机勃勃地生发出理论思维——我妄加推测，这是李老师之所以“言无言”的初衷吧。除却“余论”，全书十三章加上“引论”，共十四部分，内容皆为作者的所见所思，学科涉及语、数、英、思品等，学段涉及小学、初中、高中，足迹从潍坊到临沂，从山东到香港，从中国到美国。

为什么要深入课堂？为什么要亲临现场？与其说是对教学的督查与指导，不如说是对教育的关注和忧患。对于具有丰富的一线教学经验的作者来说，有的课堂即使不亲见，也定能想象得出它的整个教学流程。但是作者还是不顾舟车劳顿，甚至坚持不远千里赶赴现场，记录下关于教学的点点滴滴。因为，只有亲历其过程，置身其中，心随景动，才能捕捉住闪耀的瞬间，才能得到不一样的万千感慨，哪怕仅是为了刹那间的一丝触动。没有一份对教育的真正的良知和热情，能做到这些吗？十四个篇章之中无不包含着作者细致入微的洞察和深思，是用哪些时间把这些洞察和深思写下来的呢？李老师不是专业的写书人，著书立说不是他的职业，除却节假日，他的每一个白天都被常规工作填得满满的。听过李老师的演讲才得知，其所有的文字皆是其业余时间的心血凝结而成。人生有涯，没有这份宝贵的良知和热情，在这灯火辉煌车水马龙的美丽新世界里，谁能忍受得了在寂寂的夜里板凳一坐十年冷的清苦呢？然而，正是这份良知使他获得了独立思考的立场和让人耳目一新的视角，正是这份热情使他的文字拥有了贴近现实教学的亲切熟稔和厚重质感。

我当然更愿意从文字风格方面谈谈这本书带给我的感受。孔子在齐闻韶乐后“三月不知肉味”，韩娥善唱竟能“余音绕梁，三日不绝”，可见艺术的魅力。《教育言无言》是文字的艺术，全书夹叙夹议，亦文亦辩，甚至能用纯净质朴的文字繁复出青花瓷般清新的意境。“可怕的是错误吗?”“人何以被冷落?”“应该感动谁?”“我可以特殊一点吗?”“求解中和之美”“美丽从哪里来?”“打点主体尊严”“思想会有多远?”“用什么解释环境?”……就是这样简单却又清新的小标题，如一股股活泼的清泉向我们汩汩地涌来，紧紧地抓住人的视线，让人心甘情愿地埋头在文字间盘桓流连，不舍得离开。不只是小标题，整本书都散发着浓浓的诗人气质：“我们需要的不仅是能力、条件，而且是能否从思想深处找到道德的支撑，因为失去了道德感，教学在变与不变之间会很自然的选择保守，选择退回原状。”“正是因为（齐读、齐背、齐声回答问题）如此的热烈，才如此彻底冷落了学生个体”……就是诸如此类的语言让我们忙碌的思维得以瞬间停顿，以便照见自己的内心。其实，我们每个人在本质上都是诗人，好的文字能叫醒我们久已麻木的神经，把我们唤回最原初的本真状态，就像儿时第一次在回音壁前听到自己的回音，第一次偷偷地用听诊器听见自己的心跳，怎能不为之惊讶，为之欣喜，并且与之共鸣呢？从看似简洁的诗情里，我们感受到了文字中人性的光辉。同样是关于教育的书籍，它给予了我们一般学术书籍所拒绝给予的诗意和可读性。

好书贵在对平凡的发现与开掘。读李秀伟老师的书，常常能发现他善于以小见大，能从司空见惯的现象中指摘出积习已久却又不为人知的弊端。这让我们这些经年累月游走在课堂之中的教师，在倍感尴尬和汗颜的同时，却又被他剖析现象时的轻车熟路所深深折服：既有庖丁解牛般的熟练流畅，又有信马由缰般的收放自如。仅仅是因为作者诗意的文字和敏锐的思维吗？《教育言无言》是李秀伟老师在教学现场的十三个实践感悟，从“求真之教”“向善之教”“审美之教”，到“公正之教”“信任之教”“尊重之教”，再到“深刻之教”“价值之教”“需要之教”，最后到“独立之教”“智慧之教”“条件之教”“生态之教”，涉及的领域从美学到伦理学，再从哲学到科学，是其广阔深厚的理论素养和优异突出的学术把握能力，使得作者从学生的一举一动到课堂上的只言片语，从教案的设计片段到教师的无心之言，都能见人所未见，言人所未言，一针见血地指出问题的症结所在。而且，对于这些症结，他都能信手拈来。对孔孟老庄、柏拉图、康德、卢梭、斯宾诺莎等大师的观点都能加以论证和剖析，浓浓的思辨风格中闪烁着作者珍视价值、珍爱生命和向真、向善、向美的人文情怀。

本书仅仅是作者对教育的言无言吗？

于无声处听惊雷，于无言处见乾坤。《教育言无言》，言的不仅是庄子的“不言之言”，言的还是柳永的“执手相看泪眼，却无语凝噎”的“无语之语”。情到深处，无言以喻——是作为一个教育者的责任使然，更是作为一个人文学者的使命使然。

每读此书，总有莫名的感慨袭来：挥洒如许文字、如许思想的，该是怎样的一颗醇厚丰盈而又睿智深刻的心灵啊！

# 林黛玉与潘金莲

一直有一种隐隐的感觉，在林黛玉与潘金莲之间有某种东西是相通的——说出这话恐怕要遭口水。

倘使林黛玉有知，凭她的小性儿也定会对我这一谬论不着痕迹地冷嘲热讽一番，让我只有干瞪眼的份儿——君不见啊，只因史湘云说一个小戏子长得像颦儿，就惹发了红楼梦好长一段文字来铺叙黛玉心里的不适；当然潘金莲若有知的话是不会理睬我的，她只对与男人有关的事情感兴趣。

的确，林黛玉冰清玉洁，才华横溢，卓尔不群；她孤高傲世，目下无尘，罩在她身上的是浓郁的诗人气质，她是那位晶莹剔透、纤尘不染、真正不食人间烟火的绛珠仙子，换句话说，她是被作者诗化了的一个完美理想。

潘金莲目无纲常，道德沦丧，人性被超常的情欲所扭曲，一直是人们公开谴责和唾弃的反面典型。

林黛玉蔑视的是功名权贵，当贾宝玉把北静王赠的雍正所赐的名贵念珠一串送给她时，她却说："什么臭男人拿过的，我不要这东西！"

潘金莲蔑视的是道德名节，她勾引小叔、杀夫，与多名男子私通。瓶儿死了之后，视得到瓶儿的一件皮袄为快事。

然而，且不说她们都有惊人的美貌（林黛玉"两弯似蹙非蹙罥烟眉，一双似喜非喜含情目。态生两靥之愁，娇袭一身之病。泪光点点，娇喘微微。闲静似姣花照水，行动如弱柳扶风。心较比干多一窍，病如西子胜三分"。潘金莲"玉貌妖娆花解语，芳容窈窕玉生香""眉似初春柳叶，脸似三月桃花"），她们都拥有让她们刻骨铭心的爱人。这一点，并不是所有美人都具有的，比如薛宝钗，她固然艳冠群芳，品貌丰美，博学多识，历练老成，她固然爱上了贾宝玉，但是，很难说这种爱不掺杂了审时度势的成分，我们都记得，薛宝钗之所以住到了贾府，是因为当初她要参加皇宫里的选秀；再如金、瓶、梅之一的春梅，她与潘金莲共侍过西门庆和陈敬济，虽然是潘金莲的侍女却与潘金莲情同姐妹，有人评价她是一个独立于爱情的女性，此话不假，即使她后来做了官夫人，她也一直没有爱上过哪一个男人。

可是林黛玉和潘金莲却不同。林黛玉是为爱情而生的，当那份感情已不可得，她亦泪尽而亡，贾宝玉新婚之时她魂魄归天。潘金莲在遇上真爱以前，即使她百媚嫣然花香细生，她也依然安贫乐道随分守时，是一位贤能的家庭主妇，她把自己的首饰拿出来让武大拿去当些银子，以搬离“浅房浅屋”，“一心一计”地想过好日子。见到武松以后，她的命运开始改变，后来她的一系列令人不齿的行为全是爱情惹的祸，她爱武松而不得，风流倜傥的西门庆适时进入她的眼界，一切悲剧由此开始。潘金莲至死之时，还打扮得“乔模乔样儿”，满心欢喜地期待着武松去娶她，对满怀杀机的武松丝毫不戒备，属真正的“被爱情冲昏了头脑”型。

一个是捧在心尖，一个是恨不能淹于唾沫的美人，两个都在真爱面前香销玉殒——这就是她们之间的相通之处吧。

金庸在他的作品里不断地吟叹，“问世间情为何物，直教生死相许”，照以上看来，金庸的声音并不孤独，他只是发出人们早已困惑已久的一声叹息而已。人们因此而相通相知，不约而同地把这句话叹成了经典。

其实，一直以来爱情悲剧都是文学作品永恒的主题。佛家讲的贪嗔痴恨，在爱情里体现得再齐全不过，由此，我们便常常断定，佛教与文学是水火不相容的。然而我们却很少懂得，其实在伟大的文学作品里面，更能使我们比较容易地走向慈悲边缘的同情，更能使我们比较清楚地看到宗教的光辉。

# 结 语

## 缘于奎文区名师（专家）工作室的机制[①]

李秀伟工作室的成果来自于潍坊市奎文区多年来对名师工作室建设的探索与坚持。为给名师铺就成长的平台，奎文区一直在坚持做这项工作。

### 一、关于加强区域教师队伍建设的认识和思考

教师作为教育事业的主体，是教育教学的主要参与者，是推动教育改革和发展的中坚力量。教师素质的高低是办好教育的关键所在，加强教师队伍建设是学校不断发展的内在动力。《国家中长期教育改革和发展规划纲要（2010—2020年）》中明确提出了教师队伍建设的目标，即“严格教师资质，提升教师素质，努力造就一支师德高尚、业务精湛、结构合理、充满活力的高素质专业化教师队伍”，它是国家中长期教育改革和发展规划是否能够顺利实现的重要保障措施。在这样的背景下，探索教师队伍建设新模式，引领区域教师专业发展方向，实现教师队伍建设健康、协调、可持续的发展，具有重要的现实意义。基于以上任务和要求，对如何以名师带动加强区域教师队伍建设，我们认真进行了分析和思考：

1. 我区具有比较丰厚的名师资源，有齐鲁名师、山东省特级教师、潍坊名师、市特级教师等近20人。如何帮助这些名师的自身专业成长得到持续发展，如何发挥好名师引领、辐射和带动作用，需要找到合适的载体和建立有效的机制。

2. 如何将区域内的优秀教师资源凝聚起来成为“教师发展共同体”，从而便于主管部门对区域内优秀教师群体进行管理与规划，便于宏观调控优秀

① 奎文区教育局提供。

教师群体的发展方向和进程？

3. 我区地处市区中心，拥有较丰富的优质教育资源，如何发挥区域内高校、上级教科研主管部门内专家的资源优势，为本区教师专业成长提供智力支持和理论引领？

4. 名师需要培养，要通过一种培养机制才能完成质的飞跃。作为教育主管部门，就要积极地为名师的成长搭建平台，创造条件和机会。因此，名师培养工程也是对在区域内培养高端教育人才的研究和探索。

基于以上思考和认识，我们确定了“以名师工作室为载体，促进区域教师专业发展”的工作思路。通过几年来的探索与实践，现在已经初步形成以“名师工作室”为载体培养教师的制度框架和实施办法，构建起名师专业成长持续发展和青年骨干教师培养的工作机制。

## 二、区域名师工作室建设的主要阶段

我区工作室的发展经历了三个阶段：

第一阶段：2006～2008年，组建齐鲁名师成长工作室。以齐鲁名师提名者为主体，组建了孙颖齐鲁名师成长工作室、颜诺齐鲁名师成长工作室。主要目的有两个：一是搭建两位齐鲁名师候选人自身专业成长的平台；二是将工作室作为名师带动青年教师成长的载体。

第二阶段：2009～2010年，组建省、市、区三级名师工作室。2009年，随着齐鲁名师成长工作室的两位主持教师孙颖、颜诺被正式认定为山东省首届齐鲁名师，齐鲁名师成长工作室顺利完成转型，成为齐鲁名师工作室。同时，我们还以孙颖工作室为依托，分别成立了幸福街小学语、数、英三个学科工作室，实现了齐鲁名师工作室的衍生发展；颜诺工作室作为潍坊市教育局首批设立的潍坊名师工作室，与齐鲁名师工作室有机融合，并行发展。这一年，我们还选择了区内有突出表现和特长的老师（王丽、刘青、辛秀红、孙晓燕），组建了四个个性化教师工作室，实现了个性教师工作室的创生发展。同时，我们充分利用中心市区优势，引进市内优质教育资源，于2010年3月组建了两个专家工作室——欧晓霞专家工作室（以潍坊学院欧晓霞教授为主体成立的家庭教育和心理健康教育研究工作室）、李秀伟专家工作室（以曾任职潍坊市教科院现任职于齐鲁师范学院山东省基础教育课程研究中心的李秀伟老师为主体成立的教育教学研究工作室），实现了专家工作室的创新发展。

第三阶段：2011年至今，加强名师工作室运行保障机制建设。这一阶段，主要进行了名师工作室运行保障机制的研究与实践，重点加强工作室制度建设，制订出台了《奎文区名师（专家）工作室管理办法（试行）》。根据该管理办法，2011年组建了11个工作室，2012年组建了12个工作室，覆盖专家、名师、个性教师工作室三个层级。在健全的制度和运行机制的保障下，我区各级工作室逐渐走上规范、健康、高效的发展之路。

## 三、区域名师工作室建设的推进措施

我们主要本着“区域制度规范”和“工作室自主管理”两大原则开展工作，“区域制度规范”，即将影响工作室效益的要素进行制度建设，建章立制，让制度说话，让制度规范；“工作室自主管理”，即实施项目管理，设置项目管理经费，工作室自主规划与运行，以加大工作的能动性和可控性。总之，目前我区各工作室处于良好运转状态。

### 1. 健全工作室的管理机构

名师培养工程是一个上下协调、内外互动的系统工程，要高起点、高定位、高标准地组织并实施好这一工程，需要各方面的共同努力。教育局专门成立了以局党工委书记、局长为组长的领导小组，副局长为组长的工作室评审委员会，教研室主任为组长的工作小组，全力推进工程实施工作，为名师培养工程增势助力；实施项目管理，设立区项目组，负责区域协调与推进，设立11个子项目组，负责工作室的管理与研究；工作室所在学校提供服务与支持。

现在，我区组建的11个工作室，在学科、学段、研究主题等方面更加全面；11个工作室集聚了我区170多名骨干优秀教师，形成了一个区域内优秀教师团队，大家一起立足学科，聚焦课堂，发挥集体智慧、团队力量、专业优势，多方互动、深入基层来培养高端教师，打造学科高地。我区的“专家、名师、个性教师”三级工作室，以共同的愿景为导向，以协商、合作的文化为机制，以教师的实践问题为基础，以参与中的身份认同为标志的“教师发展共同体”已经成为我区教师队伍建设的重要措施。

2. 完善工作室的运行机制

我们围绕影响工作室效益的要素进行制度建设，建章立制，用制度管理、用制度规范。在多次论证、反复研究的基础上制订出台了《奎文区名师（专家）工作室管理办法》，从组建、组织、经费、成果与评价管理等方面做了具体的界定，明确了工作室主持人、成员、工作室领导小组、工作室评审委员会的权利和责任。这个文件成为我区各级工作室管理的指导性、落实性、评价性文件，并在此基础上进一步加大工作室的自主管理力度、研究力度、成果推介力度，工作室实施项目管理，设置项目管理经费，这些举措极大地调动了工作室主持人的积极性和能动性。制度规范和项目管理机制已经成为工作室深度研修的有力保障。

3. 建设工作室的运行要素

（1）工作室的层级界定

我区工作室分设“专家、名师、个性教师”三级，各级工作室具体界定如下：

专家工作室：是指引进奎文区以外的教育专家或特殊人才，为我区教师专业成长提供智力支持和理论引领而组建的工作室。有条件的学校可以根据发展需要，聘请高校或教育科研机构等单位的专家，组建专家工作室落户本校，引领学校和教师发展。

名师工作室：是指发挥区内齐鲁名师、省特级教师、潍坊名师、市特级教师、奎文名师（专家型校长）的引领、辐射作用而组建的工作室。

个性教师工作室：是指区内在某个研究领域具有个性化教育教学特色和特长的老师组建的工作室，以发挥个性教师的专业引领作用。

鼓励学校积极建立校级工作室。校级工作室组建后，可向奎文区名师（专家）工作室领导小组申请备案，对已备案的校级工作室，如果运转良好、成效突出将优先审批。

（2）工作室的组建

工作室实行动态管理，以完成阶段性研究内容为工作时限，按照年度进行申报和备案（期限一般为 1 年），每年 1 月份为申报备案时间，每年 12 月份为审核审批时间。

组建工作室由学校或主持人提出申报，提供年度项目管理计划书，要有明确的研究课题，能发挥示范引领作用，能带动学校发展和教师成长；要有具体的项目实施工作方案，工作目标、工作内容、工作方式有较强的可行性和可操作性，预期成果明确，可检验。奎文区名师工作室领导小组对申请工作室的计划书进行审核，择优确定主持人，并以教育局办公室文件的形式在全区范围内进行公示。

工作室培养对象可由个人申报、单位同意推荐、奎文区名师工作室领导小组批准的方式确定；或由主持人提议，奎文区名师工作室领导小组批准的方式确定；也可由奎文区名师工作室领导小组根据人才培养要求提名确定。培养对象确定后全区范围内进行公示。

（3）工作室的研究主题

教师专业发展最有效的途径就是行动研究，工作室实施课题带动策略，根据主持人的自身特色及研究领域存在的问题确定工作室的研究主题，并进行省、市、区各级课题的规范管理，以此规范研究，促进研究，引领研究，实现工作室科学、可持续发展。

（4）工作室的月展示

为进一步加强日常管理，定期展示各工作室的研究成效，建立“每月一次公开展示活动，每年公开展示活动不少于8次”的工作机制。由区项目组汇总各工作室的月展示活动形成“奎文区各级工作室月配档表”，下发到相关学校，以便大家提前安排好学校工作室，提高参与率，也方便主持人提前谋划展示活动，以确保研修的深度。在工作室主持人的精心组织下，工作室活动的主题性、研究性、实效性均有明显提高。

（5）工作室的月观摩

为进一步规范工作室活动程序，定期调度各工作室活动情况，建立“每月全体观摩一次活动”的工作机制，优先展示原则上较为成熟的工作室；自愿承办的方式，实现了各工作室之间的学习和借鉴、引领和促进；为区域管理部门实现定期调度提供了机会，以便及时发现管理中的问题，布置后期工作。

（6）工作室的中期调度

工作室的中期调度在每年的7月份举行，由各工作室主持人对前期工作进行全面总结，就各自开展的工作进行汇报，对过程性材料进行展评。可以说，“中期调度”的目的有二，一是促进各工作室之间进行学习与交流；二是全面梳理前期取得的成效和存在的问题，为后期工作的开展提供依据。

（7）工作室的年终评审

各工作室于每年 12 月份要进行项目汇报与展示，由工作室领导小组对各工作室项目组织考核。考核分两部分，一是由本工作室成员对工作室工作进行自评；二是由工作室评审委员会进行考评，对工作室项目完成情况从日常活动参与、培养对象成长、成果物化、在全区教育教学中产生的影响和经费使用效益五个方面进行验收和评估。

奎文区名师（专家）工作室领导小组根据工作室的测评情况，对优质项目成果予以推广和奖励，受到奖励的项目主持人在下一次项目申请时予以优先考虑；对执行不利、研究成果不显著的项目，不再予以审批。

此项工作是我区深化名师工作室运行机制的一个主要表现，主要是解决工作室的评价问题，极大地规范、完整了工作室的运行程序，激发了工作室的运作潜能，成为今年工作的终点和下年全新工作的起点。

（8）工作室的经费管理

教育局为工作室设立专项经费，每个工作室每年度 2～3 万元，用于工作室开展工作和进行项目实施，由工作室主持人提出使用意见，专款专用；主要用于成员专业发展和成果推介，以提升工作室的经费使用效益；各工作室在申报项目时由工作室主持人提出用款计划，由区教育局计财科会同工作室管理办公室审核后下拨主持人所在单位，委托单位法人代管，会计单独记账、核算，不得超范围使用。

（9）工作室的成果管理

每个工作室每年至少有 2 个标志性成果。如发表正式期刊论文、出版专著，有省市级教学成果、省市课题结题、省市级优质课观摩课，培养了省市教学能手、各级名师，在区域推广经验等。

凡属工作室项目成果的论文、专著、媒体刊载、技术资料、汇报材料和成果评议鉴定资料等，在发表、出版、展示、汇报时均应注明“奎文区名师（专家）工作室”字样。工作室领导小组将精选各工作室的优秀成果，由区教育局出资每年结集出版一次；对于研究成果特别突出的工作室，区教育局将出资为其出版专著。

（10）工作室的宣传推介

鼓励各级工作室充分利用各种资源，致力于工作室成果的推介和宣传；区项目组充分发挥各种渠道的作用，积极为各级工作室提供机会和平台，以提升工作室的品质和扩大区域影响。

## 四、区域名师工作室建设的主要成效

经过几年的探索、研究与实践，我区的“名师工作室”作为“促进区域教师专业发展，引领、辐射和带动青年骨干教师快速成长”的一种教师队伍建设新模式，它的作用和价值在实践中越来越显得突出和重要。

1. 工作室的价值特点逐渐凸显

经过前期的实践与探索，我区的工作室形成了以下特点：

(1) 权威性：工作室的主持人在教育界和社会有一定的知名度和话语权。

(2) 学术性：工作室的主持人在学术上有专长。

(3) 学科性：以学科设立工作室，载体具体，易于交流。

(4) 开放性：工作室的大门是敞开的，不是封闭的，既有内部的广泛交流，也有外部的延伸。

(5) 互惠性：主持人与成员是平等、互补、互助、互惠的关系。

(6) 实践性：是实践共同体，为全体成员提供“做”的“场”。

(7) 研究性：强调以课堂教学为研究的第一要素，用研究带动成员的提升。

(8) 引领性：实现主持人、成员自身素质的提高和成员辐射效应的拓展。

我区的名师工作室，是一种带教方式，是一种学习机制，是一个信息交流、资源共享的平台，更是一个专业发展共同体。工作室不局限于获悉教学之术，而是要究教学之理，悟教学之道。“让教学蕴含学术，让教育充满思想”已经逐渐成为工作室践行的准则和目标追求。

2. 工作室的研究活动有序高效

各工作室依据各自的研究主题，自主、有序地开展系列研究活动，研究活动主题突出、效果明显。各个工作室结合自身的特点，于实践中逐渐梳理出科学、有效的工作模式。如课题跟进式、课堂观察式、课例打磨式、网络教研式、教育叙事研究式等，完善了区域内名师工作室的实施策略，以“读书——研究——写作”为主线的工作室模式正日趋成熟。

目前，工作室的团队研修机制正如“滚雪球”般显现其价值。“1＋8＋n”带动周边人共同发展。“1”表示团队的主持人，“8”代表来自各校的8名成员，“n”表示团队所有成员所在学校的老师，通过1带8带n的团队工作模式的力量，层层带动，发挥辐射作用，引领队员教师所在学校教师的共同发展，形成更强劲的新生力量，从而实现整个研修群体的专业提升。正所谓：水相荡而生涟漪。

3. 工作室的研究成果丰富显著

我区名师工作室的健康、和谐运行极大地唤醒了区域教师的成长意识(从每年各级工作室的培养对象招募情况来看，学校、教师的积极性非常高涨)。唤醒，就是通过专业引领，让教师具有自我意识，能够自我内省，不断反思，将成长视为生活中不可或缺的重要组成部分，从而更加关注教育教学，投身研究，赋予教育新的生命价值和意义，使学习和成长成为教师的行为模式，成为教师的常态。

奎文区个性教师工作室主持人肖宝臻老师说：“工作室的工作使我有了很大的发展。我过去的班级工作是跟着感觉走，现在是依托理论开展实践，我个人认为这是一个飞跃；个人实践变成了组织群体实践与研究，我慢慢地学会了组织、协调等，这对于我这个以前不愿意抛头露面的人来说是一个挑战，同时也提高了我的工作能力；我学会了思考和总结，过去的班级管理工作总是做了就做了，现在不同了，要制订计划，要组织活动，要注意积累，要及时总结。”李蓓蓓老师是潍坊中新双语学校的一位名不见经传的青年教师，在李秀伟专家工作室的引领打造下，为山东省小学语文远程研修提供的课例，得到了多位专家的亲自指导；在2011年10月举行的全国目标教学会上提供了一节观摩课，获得特等奖，得到了与会老师的高度评价。正是工作室给她提供了一个平台、机会、指导团队，让她成长得如此灿烂！

各级工作室的研究成果丰富显著，各个工作室均能完成《名师工作室管理办法》中界定的标志性成果的级别和数量。如省市教学能手的培养，打磨国家省市级观摩课优质课，省市级课题结题，省市级科研成果，为山东省远程研修提供课例，在核心期刊发表论文，参加市级推介会等；2011年，工作室的29个课题全部通过潍坊市“十一五”规划课题的鉴定，实现了一线教师担当课题主持人的目标，极大地提高了各工作室的积极性和今后研究的规范性；全面整理我区的研究成果，于2012年编辑出版《奎文区名师工作室建设与探索》一书，从缘起、规划、管理、模式、实践、成果、感悟、展望等方面全面解读以“名师工作室”为载体培养教师的操作框架和实施策略；2012年《中小学学科教学改进的研究》荣获山东省第三届教学成果二等奖，2012年《奎文区名师工作室管理办法》获潍坊市金点子成功案例一等奖，我区的名师工作室建设经验在全市教师教育与师德考评工作会议上作典型交流。工作室已经成为大家专业发展和收获研究成果的平台，成为区域工作、学校工作的核心和生力军。

## 五、区域名师工作室建设存在的问题

1. 工作室的理论水平不够，成为制约工作室高水平发展的瓶颈，“究教学之理、悟教学之道”显然离不开教育理论的支撑。

2. 进一步畅通发表、出版、推介渠道，为工作室创造更加宽广、更加开放的发展领域。

“名师工作室”是我们奎文教育的一项意义深远的工作，是奎文教育创新人才培养模式、构筑人才高地的重要举措。我区将继续深化工作室的运行机制研究，面向整体，精心谋划，加强各级联动、互动，加大优秀成员、重点成员的培养推介力度，用标准引领，用项目驱动，用竞争激励，用机制创新，为教师的专业成长注入不竭动力，实现我区教师队伍的科学、优先、可持续发展，共同成就现时和未来奎文教育的领军团队。

# 江苏凤凰教育出版社
# 《行知工程》系列丛书目录

| 系列 | 序号 | 书名 | 主编 | 定价 |
|---|---|---|---|---|
| 校本研修系列 | 1 | 《卓越教师经典研修成长策略》 | 刘天宝等 | 30.00 |
| | 2 | 《校本研修资源的开发与利用》 | 陈朝林 | 30.00 |
| | 3 | 《校本研修与教师专业成长》 | 吴积军 | 30.00 |
| | 4 | 《特色校本课程开发范例解读》 | 刘永平　李秀伟<br>张雪梅 | 30.00 |
| | 5 | 《高效校本研修模型构建艺术》 | 刘素雁 | 30.00 |
| | 6 | 《走向实践的教研——中小学教育科研引领与应用》 | 江　敏 | 30.00 |
| 班级文化系列 | 7 | 《活力班级的文化建设》 | 胡　珏 | 30.00 |
| | 8 | 《做幸福的班主任》 | 吕　丽 | 26.00 |
| 教师修炼系列 | 9 | 《教育，爱与宽容——教师心灵礼仪修炼》 | 许力争 | 30.00 |
| 教育家核心思想系列 | 10 | 《叶圣陶谈阅读》 | 叶圣陶 著<br>李怀源 选编 | 30.00 |
| | 11 | 《多元智能理论的本土化应用》 | 刘治富 | 30.00 |
| | 12 | 《大教育家最具施教力的教学思想》 | 白刚勋 | 30.00 |
| 高效能教学系列 | 13 | 《高效能教师的10个好习惯（中学卷）》 | 张　瑾 | 30.00 |
| | 14 | 《让作文落地生根——提高写作实效的教学策略》 | 黄桂林 | 30.00 |
| | 15 | 《高效能作文教学5项修炼》 | 陈步华 | 30.00 |
| | 16 | 《高效能校长的10个好习惯》 | 张　勤 | 30.00 |
| | 17 | 《高效能教师的10个好习惯（小学卷）》 | 谢　英 | 30.00 |
| | 18 | 《高效能语文教学5项修炼》 | 王其华 | 30.00 |
| 新课程探索系列 | 19 | 《语文新课程的批判与重建》 | 葛桂斌 | 30.00 |
| 教育管理力系列 | 20 | 《让普通学校崛起的20个细节<br>——"生命为本"教育团队成长密码》 | 李其玉 | 30.00 |
| | 21 | 《"走"出教育的精彩：走动式学校管理文化构建》 | 罗　军 | 30.00 |
| | 22 | 《校长兵法：学校管理四十六计》 | 皮大鹏 | 30.00 |

| 系列 | 序号 | 书名 | 主编 | 定价 |
| --- | --- | --- | --- | --- |
| 美国名师教学译丛 | 23 | 《美国名师游戏教学本土化应用：幼儿园》 | （美）玛西娅 L. 泰特 著<br>胡珍 瞿菁 编译 | 30.00 |
| | 24 | 《美国名师游戏教学本土化应用：小学英语》 | （美）玛西娅 L. 泰特 著<br>杨永华 张心影 编译 | 30.00 |
| | 25 | 《美国名师游戏教学本土化应用：小学数学》 | （美）玛西娅 L. 泰特 著<br>谢艳红 编译 | 30.00 |
| | 26 | 《美国名师游戏教学本土化应用：小学科学》 | （美）玛西娅 L. 泰特 著<br>刘丽萍 编译 | 30.00 |
| | 27 | 《美国名师游戏教学本土化应用：小学社会》 | （美）玛西娅 L. 泰特 著<br>姜梅芳 编译 | 30.00 |
| | 28 | 《美国名师游戏教学本土化应用：小学音体美》 | （美）玛西娅 L. 泰特 著<br>尹立志 编译 | 30.00 |
| 鲁派名师名校·教育探索者系列 | 29 | 《悦读立人——校园阅读文化体系构建策略》 | 杨世臣 | 30.00 |
| | 30 | 《教育智慧何处来——一位特级教师的思考手记》 | 付立金 | 30.00 |
| | 31 | 《和雅文化——校本课程的创新构建》 | 汤善香 | 30.00 |
| | 32 | 《让个性绽放精彩——学校课程体系整合与创生》 | 谢建伟 徐淑萍 | 30.00 |
| | 33 | 《让每个学生都幸福——最能润泽生命的学校文化建设》 | 谢建伟 张新喜 | 30.00 |
| 创新教学探索系列 | 34 | 《神奇的阅读教室——带学生踏上美妙的阅读之旅》 | 李祖文 | 30.00 |
| | 35 | 《打造有生命力的课堂<br>——“两步八环节”教学模式探索与实践》 | 查联智 | 30.00 |
| | 36 | 《最能培养学生探究能力的课堂<br>——小学科学与信息技术单元整体课程实施与评价》 | 李怀源 | 30.00 |
| | 37 | 《最能激发学生运动天赋的课堂<br>——小学体育单元整体课程实施与评价》 | 李怀源 | 30.00 |
| | 38 | 《最能提升学生艺术素养的课堂<br>——小学艺术单元整体课程实施与评价》 | 李怀源 | 30.00 |
| | 39 | 《“生命语文”探索——焕发语文生命力的思考与实践》 | 王自成 | 30.00 |
| | 40 | 《粘连作文教学：让习作成为有个性的自我建构》 | 黄瑞夷 | 30.00 |
| | 41 | 《备学式教学——在体验中建构数学思维》 | 单广红 范雪梅 | 30.00 |
| | 42 | 《向着自主进发——自主教育的创新实施智慧》 | 朱亚红 | 30.00 |
| | 43 | 《写中学——让学习更有效的学科写作教学》 | 钟传祎 | 30.00 |
| | 44 | 《小学科学实验总动员<br>——大科学课堂有效提升学生创新力》 | 江美华 | 30.00 |
| | 45 | 《小学语文单元整体课程实施与评价》 | 李怀源 | 30.00 |
| | 46 | 《小学英语单元整体课程实施与评价》 | 李怀源 | 30.00 |
| | 47 | 《小学数学单元整体课程实施与评价》 | 李怀源 | 30.00 |

| 系列 | 序号 | 书　　名 | 主编 | 定价 |
| --- | --- | --- | --- | --- |
| 校园生态化系列 | 48 | 《点燃学习的激情——构建校园生态化学习型组织》 | 杨树岳 | 30.00 |
| | 49 | 《课改突围——构建学校生态化教学体系》 | 杨树岳 | 30.00 |
| 教育新思考系列 | 50 | 《语文教育向何处去》 | 王　丛 | 26.00 |
| | 51 | 《教育，就是做好普通的事》 | 孙志毅 | 27.00 |
| | 52 | 《走出语文的偏见——让学生体悟文本的原义》 | 丛智芳 | 30.00 |
| | 53 | 《让语文教学更高效——批注式阅读教学探索》 | 韩中凌 | 30.00 |
| | 54 | 《读写互促——探寻学以致用的语文教学》 | 曹　龙 | 30.00 |
| | 55 | 《跳出数学教数学——用文化融通数学教学》 | 马建秀 | 27.00 |
| 名师感悟系列 | 56 | 《让心灵伴着歌声成长——22 位音乐名师的教育智慧》 | 陈　璞 | 30.00 |
| | 57 | 《超越自我的教师——32 位名师的成长感悟》 | 李卫东　李秀伟 | 35.00 |
| | 58 | 《心灵的守护者——19 位名班主任的教育智慧》 | 王晓松　曲文弘 | 30.00 |
| | 69 | 《名师感悟班主任有效工作艺术 90 例》 | 符礼科 | 30.00 |
| | 60 | 《名师感悟有效教学 90 例》 | 林高明　徐玉烟 | 30.00 |
| 信息化教学系列 | 61 | 《巧用白板教语文——信息技术与语文教学操作指南》 | 蒋丽清 | 30.00 |
| | 62 | 《跨越式实现高效课堂<br>——信息技术与课程整合高效教学方案评析》 | 陈　玲　刘　禹 | 30.00 |
| 教师必读系列 | 63 | 《教师必学的 16 堂修养课》 | 武宏伟 | 30.00 |
| | 64 | 《教师不可不知的教学心理效应》 | 叶勇军 | 30.00 |
| | 65 | 《班主任不可不知的管理效应》 | 奚一琴 | 30.00 |
| | 66 | 《教师不可不知的教育心理效应》 | 孙　媛 | 30.00 |
| | 67 | 《校长不可不知的管理效应》 | 谢申刚　张金豹 | 30.00 |
| | 68 | 《成为好教师的 7 项修炼》 | 王福强　李维华 | 30.00 |
| | 69 | 《如何让学生会学习》 | 龙　冰 | 30.00 |
| | 70 | 《如何让学生爱学习》 | 周震宇　许小燕 | 30.00 |
| 核心教学主张系列 | 71 | 《新生代语文名师核心教学主张》 | 许友兰 | 30.00 |
| 学生心理解码系列 | 72 | 《孩子问题行为一点通<br>——只有好老师才知道的学生心理谜底》 | 严育洪 | 30.00 |

| 系列 | 序号 | 书名 | 主编 | 定价 |
| --- | --- | --- | --- | --- |
| 教育求索系列 | 73 | 《思政教学的人文力量》 | 戴晓华 | 30.00 |
| | 74 | 《师道新说——给教育者的30条箴言》 | 徐　卫 | 30.00 |
| 行思讲坛系列 | 75 | 《灵动而朴素地教语文——潘文彬的微格教育生活》 | 潘文彬 | 30.00 |
| | 76 | 《师爱无疆——润泽学生心灵的教育故事》 | 侯忠彦 | 30.00 |
| | 77 | 《怎样反思更有效——促进教师专业发展的反思策略》 | 诸贝贝 | 30.00 |
| | 78 | 《成为高度自觉的教育者——写给后课标时代的数学教师》 | 许卫兵 | 30.00 |
| | 79 | 《哲思数学课》 | 刘全祥 | 30.00 |
| | 80 | 《把学生教聪明》 | 严育洪 | 30.00 |
| | 81 | 《教师最应该规避的教育误区》 | 杨坤道 | 30.00 |
| | 82 | 《用语文的方式教语文——潘文彬教学主张与实践智慧》 | 潘文彬 | 30.00 |
| | 83 | 《怎样让阅读教学更有效<br>——提升教学能力的十种读诵模式》 | 汪秀梅 | 28.00 |
| | 84 | 《让生命在润泽中起舞——当代小学生最需要的主题班会》 | 吴联星　罗　琳<br>冯卫东 | 30.00 |
| | 85 | 《让生命欢快拔节——当代中学生最需要的主题班会》 | 冯卫东　吴联星 | 30.00 |
| | 86 | 《课堂因生成而精彩——高效教学的生成智慧》 | 张文质 | 30.00 |
| | 87 | 《回到每一个人的生命化教育<br>——张文质二甲中学教育行动录》 | 张文质 | 30.00 |
| | 88 | 《智慧数学课——黄爱华教学思维的实践策略》 | 黄爱华 | 30.00 |
| 中国教育变革之路丛书 | 89 | 《百年树人师何为——教师队伍建设困顿与出路》 | 将丽珠　李玉向 | 30.00 |
| | 90 | 《入园何时不再难——学前教育困惑与抉择》 | 曾晓东<br>范　昕　周　慧 | 30.00 |
| | 91 | 《三尺书桌何处寻——流动人口子女教育困难与破解》 | 范先佐 | 30.00 |
| | 92 | 《苦旅何以得纾解——高考改革困境与突破》 | 郑若玲 | 30.00 |
| | 93 | 《择校纠结何时了——择校问题困局与治理》 | 曾晓东　周文海<br>曾娅琴 | 30.00 |
| 创新教学思想系列 | 94 | 《“大问题”教学的形与神》 | 黄爱华　张文质 | 30.00 |
| 校长领导力系列 | 95 | 《高品质学校生长要素》 | 王益民 | 30.00 |
| | 96 | 《校长高校教学领导力提升策略》 | 徐世贵　郭文哿 | 30.00 |
| 教育漫笔系列 | 97 | 《课堂，诗意地栖居》 | 吴书华 | 30.00 |

| 系列 | 序号 | 书　　名 | 主编 | 定价 |
|---|---|---|---|---|
| 新思维系列 | 98 | 《教育中的“不一定”——打破教育的19种思维惯式》 | 严育洪 | 30.00 |
| 教学提升系列 | 99 | 《有思想地教阅读——让学生学会品读文字真意》 | 王学东 | 30.00 |
| 教育艺术提升系列 | 100 | 《藏在师生体态语言里的教学智慧》 | 张　宇　廖生波 | 30.00 |
| 教学全手册系列 | 101 | 《小学习作教学全手册》 | 郭家海 | 30.00 |
| | 102 | 《中学写作教学全手册》 | 郭家海 | 30.00 |
| | 103 | 《情境教学操作全手册》 | 冯卫东 | 35.00 |
| | 104 | 《合作教学操作全手册》 | 李春华 | 35.00 |
| | 105 | 《探究教学操作全手册》 | 周新桂 | 35.00 |
| | 106 | 《自主教学操作全手册》 | 诸葛彪 | 35.00 |
| | 107 | 《创新教学操作全手册》 | 王　玮 | 35.00 |
| | 108 | 《班主任工作全手册》 | 刘沛华 | 35.00 |
| | 109 | 《新教师工作全手册》 | 周震宇 | 35.00 |
| | 110 | 《学生心理健康教育全手册》 | 刘海莉　刘春杰 | 35.00 |
| | 111 | 《高效教学操作全手册》 | 马友平 | 35.00 |
| 教育思想者系列 | 112 | 《教育，一切从孩子出发》 | 黄　俭 | 30.00 |
| 创新人才培养系列 | 113 | 《创新人才培养校园科普精品课程开发与指导——人大附中创新人才培养》 | 罗　滨 | 30.00 |
| | 114 | 《创新人才培养特色校本课程开发与创新人才培养——清华附中“国际安全下的科学技术”课程构建与实施》 | 王殿军　方　研　赵宏雁 | 30.00 |
| | 115 | 《创新人才培养：学校实验室建设与管理》 | 刘克文　杨发丽　杨　平 | 30.00 |
| | 116 | 《创新人才培养：数学探究活动开发与指导》 | 马云朋　韩继伟 | 30.00 |
| | 117 | 《创新人才培养：化学研究活动开发与指导》 | 王　磊 | 30.00 |
| | 118 | 《创新人才培养：物理探究活动开发与指导》 | 廖伯琴 | 30.00 |
| | 119 | 《创新人才培养：地理探究活动开发与指导》 | 张建珍　陈　澄 | 30.00 |
| | 120 | 《创新人才培养：生物探究活动开发与指导》 | 张迎春 | 30.00 |
| | 121 | 《创新人才培养：理念探索与思维突破》 | 王晶莹 | 30.00 |

| 系列 | 序号 | 书　　名 | 主编 | 定价 |
|---|---|---|---|---|
| 新生代通派名师系列 | 122 | 《简约数学教学》 | 许卫兵 | 30.00 |
| | 123 | 《语文教学的本真——情意课堂展现母语之美》 | 吴建英 | 30.00 |
| | 124 | 《语文课堂的理想追求——欢快达成三维目标》 | 董一红 | 30.00 |
| | 125 | 《阅读教学的真髓——意象构建读出文学的真美》 | 祝　禧 | 30.00 |
| | 126 | 《美术教育的真谛——审美人生教育让生命绚丽成长》 | 陈铁梅 | 30.00 |
| | 127 | 《语文教学的理想境界——无痕教学润泽生命》 | 李　凤 | 30.00 |
| | 128 | 《儿童作文的本义——嬉乐作文让儿童乐并成长着》 | 王笑梅 | 30.00 |
| | 129 | 《名师是怎样炼成的》 | 王建明　王笑君 | 35.00 |
| 幼师成长系列 | 130 | 《幼儿行为背后——教师如何读懂幼儿的心思》 | 吴亚英 | 30.00 |
| | 131 | 《最具教育力的 22 种幼儿教育思想》 | 杨　达 | 30.00 |
| | 132 | 《幼儿教师必知的安全应急措施》 | 杨　达 | 30.00 |
| | 133 | 《幼儿教师必备的教育技能》 | 李　玲 | 30.00 |
| | 134 | 《卓越园长 21 条幼儿园管理策略》 | 周　丹　江东秋 | 30.00 |